KB067388

# 스타트업 디자인 팀은
# 이렇게 일합니다

**Design Leadership**

# 스타트업 디자인 팀은 이렇게 일합니다

## 프로덕트 디자인을 위한 리더십

리처드 밴필드 지음 | 김주희 옮김

유엑스리뷰

# 머리말

## 이 책을 왜 집필했으며 누구를 위한 것인가

우리는 기업의 리더들이 어떻게든 모든 문제에 정답을 알고 있어야 한다고 생각한다. 우리는 기업의 리더를 모든 것을 알고 있으며 절대 실수하지 않는 거의 신화적인 존재로 격상시켜 놓았다. 그러나 현실에서 모든 리더는 다른 이들과 마찬가지로 혼란스러워한다. 프로덕트 디자인이든 웹사이트 디자인이든 다 마찬가지다. 그들도 실수를 한다. 그들도 일을 망친다. 그들도 일하면서 즉흥적으로 해결해 나간다. 그들도 교훈을 잊어버리고 방향을 잃어버린다. 이 책을 쓰기 위해 리더들을 대상으로 설문조사를 실시했는데, 그중 약 50퍼센트가 자신이 그저 '적당한 리더일 뿐 아직 배울 것이 한참 남았다'라고 답했다. 자신이 '매우 좋은' 리더라고 생각한다고 답한 이들은 고작 13퍼센트에 불과했다. 이들이 북미의 상위권 디자인 기업을 맡고 있는 리더들이라는 점을 감안할 때, 가장 똑똑하고 경험이 많은 리더들조차도 리더십이라는 도전 과제로 어려움을 겪는다는 것을 확실히 알 수 있다.

이 책을 쓴 이유 중 하나는 개인적으로 답답한 부분이 있어서이고, 다른 하나는 '디자인 리더십'의 의미에 대해 많은 오해가 있어서이다. 디지털 디자인 조직을 성공적으로 이끄는 것은 혼란스럽고 어려운 일이다. 명확한 설명서나 지침서도 없다. 나아가 리더는 모든 정답을 알고 있어야 한다는 건강하지 못한 인식이 리더들이 도움을 청하기 어렵게 만든다. 이러한 인식은 리더들과 그들에게 방향을 구하는 사람들 모두에게 실망스러운 결과만을 안겨준다. 디자인 리더에게는 더 나은 지도와 통찰력이 필요하다. 이 책은 그러한 지식의 일부를 제공하는 것을 목표로 한다.

나 역시 그런 혼란에 빠진 디자인 리더 중 한 명이다. 성인이 된 후 대부분의 삶을 테크 및 디지털 디자인 분야의 기업가로 보냈다. 그 기간은 약 20년이다. 20년 동안 누구도 모든 답을 가지고 있지 않다는 사실을 어렵게 배웠다. 그리고 리더로서 시행착오를 겪거나 직접적으로 근원을 파고들어 답을 찾을 수 있다는 사실 또한 배웠다. 나는 원천을 파고드는 방식을 선호한다. 훌륭한 디자인 리더가 되는 방법을 알고자 한다면 최고의 디자인 리더들을 찾아가라. 내가 10년 전 프레시 틸드 소일 Fresh Tilled Soil이라는 디자인 회사를 시작했을 때 많은 질문이 있었다. 명확한 답이 없는 질문들이었다. 한동안은 그 답을 시행착오를 통해 어렵게 배워야 한다고 생각했다. 시간이 지나면서 나는 그 방법이 비효율적이고 비용도 많이 든다는 것을 깨달았다. 다른 리더들은 이러한 문제를 어떻게 해결했는지 읽어보려고 했지만, 출판된 책에 나와 있는 답들은 너무 포괄적인 것처럼 보였다. 진정한 깨달음은 나보다 경험이 많고 똑똑한 디자인 리더들을 직접 만나 대화할 기회가 있었을 때 찾아왔다. 그들과 나눈 대화는 스스로 성공적인 전략을 개발하도록 영감을 주었고 이를 통해 부채도, 외부 투자자도 없이 밑바닥에서부터 수백만 달러 규모의 디자인 기업을 성장시킬 수 있었다. 그들과의 대화는 굉장히 도움이 되었고 나는 개인적으로나 비즈니스적으로나 나보다 훨씬 더 앞서 있는 디자인 리더에게 주기적으로 만남을 요청하여 조언을 구하는 습관을 들였다.

나는 같은 고민을 하는 사람이 나 혼자만이 아니라는 사실을 알게 되었다. 이와 같은 주제는 콘퍼런스, 업계 회의, 비공식적인 대화 자리에서 종종 등장했다. 우리가 나눈 대화를 포착하여 이 모든 관점과 답변을 책으로 엮어야겠다는 생각이 들기 시작했다. 나에게 유용한 것이 다른 디자인 리더들에게도 유용할 수 있다고 생각했다. 그렇게 이 책이 탄생했다.

이 책은 이미 자리 잡은 리더들과 리더가 되어 가는 과정에 있는 이들 모두를 위한 것이다. 또한 이 책은 디자인 리더 밑에서 일하고 이들을 좀 더 이해하고자 하는 사람들에게도 유용할 것이다. 궁극적으로는 디자인 팀을 이끌거나, 새로 생긴 디자인 기업을 소유하거나, 디자인 리더와 긴밀하게 협업하는 모든 이들을 위한 책이다. 당신이 이제 막 시작하는 사람이든, 이 모험에 이미 몇십 년간 깊이 몸담고 있었던 사람이든 이 책은 최고의 인재 채용, 강력한 문화구축, 개인적 균형 찾기, 리더십 기술 발전시키기, 최적의 업무공간 설계, 건전한 세일즈 파이프라인 형성과 같은 주제를 안내해 줄 것이다.

우리는 신생 기업 및 기성 기업의 리더들을 인터뷰했다. 독립 소유이자 디자인 리더가 운영하는 디자인 기업의 경우 직원 수가 5명에서 100명 정도인 기업에 집중했다. 예외는 있었으나 우리의 목표는 전형적인 성장통을 겪는 리더들과 대화하는 것이었다. ESPN과 피델리티 인베스트먼트<sup>Fidelity Investments</sup> 같은 비교적 규모가 큰 기업의 리더들과 대화를 나누기도 했으나 대부분 중소규모 디자인 팀에 집중했다. 인터뷰한 기업의 약 60퍼센트가 5~15명 사이의 직원을 두고 있었으며 거의 40퍼센트의 기업이 20명 이상의 직원을 보유하고 있었다. 몇몇은 직원이 75명까지 되기도 했다. 이러한 기업 간의 문화 차이는 엄청나며 이 차이를 정량화하기는 어려울 것이다. 대신 우리는 디자인 집단의 생산성과 창의성, 집중력을 높일 수 있는 개별 사례, 보편적인 통찰력, 전략적인 접근법을 포착했다.

　이 책은 교과서나 따라 그리기 그림책 같은 것이 아니다. 이 책은 대화다. 나의 동료이자 친구인 댄 알라드Dan Allard의 도움으로 어렵게 얻어낸 수백 개의 인터뷰에서 나온 대화의 집합체이다. 댄은 프레시 틸드 소일의 초창기 직원 중 한 명이며 나만큼 디자인 리더십에 대해 궁금한 것이 많다. 내가 인터뷰를 진행하는 동안 댄은 북미지역 수십 개 도시를 무거운 영상 장비와 음향 기기를 들고 돌아다녔다. 우리는 콜로라도주 볼더의 호트 코드웍스처럼 소규모 기업부터 코네티컷주 브리스틀에 120에이커 부지가 있는 ESPN과 같은 대규모 기업까지 거의 100명에 달하는 디자인 리더와의 인터뷰를 기록했다. 2013년 말부터 2015년 중반까지 우리는 북미지역 상위권 디지털 디자인 리더들의 관점, 통찰력, 일화, 개인적인 이야기를 담았다. 이 인터뷰 중 대다수가 편집되지 않은 원본 그대로 유튜브에 올라와 있다. '디지털 디자인 리더digital design leader'를 검색하면 영감을 주는 수십 개의 일대일 인터뷰를 찾을 수 있다. 지난 2년간 이 영상 중 일부는 팟캐스트와 기사에 올라왔으나 모든 인터뷰를 하나의 출간물로 엮은 것은 이번이 처음이다.

　내가 이 책을 만들면서 즐거웠던 만큼 여러분도 이 책을 재미있게 읽어주기를 바란다. 나는 리더들과 교류하며 정말 많은 것을 배웠고 여러분도 그러기를 바란다. 이들과 친밀해지면서 정말 좋은 친구도 생겼고, 나아가 좋은 동업자도 얻었다. 편집자, 평론가, 출판사의 도움으로 명확하고 흥미로운 글을 쓰고자 노력했다. 우리는 이 책이 디자인 조직 운영을 위한 규범적인 지침서가 되는 것을 의도적으로 피했다. 대신에 '최상의' 접근법을 선별하여 여러분의 팀에 무엇이 가장 적합한지 스스로 결정할 수 있는 방식으로 제시해 놓았다. 우리의 목표는 이 주제를 포괄적으로 다루는 것이었지만, 독자가 지루함을 느낄 정도로 너무 상세한 부분까지 담지는 않았다. 여러분의 직위나 원하는 바가 무엇이든, 이 책에서 가치 있는 것을 발견하리라 확신한다.

우리는 독자들과 이 책을 만드는 데 기여한 사람들과의 대화를 소셜미디어와 대면으로 계속 이어 나가고자 한다. 앞서 언급했듯이 디자인 리더들은 모든 정답을 가지고 있지 않으며 우리는 앞으로 탐구하고 배울 점이 훨씬 더 많다는 것을 알고 있다. 모두가 상생할 수 있도록 더 똑똑해지고 지식을 퍼뜨리기 위해 함께 노력하자. 밀물은 모든 배를 뜨게 한다. 디자인 리더로서 더 많은 지식을 갖출수록, 우리의 조직은 더 빠른 결실을 보게 될 것이다. 우리가 많은 것을 공유할수록 참여도가 높은 팀, 만족스러운 고객, 긍정적인 재무 수익을 보게 될 것이다.

이 책을 구매하고 읽어주어 감사드린다. 이 책을 집필하고 다른 많은 디자인 리더들과 공유하게 되어 정말 기쁘다.

리처드 밴필드

# 이 책을 위해 인터뷰한 기업들

티한앤드랙스 Teehan+Lax

해피 코그 Happy Cog

버진 펄스 Virgin Pulse

로그미인 LogMeIn

피델리티 인베스트먼트 Fidelity Investments

더프로그램 The Program

메이크 Make

엑스플레인 XPLANE

아메리카 테스트 키친 America's Test Kitchen

이하우스 스튜디오 eHouse Studio

엔비 Envy

ESPN

슈퍼프렌들리 SuperFriendly

더워킹그룹 The Working Group

언콕 스튜디오 Uncorked Studios

포레스터 리서치 Forrester Research

코어 디자인 Kore Design

옐로우 펜슬 Yellow Pencil

플랭크 Plank

벨리어 Velir

플러키 Plucky

패스트스팟 FastSpot

데맥 미디어 Demac Media

뱅크뷰 BancVue

빅커머스 BigCommerce

펀사이즈 Funsize

저브 Zurb

비젯 Viget

더그로멧 The Grommet

배럴 Barrel

프레시 틸드 소일 Fresh Tilled Soil

호트 코드웍스 Haught Codeworks

크라우드 페이보릿 Crowd Favorite

그레이 인터렉티브 Grey Interactive

씽크 브라운스톤 Think Brownstone

엔젠 웍스 nGen Works

뷰로 오브 디지털 Bureau of Digital

메카니카 Mechanica

플라난티르 Planantir

## 일러두기

1. 본문의 각주 중 *로 표시된 것은 저자의 주석입니다.

2. 문맥을 이해하는 데 설명이 필요한 경우, 각주 대신 소괄호( )를 사용하여 본문 내에 첨언했습니다. 이는 모두 옮긴이 주입니다.

3. 외국 인명, 지명 등은 국립국어원의 외래어표기법을 따르되, 몇몇 표기는 절충하여 관용적인 표기를 따랐습니다.

4. 단행본은 《 》, 영화명, 곡명, 잡지와 신문 등의 매체명은 〈 〉로 묶었습니다.

# 차 례

# 1

# 발전적인 팀 문화를 만드는 법

투자자 조나단 베어<sup>Jonathan Beare</sup>가 나에게 이런 말을 해준 적이 있다. "모든 기업은 고유한 문화와 정치를 가지고 있습니다. 어떤 문화와 정치가 당신에게 가장 흥미로운지 알아내야 합니다." 1장에서는 디자인 리더들이 성공적인 조직에서 문화를 형성하고 양성하는 방법을 살펴본다. 디자인 스튜디오 오너와 간부들로부터 문화, 인재 유치, 생산성, 목적 간의 연관성에 대해 듣게 될 것이다.

# 서론

기업문화는 정확하게 정의할 수 없다는 그 본질적 특성 때문에 매력적으로 다가오기도, 답답하게 느껴지기도 한다. 기업문화가 디자인 팀의 성공에 기여하는 바를 정량화할 수는 없지만 너무나도 중요한 부분이기 때문에 모든 리더가 우선순위 목록에서 가장 앞에 둔다. 따라서 문화를 디자인하고, 큐레이팅하고, 변화시키는 방법을 파악하는 것은 성장하는 기업이 맞닥뜨리는 큰 도전과제 중 하나다. 이번 장에서는 리더들이 조직에서 긍정적인 문화를 형성하고 키워나가는 방법에 대해 배울 것이다.

이 책을 쓰기 위해 리더들과 대화를 나누면서 한 가지 흥미로운 사실을 알게 되었다. 바로 그들이 특정 문화를 형성하기 위해 의도적으로 계획하지는 않는다는 것이다. 그 대신 리더들은 문화가 자체적으로 발전할 수 있는 공간을 제공해 준다. 마치 좋은 부모처럼 행동하는 것이다. 지침을 제공하고 경계를 정해주면서도 문화가 독립성을 유지하고 자체적인 특성을 발달시킬 수 있도록 한다. 실제로 우리가 방문한 비교적 큰 조직과 스튜디오에서도 문화에 특유의 생명력이 있고 리더들이 이를 부드럽게 이끌어 주는 느낌을 받을 수 있었다.

이렇듯 문화는 리더십에 대한 보편적인 주제이므로 책을 여는 주제로 삼기에 적절하다. 이 책은 어떤 종류의 문화가 최고이며 최악인지를 논하지 않는다. 문화는 그 문화를 만드는 사람들만큼 다양하다. 그리고 문화의 다양성이 이 세상을 돌아가게 한다. 모든 디자인 조직에 맞는 한 가지 포괄적 문화 스타일을 규정하고자 하는 것은 불필요하며 도움도 되지 않는다.

문화는 디자인 리더들에게 전략상 유리한 부분이기도 하다. 우리가 관심을 둔 부분은 문화의 이면에 숨겨진 '왜'라는 질문이었다. 요컨대, 우리는 그들이 왜 문화에 신경 쓰는지 그 이유를 알고자 했다. 질문한 내용도 리더들이 특정 조직에 알맞은 최적의 문화를 형성하기 위해 문화라는 주제에 대해 어떻게 접근했는가였다. 물론 이런 관찰을 통해 투명성, 다양성, 개방적 소통, 지지적인 팀 구조와 같이 어느 정도 일반화된 문화들을 도출할 수 있겠지만 정말 중요한 것은 패턴 자체가 아니라 패턴이 생긴 이유다. 따라서 이번 장에서는 문화에 관심을 기울여야 하는 이유와 이러한 의도적인 노력이 어떻게 긍정적인 결과로 이어지는지를 집중적으로 살필 것이다.

## 사람으로 시작된다

성공적인 문화에는 많은 이점이 있다. 디자인 리더들이 문화에 관해서 가장 자주 언급하는 부분도 긍정적인 문화가 훌륭한 인재를 확보하고 유지하는 연결고리가 되어준다는 것이다. 구성원들에게 지지와 보상을 제공하는 문화를 지속시킬 수 있다면 팀원들 간의 좋은 유대관계를 쌓는 데도 강력한 영향을 미칠 수 있다. 이런 긍정적인 문화는 팀이 조직의 본질적 가치를 명확히 하고 지침이 되는 비전을 따를 때 시작된다. 즉 사람과 기업의 비전이 결속하는 것이다. 이것이 건전한 사내 문화를 조성한 기업들이 여러 영역에서 우위를 점하는 비결이다. 특히 기업의 비전을 구성원들이 지지하는 경우, 그 기업은 디자인 인재뿐만 아니라 잠재적 고객에게도 매력적이다. 디자인 리더들은 강력한 문화가 채용을 더 쉽게 하고, 생산성을 향상시키며, 전반적 직업 만족도에 직접적인 영향을 미친다는 데 동의한다. 설문 조사에서 리더의 70퍼센트가 기업이 성공하려면 문화가 '매우 중요하다'라고 답변했다.

반면에 강력한 문화가 부재한 기업은 보편적으로 충성심 부족, 신뢰 문제, 다양성의 부재, 어긋난 목표, 미흡한 의사소통 같은 특징을 보였다. 오스틴에서 함께 펀사이즈Funsize를 운영하는 앤서니Anthony와 나탈리 아르멘다리즈Natalie Armendariz도 이에 동의한다. "지금까지 퇴사하거나 이직한 사람이 없었다는 건 정말 행운이었죠. 아마 직원들이 이직하는 것이야말로 우리가 가장 두려워하는 일일 거예요. 그런 일이 일어나지 않도록 부단히 노력하고 있어요. 그러려면 문화가 가장 중요해요. 기업문화야말로 가장 우선해야 할 주제죠." 펀사이즈는 아직 설립된 지 몇 년 되지 않았지만 처음부터 문화를 최우선으로 삼았다. 이들이 문화에 대한 관심도가 대단하다는 것은 사무실을 방문해 보면 실감할 수 있다.

실제로 펀사이즈에 방문하자 아르멘다리즈는 자랑스럽게 사무실을 거닐며 우리를 모든 사람에게 소개하고 그들의 공간에 대해 세세하게 설명해 주었다. 팀이 잘되기를 바라며 노력하는 그의 마음을 우리도 느낄 수 있었다.

인재와 계약하기 위해 상여금 같은 혜택을 넉넉하게 제공하는 인력 시장에서 펀사이즈 같은 소규모 에이전시는 제공할 수 있는 자원이 비교적 적은 편이다. 그래서 이들은 유연하게 활용할 수 있는 시간을 제공하고, 업무 관련 의사결정을 할 때 구성원들의 의견을 존중함으로써 부족한 점을 보완한다. 아르멘다리즈는 다음과 같은 설명을 덧붙였다. "우리는 분명 급여 면에서는 다른 에이전시들만큼 경쟁력이 없습니다. 하지만 직원들이 자랑스러워할 만한 훌륭한 프로덕트를 개발하고, 가슴 설레는 프로젝트 작업을 하고, 또래보다 훨씬 우수한 포트폴리오를 갖추게 해줄 수 있습니다. 우리는 직원들 스스로 리더가 되고, 업무 관련 의사결정에 참여하고, 업무 시간을 관리할 기회를 제공합니다. 또한 월요일부터 목요일까지만 근무합니다. 즉 우리 디자이너들 중 일주일에 32시간 이상 근무하는 사람이 없다는 뜻이죠. 최근에 구성한 팀을 보면 한 사람당 평균 근무 시간이 주 24시간에서 32시간입니다."

사실 인터뷰를 하면서 접촉한 기업 중에 근무 시간이 짧은 기업이 그렇게 많지는 않았다. 단, 앞으로 다른 장에서 보게 되겠지만 근무 시간과 생산성은 상관관계가 낮다. 오히려 출퇴근 기록기에 찍힌 근무 시간보다는 동료들과 함께 일하는 시간이 훨씬 더 중요해 보인다. 보다 규모가 큰 에이전시도 특정 시간이나 활동을 문화적 유대감을 쌓을 기회로 활용한다. 밴쿠버에 위치한 그레이[Gray]의 총괄 관리자 닐 맥페드런[Neil McPhedran]은 시간이 직원들을 어떻게 연결해 주는지 강조한다. "우리는 매주 한 시간 반 정도 주간 보고 회의를 하곤 했습니다. 그러면 회의는 끝이었죠. 이제는 더 민첩하게 프로젝트 관리를 할 수 있도록 매일 오전 9시 17분에 모여서 모두가 어떤 업무를 하고 있는지 신속하게 확인합니다. 여기서 중요한 것은 우리 모두 자신의 업무에 책임을 지고 이에 대해 인지하고 있다는 점입니다." 이처럼 신속하고 스마트한 회의는 우리가 디자인 기업을 방문했을 때 자주 언급되었으며 기업문화의 근간을 이루고 있었다.

맥페드런은 회의의 주요 목표가 그의 팀이 하루를 최대한 활용하도록 돕는 것이라는 점을 분명히 했다. 머릿속에 목표를 정하고 시작함으로써 각 팀은 하루를 조금 더 생산적이고 즐겁게 만들 수 있다. 이러한 현상은 조직 전반에 확산되었고 팀의 문화적인 분위기를 형성했다. "저는 직원들이 시간 관리를 하도록 도울 수 있습니다. 예컨대 창의력이 풍부한 직원이 이것저것 다 해보겠다고 지원하면 그 모든 일을 하는 건 불가능하니 특정 업무에 주력하도록 배정해 줄 수 있죠. 그렇게 모든 직원을 도울 수 있습니다. 우선순위를 정하는 거죠. 직원들이 자신에게 주어진 하루에 대해 주인의식을 가질 수 있는 방법이자, 서로에게 책임감을 느끼게 하는 방법이기도 합니다. 우리에게는 정말 좋은 방법이었고 굉장히 효과적이었죠. 매일 또는 매주 진행되는 활동을 통해 리더는 그의 팀이 시간을 최대한 효율적으로 활용하도록 적극적으로 지원할 수 있다. 팀이 하루를 어떻게 활용할지 지침을 제공하는 것은 그다지 중요해 보이지 않을 수도 있으나, 실제로는 문화의 핵심적인 부분이다.

## 문화는 창립자들로부터 전해져 내려온다

사람이 모든 디자인 문화의 핵심이라는 점은 분명하다. 그렇기에 창립자들은 좋은 쪽이든 나쁜 쪽이든 디자인 문화에 가장 큰 영향력을 행사하게 된다. 창립자 또는 리더의 개인적인 특성이 기업문화에 분명히 스며든다는 의미다. 엑스플레인XPLANE의 데이브 그레이Dave Gray는 이렇게 말한다. "이 개념이 많은 호응을 얻게 될지는 모르겠지만, 본인이 창립자이거나 한 조직에 몇 명의 창립자가 있는 경우 당신은 해당 조직에 꽤 강력한 영향을 주게 됩니다. 인지하든 그렇지 못하든, 창립자는 자신의 강점과 약점, 모든 결점까지 조직에 스며들게 만들죠."

밴쿠버에 위치한 메이크Make의 리더 사라 테슬라Sarah Tesla는 이렇게 말한다. "분명히 제가 미치는 영향이 있어요. 저는 모험적인 여행을 좋아하고 음식과 예술을 사랑해요." 테슬라는 디자인 스튜디오 전체의 약 4분의 1을 차지하는 아트갤러리를 가리키며 말했다. "여기 있는 많은 사람들이 비슷한 관심사를 공유하고 있다고 느껴요. 우리는 대형견을 키우는 문화가 있어요. 그리고 이 문화를 함께 합니다. 한때 애견훈련사가 와서 이곳에 있던 강아지 서너 마리를 훈련시켰어요. 팀원 중 몇 명은 퇴근 후 이곳에서 에어로빅을 해요. 이런 작은 문화들이 있습니다." 모든 기업이 스튜디오에 아트갤러리를 두거나 반려견 친화적인 사무실을 조성할 필요성을 느끼지는 않을 것이다. 다만 의도적이든 아니든 리더의 성격과 선호 사항에 영향을 받을 수밖에 없다.

팔란티어Palantir의 공동대표 티파니 패리스Tiffanu Farriss는 이렇게 말한다. "우리는 괴짜 문화와 오픈소스open source(무상으로 공개된 소스코드 또는 소프트웨어로, 이를 이용하는 사람들이 결함이나 부족한 기능을 발견하고 개선함으로써 고품질의 소프트웨어를 개발하는 사고방식)에 깊이 뿌리를 두고 있으며 이런 것들이 우리의 문화를 어느 정도 대변해주고 있습니다. 포용과 다양성은 우리에게 굉장히 중요하기 때문에 우리는 정말 열심히 일합니다." 따뜻하고 포용적인 문화를 구축하면 공정한 경쟁의 장이 생기기 때문에 모두가 발전할 기회를 얻게 된다. "이러한 문화를 만들려면 지속적인 노력이 필요합니다. 따라서 현재 우리의 계획은 피드백 문화를 중심으로 진행되고 있습니다. 프로젝트에 참여하는 모든 이들에게 실제로 실행 가능하고, 직접적이며, 시의적절한 모든 차원의 피드백을 제공하는 거죠."

우리가 나눈 대화는 성공한 리더들은 언제나 문화를 큐레이팅하고 소통하는 데 적극적이라는 점을 확인시켜주었다. 그저 운에 맡기는 것이 아니다. 때때로 이러한 소통은 형식적이지만 대부분의 경우 미묘한 방식으로 이루어진다. 가장 중요한 것은 정기적으로 소통한다는 것이다. 성공한 디자인 리더들은 소통이 단절된 상태에서 문화가 알아서 생겨나도록 내버려 두지 않는다. 비전, 가치, 문화정책에 대해 더 자주 소통하는 기업은 공유하는 의제를 가지고 있을 확률이 더 높다. 이것은 결과를 공유하고 팀의 행복감을 증대한다. 팀이 더 행복해지면 긍정적인 문화가 형성된다.

## 안전하고 행복한 공간

우리는 패스트스팟$^{FastSpot}$의 사장이자 최고비전책임자$^{CVO}$인 트레이시 할보르센$^{Tracey\ Halvorsen}$에게 긍정적인 문화를 만드는 절차에 대해 질문했다. 더 구체적으로는 문화가 자체적으로 발전하는 것으로 보는지, 원하는 모습에 대한 아이디어가 있는지 질문했다. "사람들은 시간이 지날수록 변하기 마련이므로 문화도 발전해야 합니다. 조직의 역학에 새로운 사람이 투입되면 변화가 생깁니다. 저는 모든 사람이 자신의 최대치를 발휘할 수 있다고 느끼도록 존중해주는 문화를 원해요. 나아가 모두가 서로 잘 지내고 즐거워한다면 더욱더 좋을 거예요. 설사 그렇지 않더라도 떠나고 싶지 않은 회사를 만든다면 직원들은 자연히 자신이 하는 일을 훌륭하게 해내고자 할 겁니다."

과연 통찰력 있는 발언이다. 실제로 우리는 긍정적인 문화를 이룬 회사에서 이러한 성공의 초석을 본다. 보람 있는 일과 행복한 팀 사이에는 선순환이 이루어진다. 일이 항상 재미있어야 하는 건 아니지만 팀은 존중받고 인정받는다고 느껴야 한다. 팀이 창의력을 발휘하고 최선을 다할 수 있도록 안전한 공간을 만들어주는 것은 디자인 중심 조직에서 문화를 형성하기 위해 리더가 할 수 있는 가장 바람직한 일이다.

여기에는 미묘한 점이 있다. 문화는 단지 일하기 재미있는 곳이라고 해서 형성되지 않는다는 점이다. 비싼 사무공간과 무료로 제공되는 점심이 문화를 거저 만들어주리라 가정한다면 실수하는 것이다. 몬트리올에 위치한 플랭크$^{Plank}$의 워렌 윌란스키$^{Warren\ Wilansky}$는 다음과 같이 강조한다. "어떤 행동을 함으로써 문화를 형성할 수는 있어도 방에 테이블 축구를 놓는 것으로 문화가 형성되지는 않아요. 사람들을 레스토랑에 데려간다고 해서 문화가 형성되는 것도 아니죠. 문화는 같은 시간, 같은 공간에 있는 사람들이 형성하는 겁니다. 따라서 사내 정치에 관심을 두지 않고 서로를 지지해주는 사람들이 모이는 공간을 마련한다면 그것이 기업문화가 될 것입니다. 그게 우리의 방식이에요." 윌란스키는 문화에 대해 굉장히 중요한 점을 지적한다. 바로 문화는 조직에 어떤 유형의 사람들이 있느냐에 따라 달라진다는 점이다. 그리고 모든 기업은 창립자가 자신의 성향에 맞는 사람들을 고용하여 만들어낸 산물이므로 창립자의 성격에 영향을 받을 수밖에 없다. 이러한 영향력은 긍정적일 수도, 부정적일 수도 있다.

엑스플레인의 회장 데이브 그레이는 다시 한번 이 점을 상기시킨다. "좋은 문화든 나쁜 문화든, 문화는 어떤 일을 집단으로 할 때 형성됩니다. 당신이 다른 사람들과 무언가를 할 때마다 문화가 창조되죠. 그래서 함께 많은 시간을 보낸 조직, 특히 디자인 회사처럼 상대적으로 작은 규모의 기업은 마치 가족 같은 문화가 만들어져요. 서로의 장단점을 잘 알고 있죠. 우리 회사의 경우, 초창기부터 각인시킨 문화 중 하나가 프로세스를 중요시하고 엄격하게 지키는 것이었습니다. 그 결과, 이제는 일상적인 업무에 딱히 관여하지 않아도 프로세스가 잘 지켜지는 것을 볼 수 있습니다."

## 문화의 특성

특정 유형의 사람을 고용하면 특정 유형의 문화가 생기는 것은 분명하다. 플랭크의 워렌 윌란스키는 이렇게 말한다. "우리는 일반적으로 내향적인 사람들을 고용해 왔고, 그것이 제 성격에 조금 더 가깝습니다." 우리는 디자인 기업의 리더들이 자신의 가치관과 일에 대한 접근법이 비슷한 사람을 고용하는 경우가 많다는 사실을 알게 되었다. 이런 경우 어떤 방식이든 창립자의 성격이 투영된 기업문화가 형성된다. 비록 인터뷰에서 실패한 문화를 보지는 못했지만, 독이 되는 가치가 독이 되는 문화를 만든다는 점은 분명해 보인다. 물론 기업이 성장하고 새로운 사람들이 입사함에 따라 문화는 변화하거나 진화할 수 있다. 새로운 성격을 가진 사람들이 다른 아이디어를 가져오고 문화에 영향을 미치기 때문이다. 즉 문화를 이끌려는 지속적이고 의도적인 노력이 없다면 문화는 변화할 수도 있다는 뜻이다.

우리가 만난 많은 디자인 리더들은 이미 자신의 블로그와 기사에 그들의 기업문화에 대한 통찰력 있는 아이디어를 공유해 놓았다. 이렇게 성공한 스튜디오나 팀이 그들의 문화적 실험을 대중과 공유하는 방식은 그 자체로 문화적 요소이다. 오리건주 포틀랜드<sup>Portland</sup>에 있는 클라우드포<sup>CloudFour</sup>의 제이슨 그릭스비<sup>Jason Grigsby</sup>는 이렇게 말한다. "우리는 우리가 무엇을 하고 있고, 왜 하는지에 대해 굉장히 투명하고 개방적입니다. 문화는 우리 사회와 우리 업계에서 정말 많은 의미를 담고 있는 단어가 되었습니다. 그러나 저는 문화가 얼마나 많은 의미를 지녔는지 전혀 알지 못했습니다. 우리는 문화에 대해 이야기하고 문화적 적합성과 그런 특성의 것들을 찾으려 노력하곤 했습니다. 하지만 지금은 문화에 대해 말을 아끼려고 합니다. 같은 뜻을 가진 사람들을 찾아 미친 듯이 일을 시키는 규범에 대한 묘사로 문화를 사용하는 곳들이 너무나도 많기 때문이죠. 우리는 전혀 그렇지 않습니다."

그릭스비는 클라우드포의 문화를 나쁜 문화를 배척하는 것처럼 묘사했다. "직원들은 합리적인 시간대에 출근합니다. 여기서 말하는 합리적인 시간은 그들에게 무슨 일이 있는지에 따라 다릅니다. 매주 수요일에는 모든 직원이 재택근무를 하고 사람들은 그저 협력하여 일합니다. 이것이 바로 우리가 집중하는 부분입니다. 어떻게 이러한 협업을 가능하게 할 것인가, 어떻게 하면 직원들이 잘 협력할 수 있을까 생각하죠." 창의적인 작업을 원활하게 해주는 안전하고 행복한 공간을 구축하는 것은 디자인 리더가 중요시하는 핵심 요소이지만 '안전하고 행복한' 모습은 기업마다 다르다. 그릭스비는 이렇게 덧붙였다. "우리가 지난번에 게

시했던 채용 공고는 굉장히 흥미로웠습니다. 공고문에 이렇게 적었거든요. '우리는 스타트업의 무모한 미친 짓에는 관심이 없습니다.' 이 문구는 그 일자리를 찾고 있던 많은 사람의 공감을 샀죠. 공고문이 폭넓고 다양한 지원자들을 끌어낼 수 있도록 많은 시간 표현에 공을 들였습니다. 이렇게 세세한 부분에 신경을 썼기에 실제로 차별화된 지원자들을 얻을 수 있었습니다."

일부 기업에게 안전한 공간이란 사무실 너머로 확장되는 문화가 있는 곳을 의미한다. 이것은 리더가 일하는 시간과 노는 시간을 구분하지 않는 테크 스타트업의 세계와 약간 비슷하다. 우리는 어떤 대표가 주말에 휴양지에 있는 그의 집으로 모든 직원을 초대해 서로 결속을 다지고 술을 마신다는 이야기를 들었다. 아이가 있는 대부분의 사람들은 이런 여행을 할 수 없다. 이러한 문화의 확장이 좋은 것인지, 나쁜 것인지 말할 수 없다. 우리가 말할 수 있는 것은 사원 모두를 포함하지 못하는 활동을 지속한다면 잘못된 메시지가 전달될 수 있다는 점이다. 문화가 발전할 수 있는 일관된 기반을 갖추는 것은 기업이 의지할 수 있는 가치관을 갖는 것과 같다.

## 문화의 기반 다지기

티한앤드랙스는 회사를 설립하고자 하는 기반이 매우 명확했다.[*] 존 랙

---

[*] 이 인터뷰 이후로 티한앤드랙스는 해산하였다. 랙스와 그의 파트너 제프 티한(Geoff Teehan)은 페이스북의 정규 디자인 리더 포지션으로 옮겼다. 성장의 고점에서 스튜디오 문을 닫기로 한 그들의 결정은 디자인 업계를 놀라게 했다.

스는 이렇게 말했다. "제프(공동창립자)와 저는 우리가 일하고 싶은 회사를 만들고 싶었습니다. 우리가 무엇을 즐기는지 자문해보았을 때 아주 일찍이 내린 결론 중 하나는 우리가 중시하는 일을 하자는 것이었습니다." 그는 이렇게 덧붙인다. "우리가 가장 중요하게 여기는 것은 우리가 하는 일입니다. 우리는 재미있는 일을 하고 싶어요. 사람들이 사용할 것이라 생각되는 작업을 원하죠."

랙스는 계속해서 자신의 일을 기업문화 중심에 두게 된 동기에 대해 설명했다. "저는 저에 대해 잘 알아요. 제프도 비슷한 말을 할 것이고, 이곳에 있는 모든 주요 직급자도 비슷한 이야기를 하리라 확신합니다. 1994년 처음으로 웹페이지를 코딩하고, 게시하고, 로그 파일을 확인하고 100여 명의 사람들이 그것을 보고, 사용하고, 접속했다는 것을 확인했을 때의 짜릿함. 그때 이후로 그 느낌을 계속 쫓아왔던 것 같습니다."

기업을 구축해 나갈 강력한 기반을 다지는 것은 새로운 문화에 지속적인 영향을 주며, 문화는 리더의 명확한 비즈니스 비전을 중심으로 발전한다. 랙스는 이렇게 말했다. "우리는 기업 가치를 이윤 극대화로 정하지 않기로 했습니다. 해외 지사를 두는 것도 아닙니다. 이러한 것들이 나쁘다고 말하는 것이 아닙니다. 일부 기업가와 리더들은 전 세계적 확장을 꿈꾸며, 이는 멋진 일입니다. 단지 그러한 비전이 우리에게는 영감을 주거나 동기를 부여하지 않았을 뿐입니다. 우리는 우리가 좋은 일이라고 생각하는 일을 할 때 가장 행복했습니다."

리더들은 특정 행동을 이행하면서 자신도 모르는 사이에 지속적으로 문화에 영향을 준다. 랙스와 주요 직급자들은 다음과 같이 자문함으로써 자신의 팀이 업무에 집중하게 만든다. "동료들과 한 방에 서 있을 때 이 업무를 우리의 일이라 주장할 수 있는가? 우리가 이 일을 했다고 자랑스럽게 말할 수 있는가? 이에 대해 그렇다고 답하지 못한다면 다시 돌아가서 왜 안 되는지 알아냅니다."

티한앤드랙스의 리더들은 그들이 자랑스러워할 수 있는 프로덕트를 생산하는 데 집중함으로써 조직에 강력한 가치관을 스며들게 했다. 랙스는 초창기에 명확한 비전이 있었으나 이를 완전히 실현하기까지는 몇 년이 걸렸음을 인정했다. "제프와 저는 회사를 시작한 초창기부터 서로 우리의 가치관에 대해 이야기하고 조직에 스며들게 하려고 노력했습니다. 그러기까지 몇 년이란 시간이 걸렸죠. 우리는 일이 최우선인 문화를 형성해왔는지 지난 시간을 되돌아봐야 했습니다."

디자인 리더들은 자신이 선호하는 것과 행동이 회사 전체에 어떤 영향을 미치는지 의식해야 한다. 리더가 시간을 보내는 방법은 나머지 팀원들에게 무엇이 중요하고 무엇이 덜 중요한지 우선순위를 알려준다. 이것은 문화를 알려준다. "평소에 저는 제대로 디자인 작업에 집중할 수 있도록 팀을 구성하고 있습니다. 영감을 주고 이끄는 것이 제가 시간을 보내는 방법입니다."

## 계획적인 문화 디자인

우리가 나눈 대화와 인터뷰에서는 성공한 디자인 조직에서 문화가 자연스럽게 발생했는지, 아니면 계획적으로 만들어졌는지 항상 명확하지는 않았다. 그러나 분명한 것은 문화가 무시되지 않았다는 점이다. 문화는 일상적인 의사결정 과정에서 제대로 인식되고 신중하게 고려되는 부분이었다. 티한앤드랙스의 존 랙스는 이렇게 설명했다. "문화를 형성하고 일관된 가치관이 생기면, 의사결정을 할 때 어떤 관점보다 이 관점에 우선순위를 두고 그 관점에 최적화된 결정을 내리게 됩니다." 계획적인 디자인 문화는 좋은 전략이다. 이는 일관된 지침과 실행을 통해 지속되는 비전이다.

클락워크<sup>Clockwork</sup>의 사장 낸시 라이언스<sup>Nancy Lyons</sup>는 이렇게 말했다. "대부분의 리더들에게 있어, 문화는 나중에 생각해낸 것입니다. 사람들이 당신을 따르게 하는 것이 아니라, 그들이 자신이 하는 일을 좋아하게 만드는 것이죠. 이는 단지 자기계발 기업의 마케팅에서 떠드는 이야기가 아닙니다. 리더는 자신이 내면적으로 어떤 사람이 되고자 하는지 결정해야 하며 그러면 나머지 사람들은 자연스럽게 따르게 됩니다. 우리가 신성시하는 것들은 무엇입니까? 내려놓고 싶지 않은 것은 무엇입니까? 우리에게는 노골적인 표현을 넘어서는 기업 내 용어가 있으며 이것은 매우 중요합니다" 이처럼 성공한 디자인 기업에서는 계획된 방향성이 일관되게 나타난다. 리더가 기업문화의 모든 측면을 좌지우지하지는 않을지 몰라도 그저 운에 맡기지는 않는다. 비전과 지침이 정해지면 리더가 문화를 모니터링하고, 비전에서 벗어나면 다시 제대로 방향을 잡는다.

포틀랜드에 있는 인스트루먼트<sup>Instrument</sup>의 공동창립자 빈스 르베키아<sup>Vince LeVecchia</sup>는 문화가 디자인되는 방식에 대해 매우 강조한다. "문화는 창조하는 것이 아닙니다. 담을 용기를 만들고 훌륭한 사람들을 들여놓으면 기업을 운영할 가치관과 철학이 생깁니다. 일과 삶의 균형, '똑똑하게 일하고 열심히 놀아라' 같은 개념이 말이죠. 그리고 문화는 여기서 탄생합니다. 이곳 사람들은 문화를 창조하고, 또 자연스럽게 만든다는 걸 느낍니다. 직원들에게 탁구 대회를 하거나 볼링 팀을 만들라고 강요할 수는 없습니다. 만약 그렇게 한다면 모두 부자연스러워지겠죠. 그저 같은 공간에 훌륭한 사람들을 들이면 서로 친구가 되고, 인생의 동반자가 되고, 결혼도 하는 모습을 보게 됩니다. 모두가 어울리는 것은 아니지만, 많은 사람들이 서로를 좋아하게 되죠. 누군가의 눈을 바라보고 인스트루먼트의 훌륭한 일원이 될 것이라 생각하는 것입니다. 그리고 이것이 사실이라면 문화는 이러한 사람들로부터 만들어집니다."

디자인 리더는 문화적 성공을 기업의 성공과 연결시킨다. 낸시 라이언스는 이러한 생각을 간단하게 표현했다. "문화를 형성하는 가장 좋은 방법은 숫자로 증명하는 것입니다. 문화에 책임을 지게 함으로써 리더는 문화가 다른 세상 이야기처럼 들리는 것을 막을 수 있습니다."

리더가 조직을 구성하는 방식도 계획된 문화적 비전의 일부가 될 수 있다. 만드는 문화의 유형은 만들고자 하는 조직의 산물인 경우가 많다. 엑스플레인의 데이브 그레이는 이렇게 말한다. "제 멘토 중 한 명은 만들고 싶은 조직의 유형에 대해 생각해 보라고 했습니다. '멤버십 조직'과 '양성하는 조직'이라는 유형이 있으며 이 둘은 같지 않다고 했죠. 이들은 다르게 작동하고 다르게 운영됩니다." 이 일화는 우리가 들어본 가장 통찰력 있는 설명 중 하나이며 조직 구조와 문화 사이에서 너무나도 자주 간과되던 격차를 좁히는 데 도움이 된다. 그레이는 이렇게 설명했다. "멤버십 조직이 있다고 해봅시다. 이런 조직에서 일자리를 얻으려면 일을 매우 잘해야 합니다. 최고의 인재만 고용되고, 고용했는데 최선을 다하지 않으면 쫓겨나죠. 이런 유형의 조직은 굉장히 성과 기반입니다. 반면 양성하는 조직은 적합한 직원을 고용하고 그들을 교육하고 발전시키는 데 중점을 둡니다. 기술과 능력이 처음에는 드러나지 않을지 몰라도 직원들이 이를 발전시킬 수 있도록 도움을 주는 조직이죠."

프레시 틸드 소일에서 우리는 후자의 방향을 선택했다. 두 가지 유형의 사람들 모두에 대해 실험했으나 우리는 업계 전문가를 고용하는 것보다 사람을 양성해내는 것을 더 잘한다는 것을 금방 깨달았다. 우리

이름의 의미와 직원들의 성장을 돕겠다는 생각은 우리에게서 그치는 것이 아니었다. 문화는 살아 숨 쉬는 것이며, 즉 성장시키려면 양분을 주어야 한다. 문화에 양분을 주는 가장 좋은 방법은 팀원들이 서로 유대감을 형성할 수 있는 방법을 만드는 것이다. 팀원들이 결속을 다지는 기회가 꼭 가식적이거나 복잡할 필요는 없다. 오히려 단순할수록 좋다. 우리는 특히 뱅크뷰의 스코티 오마하니<sup>Skottie O'Mahany</sup>가 제안한 방법이 마음에 들었다. "제 배경과 지금의 제가 있게 된 이야기, 영감이 어디에서 오는지 등을 설명하는 저 자신에 대한 발표를 했습니다." 이러한 발표는 팀이 스코티에 대해 알아가고 그의 관점을 보다 깊게 이해할 수 있는 기회를 주었다. "모든 팀원이 발표를 하고, 자신의 배경이 어떻게 되는지, 무엇이 그들을 움직이게 하는지 나머지 팀원들과 공유하게 합니다. 팀원들에게 굉장히 중요하고 팀에게 도움이 되는 일이라 생각하기 때문이죠."

물론 사람은 자신의 이력보다 훨씬 더 복잡한 존재다. 배경과 기술이 결과를 보장해주지 않는다. 우리가 만난 리더들은 사업을 구성할 때, 결과를 염두에 두고 한다. 티파니 패리스는 시카고에 위치한 자신의 디자인 및 개발 회사에 대해 이렇게 설명했다. "최근에 회사 구조조정을 했습니다. 보통 우리는 부서를 중심으로 조직을 구성해왔습니다. 부서는 기본적으로 분야별로 나누어지는데, 프론트엔드 개발자, 엔지니어, 디자이너, 프로젝트 매니저 들이 있습니다. 그러면 사일로<sup>silos</sup>(회사 안에 성이나 담을 쌓고 외부와 소통하지 않는 부서)가 생기고 사일로로 인해 프로젝트 팀들은 서로 단절되어 버립니다." 디자인 프로젝트에서 성공적인 결과를 만드는 것을 현실적으로 보면, 팀을 기술 별로 구성하지 않는다는 점을 알 수 있다. "프로젝트 팀은 프로젝트의 요구 사항에 따라 바뀔 수 있습니다. 누구와 일하는지가 언제든지 달라질 수 있으며 그 프로젝트 기간 동안 그들과 함께 작업합니다. 경우에 따라 다음 프로젝트로 옮겨서 완전히 새로운 사람들과 일하게 될 수도 있습니다. 우리는 팀원들이 서로를 진정으로 알아가고 높은 성과를 내는 팀이 되는 것의 이점을 깨닫기를 원했습니다. 이를 위해 완전히 통합된 제작 부서를 만들었습니다. 부서에는 항상 함께 작업하는 프로덕트 매니저$^{PM}$, 디자이너, 개발자, 엔지니어 들이 있습니다. 프로젝트가 한 라인 안에서 돌아가기 때문에 고객에게 더 나은 결과를 제공하고, 팀이 더 친숙해질 수 있습니다. 그러면 함께 일하는 방법을 잘 아는 팀에게서 일어나는 속도 향상을 경험하게 되죠."

## 사람과 문화를 연결하기

우리는 문화에 대한 계획적인 접근법이 사람들이 최선을 다할 수 있는 안전하고 창의적인 공간을 제공해준다는 것을 확인했다. 그러나 여전히 많은 젊은 리더들이 이런 질문을 한다. "어떻게 이렇게 다양한 사람들을 하나의 문화 아래 함께 일하게 하는가?" 이 질문에 대한 대답은 미묘한 차이가 있다. 리더들은 이 방법에 대해 서로 매우 반대되는 관점을 가지고 있는 경우가 많다. 인터뷰와 설문조사 결과, 대다수의 응답자는 문화가 중요하다는 점에는 동의했으나 문화를 지도하는 것이 가능하다는 점에 모두가 동의하지는 않았다.

우리는 디자인 리더들을 대상으로 이 질문들에 대해 파고들어 문화에 적합한 사람을 어떻게 찾는지 알려달라고 요청했다. "비슷한 자질을 가진 사람을 찾는다고 생각하시나요? 그렇습니다. 모든 사람이 각자 다른 역할을 하니, 그들이 제 농담에 웃지 않는다고 해서 나가라고 하지는 않아요." 플래시노트$^{FlashNotes}$의 전 최고제품책임자$^{CPO}$였으며 현재는 버진 퍼스의 전문 서비스 부사장인 제프 쿠슈메렉[Jeff Kushmerek]이 웃으며 말했다. 그는 신입사원을 고용할 때 기발한 유머감각을 가진 사람을 찾는다고 고백했다. "안타깝게도 우리는 가족들과 함께 있는 것보다 서로 더 많은 시간을 보냅니다. 그러니 함께 일하는 것이 즐거운 사람들과 일해야겠죠. 모든 사람이 무릎을 칠 정도로 재미있을 필요는 없지만, 그 반대에 있는 사람과 일할 수는 없습니다. '저 사람은 얼간이 같지만 종이 가방에서 빠져 나오는 방법을 설계할 수 있는 사람이야'는 통하지 않는 거죠. 그렇지 않겠어요?"

성격과 기술의 다양성은 성공하는 기업의 공통점이지만 계속해서 배우고자 하는 성격이 제일 중요하다. 배움의 문화란 문제해결과 성장으로 이어지는 성숙함을 의미한다. 쿡스 일러스트레이티드[Cook's Illustrated]를 만든 아메리카 테스트 키친의 존 토레스[John Torres]는 이렇게 말한다. "누구든지 더 잘할 수 있습니다. 더 나은 사람이 되고자 하는 사람들과 함께 일하는 것이 수월해요." 그는 이러한 상호작용의 개인적인 성숙함을 강조한다. "성격이 잘 맞는 사람들과 함께 일하고 싶어요. 결과와 함께 일한 동료들을 중요하게 생각하는 사람들과 문제를 해결해 나가고 싶고요."

티파니 패리스는 문화에 많은 노력과 소통이 필요하다고 충고한다. "신뢰의 문화는 실제로 서로 소통하는 능력에 크게 달려있습니다. 의사소통의 대부분은 피드백에 관한 것이고요. 이야기해야 할 모든 것이 이야기되도록 하는 거죠. 모든 사람이 적절하게 이야기할 수 있는 수단을 갖추고 생산적인 솔루션으로 이어지도록 소통하는 겁니다." 이러한 의사소통의 고리는 개개인이나 직접적인 관계에만 영향을 주지 않는다. "양질의 소통 문화는 프로젝트에 도움이 됩니다. 팀의 역학에도 도움이 되고요. 물론 고객에게도 확실히 도움이 되지요. 이는 엄청난 양의 일이고 많은 노력이 소요됩니다."

너무나도 많은 기업이 긍정적인 문화를 만드는 데 실패하는 이유는 문화에 막대한 관심과 노력이 필요하기 때문이다. 우리에게 가장 깊은 감명을 준 디자인 리더는 기업문화를 이해하고 양성하는 데 상당한 시간을 투자한 이들이었다. 이들은 문화가 어떻게 진화할지 항상 정확히 알지는 못했으나 문화가 발전하는 과정에서 그 문화를 이끄는 데 깊이 몰두했다. 이 리더들은 강박적인 헬리콥터 부모가 아니라 좋은 부모를 떠오르게 했다.

문화에 대한 공감대를 형성하는 것도 리더들이 사용하는 또 다른 전략이다. 팀원들이 문화적인 요소에 동의하면 그 결과 또한 받아들일 수 있다. 팀이 지침이나 정책을 정하는 의사결정에 함께하면 결과에도 함께 노력하게 된다. 즉 소통이 늘어나는 것이다. 소통의 기회를 늘리면 이해력도 높아진다. 크라우드 페이보릿의 카림 마루치<sup>Karim Marucci</sup>는 이렇게 말했다. "요즘 같은 시대에는 처음에 억지로라도 팀원들이 이메일이나 채팅보다는 화상 대화를 더 많이 하게 합니다. 이것이 매우 중요하다고 생각해요. 전자통신만 이루어지는 오늘날의 문화에는 무엇인가 빠진 게 있어요. 그것은 우리가 서로를 이해하고, 서로에게 중요한 것이 무엇인지 확인하려고 노력하는 인간적인 측면입니다. 그렇기에 스카이프 영상이나 구글 행아웃, 새로 출시된 툴을 사용하여 이를 파악하는 건 매우 어려우면서도 그만큼 보람 있는 일이었습니다. 우리 회사는 그 옛날 수십만 달러가 넘는 시스코의 화상회의 시스템을 구입한 최초의 회사 중 하나였습니다. 이제는 같은 서비스를 80달러짜리 웹캠으로 충당할 수 있죠. 이러한 장비를 마련해서 직원들이 꼭 같은 공간에 있지 않더라도 같은 팀에 속해 있다고 느낄 수 있도록 해줘야 합니다."

앤서니 아멘다리즈<sup>Anthony Armendariz</sup>는 그의 회사가 더 커질 때를 상상하며 이렇게 말한다. "강력한 인재를 잃지 않고 유지한다는 관점에서, 우리의 장기적인 목표는 이들이 경쟁력 있는 월급을 받으며 재정적으로 합당한 대우를 받게 해주는 것입니다. 우리는 많은 혜택을 제공하지만 계속해서 다른 곳과의 격차를 줄이고자 노력하며 이들이 스스로 리더로 성장하기를 원합니다. 물론 저는 사업을 운영하는 것을 좋아하지만 언젠가는 제가 모든 회의나 모든 통화, 디자인 검토에 꼭 관여하지 않아도 되는 날이 오기를 고대합니다."

여기에서 마지막 내용이 핵심이다. 인재 확보와 같은 활동을 지원하는 문화를 허용하는 것은 지속적인 성장에 매우 중요하지만, 항상 리더의 책임일 수는 없다. 기업이 성장하면 문화도 자립할 수 있도록 반드시 성숙해져야 한다. 디자인 리더가 모든 접점에 있거나 문화가 흔들릴 때마다 바로잡아줄 수는 없다. 리더가 할 수 있는 최고의 투자는 회사의 모든 이들이 문화를 자신의 것으로 생각하게 만드는 것이다.

## ▌문화의 구조

팀 구성 방식은 조직 문화에도 영향을 미친다. 문화를 구조화하는 것은 특정 인물 또는 역할의 사람을 서로 옆에 앉히는 것만큼 간단한 경우도 많다. 팀의 구조를 신중하게 만들수록 영향력도 커진다. 제프 윌슨Geoff Wilson은 이렇게 말한다. "우리는 완전히 팀 기반으로 된 조직입니다. 조직 전체가 팀으로 나뉘어 있으며 각 팀을 개별적으로 운영합니다. 팀들은 일반적으로 프로젝트 매니저, 시각 디자이너, 프론트엔드 개발자, 두 명의 소프트웨어 개발자 또는 백엔드 개발자, 품질관리담당자로 구성됩니다. 또한 카피 및 마케팅 전략을 짤 수 있는 사용자경험 전문가, UX 리서처, 마케터가 있으며 특정 프로젝트의 필요에 따라 이들을 팀에 합류시킵니다."

윌슨은 팀이 고객과 어떻게 일하며 이것이 궁극적으로 회사의 문화에 어떤 영향을 미치는지 자세히 설명했다. "소비자를 대면하는 프로젝트라면, 거의 틀림없이 프로젝트 팀에 UX와 마케팅이 들어가기 때문에 팀이 좀 더 커질 겁니다." 팀은 일련의 동심원의 중심에 있다. 이 팀들이 일을 만들고 이는 회사의 평판을 만든다. 이렇게 팀이 우선이 되는 조직 구조는 회사의 문화에 영향을 미친다. "우리 문화는 팀에 자율권을 주는 것에 집중되어 있습니다. 팀의 가치가 회사의 가치와 양립할 수 있도록 팀이 스스로 명칭을 정하고 고유한 가치관을 만들 것을 장려합니다. 각 팀이 자체적인 가치와 협력 방식, 팀원들에 대한 자체적인 행동강령을 갖출 것을 권합니다. 우리는 실제로 팀이 주인의식을 가지고 고객과의 관계도 자신의 것으로 생각하며, 에이전시 안에서 소규모 사업단위로 활동하도록 권장합니다. 각 팀에는 매달 사기진작을 위한 예산이 지급됩니다. 보통 팀당 한 달에 250달러이며 이 예산으로 팀은 함께 외식하고, 해피 아워<sup>happy hour</sup>(특별 할인 시간대)에 레스토랑에 가고, 함께 야구경기도 보러 가는 등 원하는 것을 합니다. 우리는 팀이 매달 그 예산으로 무언가를 하도록 장려합니다. 지속적으로 개인적인 관계를 발전시키고 그들의 성과를 축하할 수 있는 기회를 갖게 하죠. 팀이 프로젝트에서 이정표를 달성할 때마다 밖으로 나가서 일 외적으로 함께 즐길 수 있기를 바라는 겁니다."

# 마지막 메시지

문화가 만들어지는 것이라고 믿든 아니면 단순히 인도되는 것이라고 믿든, 모든 이들이 동의하는 바는 문화가 기업의 성공에 굉장히 중요하다는 것이다. 당신이 고용한 사람들이 당신의 문화에 가장 많은 영향을 미친다. 이를 알고 적합한 직원을 고용하는 데 시간을 투자하면 보다 나은 비즈니스 결과를 얻을 수 있다. 디자인 리더들은 그들의 일이 디자인과 개발을 중심으로 돌아가지만, 리더의 임무는 최고의 팀을 구성하는 것이라는 사실을 강조한다. 아메리카 테스트 키친의 존 토레스가 이를 가장 잘 표현했다. "궁극적으로 우리는 디자인 리더로서 프로덕트가 아닌, 팀과 회사를 만들고 있습니다."

- 디자인 비즈니스를 성공적으로 운영하려면 문화를 최우선 순위에 두어야 한다.

- 문화를 형성하려면 리더는 담을 용기를 만들고, 적합한 사람들로 채워야 한다. 이 용기는 해당 조직의 비전과 가치로 만들어진다.

- 건강한 문화는 배움의 문화라고 할 수 있다. 여기에는 성장 정신과 자신을 뛰어넘는 도전을 하고자 하는 열망이 있다.

- 탁구대와 콩주머니로 문화를 만들 수는 없다.

- 조직의 일원들이 문화에 가장 많은 영향을 끼친다.

- 문화의 모든 측면을 제어할 수는 없다 해도, 간과해서는 안 된다.

- 건강한 문화는 직원 유지와 충성심을 높이는 것으로 보인다.

- 팀의 구조는 기업문화에 영향을 미친다. 팀원을 신중히 선택하고 조합하라.

- 개인적인 성장을 향한 성숙한 태도를 갖춘 팀은 건전한 문화를 형성할 가능성이 높다.

- 성공하는 팀과 인재를 키우는 것이 디자인 리더의 궁극적인 목표다.

# 2

# 뛰어난 인재들을
# 끌어들이는 법

모든 조직에서 사람은 주춧돌이 된다. 훌륭한 인재는 훌륭한 조직을 만든다. 이러한 인재를 찾아 참여시키고 계속해서 만족스럽게 만드는 것은 디자인 리더들의 주요한 책임 중 하나이다. 우리는 리더들이 조직에서 인재를 유치하고 양성하는 혁신적인 방법을 탐색해 볼 것이다.

# 서론

회사의 창립 초창기에는 팀을 성장시킬 적합한 인재를 찾는 것이 먼 훗날의 문제처럼 보일 수 있다. 특히 소그룹의 창립 멤버로 시작한다면 정기적으로 인재를 구하고 개발하는 것을 최우선 순위로 두지는 않을 것이다. 그러나 보다 규모가 큰 팀과 확실히 자리를 잡은 스튜디오의 경우, 이는 거의 일상적으로 다뤄야 할 문제이다. 회사가 성장하면 가장 충성도가 높은 팀원도 이직하여 대체가 필요하다. 디자인 리더들은 어떻게 최고의 인재를 찾고 유지할 것인지 끊임없이 물어야 한다.

사람들이 회사를 떠나는 이유는 다양하다. 일부는 결혼을 하거나, 아이를 갖거나, 건강상의 문제이거나, 다른 주 또는 국가로 이사 가는 등 개인적인 상황의 변화로 인해 떠날 수 있다. 회사를 떠나는 직업상의 이유로는 더 높은 자리로 올라가거나 아예 빠져나오고 싶은 욕구인 경우가 많다. '올라간다'는 것은 야망을 의미하지만, '빠져나온다'는 것은 회사 또는 그곳의 리더에 대한 불만 때문일 가능성이 높다.

우리는 대화를 나누며 사람들이 팀을 떠나는 주요인 중 하나가 직장에서의 나쁜 관계 때문이라는 것을 알게 되었다. 여기서 주목할 점은 실패한 관계가 거의 항상 그들의 관리자와의 관계라는 것이다. 즉 사람들이 떠나는 것은 '회사'가 아니라 '관리자와의 관계'다. 팀원과 리더 사이의 화합은 가장 자주 거론되는 불만의 이유인 듯하다. 이러한 불만이 한 직원을 떠나게 하는 데까지는 오랜 시간이 걸릴 수도 있지만 한 번 그 지점에 도달하면 팀에 남아 있도록 설득하기는 굉장히 어렵다.

점점 더 경쟁이 치열해지는 업계에서, 인재를 유지하는 것은 우리가 인터뷰한 디자인 리더들의 최우선 순위가 되었다. 디자인 리더들이 겪는 더 큰 어려움은 보다 규모가 크고 자원이 풍부한 기업들이 자신의 팀에 디자인 인재를 영입하려고 열심이라는 사실이다. 캐피털 원Capital One, 아이비엠IBM, 액센츄어Accenture, 딜로이트Deloitte와 같은 기업들이 앞다투어 디자인 팀을 인수하고 구축하는 것은 이러한 대기업들이 디자인 업계로 들어오고자 한다는 것을 보여준다. 헤드헌팅과 영역 침범은 디자인과 테크 업계의 안타까운 현실이다. 더불어 수요를 따라잡기 위해 고군분투하는 디자인학교와 기관까지 더해져서 디자인 리더들은 힘든 경쟁에 직면했다.

다행히도 일부 디자인 리더는 최고의 인재를 유입하고, 더 중요하게는 유지하는 데 성공했다. 이번 장은 이러한 모범 사례와 내부 비결을 알려준다.

# 소규모 팀과 구축

우리의 인터뷰는 소규모 기업 또는 초기 단계에 있는 팀의 경우 성장에 대한 유기적인 접근이 거의 불가피하다는 것을 분명히 보여주었다. 이런 스타트업 단계에서 소규모 팀은 주로 작업을 완료하는 데 집중하고 공식적인 인재인수전략에는 그다지 신경 쓰지 않는다. 이는 그들이 고용하는 직원들이 대부분 아는 사람이기 때문이다. 이처럼 신생 기업들이 새로운 인재를 찾는 풀pool은 친구, 가족, 지인이다. 우리가 인터뷰한 리더들의 20퍼센트는 신입사원을 고용할 때 친구와 가족의 소개를 받았다고 했다.

기업이 성장하면 고용 절차는 어쩔 수 없이 보다 계획적이고 체계화된다. 소규모 팀은 지원 인력이 부족한 경우가 많아서 채용 절차를 지원하는 좀 더 공식화된 접근법에 의존하게 된다. 성장하는 팀의 변화와 함께 중점을 두는 기술의 유형도 변화해야 한다.

토론토에 있는 더워킹그룹의 창립자 도미니크 보르톨루시Dominic Bortolussi는 이렇게 말했다. "직원이 7명에서 15명으로 늘었을 때, 고용의 초점은 언제나 청구가 가능한 제작 인력, 즉 개발자와 디자이너였습니다. 저는 프로젝트 관리를 하고 있었고, 저의 파트너인 안드레스도 프로젝트 관리를 하고 있었습니다. 그래서 회사의 총인원이 15명, 심지어는 20명이 될 때까지 모든 사람이 거의 제작 관련 인력이었습니다." 우리가 대화를 나눈 많은 기업에서 이는 일반적인 일이었다. 초창기 직원들은 여러 가지 역할을 맡게 되는데, 이는 본질적으로 향후 비즈니스 진행 과정에서 지원 인력에 의해 채워질 공백을 메꾸는 방식이었다. 팀의 규모가 커질수록 더 많은 지원 인력이 필요해지는 것은 유기적이고 자연스러운 전개였다. 성숙한 리더들은 채용 초점이 변화하는 것에 놀라기보다 이러한 전환에 대비되어 있었다.

오스틴에 위치한 펀사이즈는 작지만 성장하고 있는 11인 규모의 프로덕트 디자인 스튜디오다. 스튜디오를 운영하는 앤서니 아르멘다리즈는 현재로서는 기존의 관계에 의존하고 있다. "채용에 있어 모든 것이 자연스러웠습니다. 현재 우리는 개인적으로 알거나, 함께 일하는 누군가가 알고 있거나, 함께 어느 정도 많은 경험을 한 사람만을 고용하고 있습니다. 모두 소개를 기반으로 한 채용이죠. 또 우리가 정말 함께 일하고 싶은 사람을 만나면 그들과 같이 일할 방법을 찾으려고 노력합니다." 성장한다고 해서 친구와 가족을 고용할 수 없다는 뜻은 아니지만, 인맥이 넓지 않다면 한계를 느끼기 시작할 수도 있다.

볼더[Boulder]에 위치한 호트 코드웍스의 창립자 마티 호트[Marty Haught]도 지인채용 방식을 반복해 왔다. "수년간, 제가 몇 년 이상 함께 일한 친구들이 팀원이었습니다. 전 이렇게 생각했죠. '그와 함께 일하는 것이 정말 좋았고, 이 프로젝트들도 같이 했으면 좋겠어.' 그래서 많은 경우 그렇게 했습니다." 호트는 회사가 성장하면서 이러한 전략이 어느 정도 공식적인 온보딩과 교육을 포함하는 접근법으로 전환되고 있음을 인정한다. "최근에는 두 명의 신입을 더 데려왔습니다. 한 명은 실제로 호트 코드웍스에서 공식적인 수습사원으로 일하고 있죠. 그들은 제 친구들의 추천을 받아서 왔습니다." 인재에 있어 네트워크의 중요성은 디자인 리더들에게 항상 중요한 화제다.

우리가 나눈 대화로 보면 스타트업과 소규모 디자인 기업은 인재를 구하기 위해 개인적인 네트워크에 의존하는 것으로 보인다. 외부자금을 받고 빠르게 성장할 계획이 아니라면, 회사가 성장하여 구조를 공식화해야 하는 시점까지 이는 너무나 당연한 수순이다. 우리가 만난 독립소유 디자인 기업 중 외부자금 지원으로 빠른 성장을 꾀하는 곳은 손에 꼽을 정도였다. 벤처자금 지원을 받은 서비스 디자인 스타트업은 굉장히 드물었고 우리의 인터뷰 범위에 포함되지 않았다.

## 인재개발은 세일즈 파이프라인을 개발하는 것과 유사하다

성공한 기업이 세일즈에 접근하는 것과 같은 방식으로 인재 파이프라인에 접근하는 것이 훌륭한 인재를 찾는 비결인 것으로 보인다. 실패 없이 지속적으로 성장하려면 서비스업 및 제조업 모두 파이프라인에 잠재적인 채용자 목록이 탄탄하게 준비되어 있어야 한다. 세일즈 파이프라인이 서비스업의 생명줄이라면, 인재 파이프라인은 기업이 숨쉬기 위한 공기와 같다. 대규모 조직 내에서 일하는 디자인 팀의 경우, 인재 파이프라인은 전략적 노력의 핵심이 될 수 있다. 크게 성공한 디자인 리더들은 인재개발에는 인내와 계획이 필요하므로 지속적인 노력을 들여야 한다는 점을 인정한다.

씽크 브라운스톤의 칼 화이트Carl White도 이에 대해 강조한다. "우리는 비즈니스 개발을 하듯 채용합니다. 관계에 대한 것이기에 시간이 걸릴 겁니다. 인재 후보 파이프라인은 우리의 새로운 비즈니스 파이프라인만큼이나 활발합니다. 우리는 사람을 뽑는 데 많은 시간을 들이고 어떤 경우에는 3개월까지 투자합니다. 눈에 띄는 사람을 찾으면 그들과 직접 만나서 대화를 나눕니다."

인재 파이프라인을 구축하는 것이 매우 중요하다는 것을 알고 있지만 많은 리더들은 여전히 어디서부터 시작해야 할지 확실하게 알지 못한다. 핵심은 회사와 업무에 대한 공개적인 대화에 달린 것으로 보인다. 비젯의 CEO 브라이언 윌리엄스[Brian Williams]는 이렇게 말했다. "알고 있는 모든 것을 공유하는 것이 좋습니다. 우리는 수년간 블로그를 해왔습니다. 그리고 최대한 많은 콘퍼런스에 참석해서 발표하려 합니다. 직원들에게 그렇게 할 것을 장려하죠. 사람들에게 무엇이 적합하고 유익한지 알아보기 위해 가능한 한 우리의 공간에서 행사를 주최하려고 합니다. 커뮤니티의 좋은 일원이 되는 것도 중요하지만, 평판을 잘 쌓아가는 것이 정말 중요합니다. 일을 훌륭하게 해내고, 그 일을 공유하고, 그에 대해 이야기할 수 있으며, 사람들이 우리의 문화가 무엇인지 이해할 수 있도록 작은 일들을 하는 거죠. 이렇게 하면 많은 연결고리가 생겨서 이를 통해 많은 사람이 들어오게 됩니다."

넓은 그물을 던지면 인재를 끌어들이는 통로가 생긴다. 즉 언제나 문을 두드리는 후보들이 생기는 것이다. 지원자를 거절하는 것이 다음에 고용할 사람을 어디에서 찾을지 고민하는 문제보다 더 낫다.

세일즈 파이프라인처럼 다른 것들보다 좀 더 오래 걸리는 기회들도 있을 것이다. 가끔 이상적인 지원자가 있을 수도 있지만, 그들은 이미 좋은 직업을 갖고 있거나 아직 당신의 회사에 들어올 타이밍이 아닐 수도 있다. 화이트는 이것이 과정의 일부라고 말한다. "잘 맞고 적합하다면 계속 진행하지만 기회가 성사되지 않는 경우도 많습니다. 장담하는데 3분의 1이 그랬습니다. '나도 널 좋아하고 너도 날 좋아하지만 난 지금 이미 만나는 사람이 있어. 이 관계가 끝나고 상황이 맞으면 만나자.' 우리에게는 이런 식으로 하는 게 정말 잘 통했죠."

모든 채용 전략이 동일할 필요는 없으며, 세일즈 파이프라인과 마찬가지로 유연성이 필요하다. 컨설팅 회사 플러키의 책임자인 제니퍼 대리[Jennifer Dary]는 이렇게 강조했다. "좀 더 경력직을 채용하고자 한다면,

일자리 공고문이나 구인활동으로는 절대 구해지지 않는 시점이 옵니다. 이런 사람들은 서로의 요구 사항에 대해 이야기하며 전략적인 대화를 나누는 술자리나 점심 식사 자리에서 채용하게 되죠. 이렇게 경력직 파이프라인은 이제 막 학교를 졸업한 신입을 채용하는 것과는 다르다는 사실을 기억하는 것이 매우 중요합니다. 다양한 경로와 소개를 받아들일 수 있도록 유연해져야 합니다."

각 팀이 어떻게 고용하고 성장하는지 이해하려면 기업이 지지하는 문화의 유형을 파악해야 한다. 엔젠 웍스의 경우는 다음과 같다고 칼 스미스Carl Smith가 말했다. "팀이 팀을 고용한 셈이었죠. 제가 정말 기쁘게 여기는 것 중 하나는 직원들의 충성심을 원한다면 함께 일할 사람들이 원했던 사람들인지 확인해야 한다는 사실을 일찌감치 깨달았다는 것입니다. 핵심 팀은 함께 일하고 싶은 사람들을 찾아 그들을 프로젝트에 초청합니다. 이것이 온보딩 과정이죠. 프로젝트에 참여하길 원했던 직원을 실제로 팀에 합류시키는 것입니다. 시간이 지나서 일이 잘 성사되면 팀에서 그 직원을 고용합니다. 팀이 팀을 고용하는 것이죠."

여기에서 중요한 포인트가 있다. 팀원들은 무작위로 팀에 사람을 추가하는 것이 아니다. 고객이 프로젝트를 승인한 후 팀원들이 해당 프로젝트에 함께 할 관련 기술을 가진 프리랜서들을 초청한다. 프리랜서가 지속적으로 팀에 가치를 제공한다면 회사에 정규직으로 합류하도록 제안받을 수 있다. 스미스는 다음과 같은 경고를 덧붙였다. "그 반대는 팀이 팀을 해고할 때입니다. 서바이버 같은 거죠. 잘 해내지 못하는 시점에 다다르면 탈락해서 섬에서 쫓겨나게 됩니다. 직원들이 농담삼아 저를 섬에서 쫓아낼 거라고 하는데, 전 그래도 괜찮습니다." 그가 웃었다. 이러한 접근법은 여러 측면에서 마음에 들지만, 개인적으로 팀이 신입사원 채용에 대한 최종 결정을 내리는 것이 불편하다. 때때로 리더는 많은 사람이 원하는 선택은 아닐지라도 팀을 발전시키는 데 필요한 사람이라면 데려와야 한다. 새로운 팀원을 고용하는 결정에 팀이 관여하는 것은 좋지만, 궁극적으로 최종 선택을 하는 것은 리더의 일이라고 생각한다.

새로운 인재를 만나기 위한 기회를 적극적으로 만드는 것은 우리의 대화에서 계속해서 등장한 주제였다. 몇 가지 예외사항을 제외하면 인터뷰한 모든 리더들은 자신의 인재풀에 새로운 후보를 추가하기 위한 구체적인 전략을 갖고 있었다. 고용 전략은 굉장히 다양했으나 일관된 특징은 이를 단순히 운에 맡기지 않았다는 것이다. 항상 계획된 전략이 있었으며 모든 과정에 고위급 경영진이 관여했다.

크라우드 페이보릿의 창립자이자 CEO인 알렉스 킹$^{Alex King}$*은 인터뷰에서 이렇게 강조했다. "사실 우리는 지난 며칠간 이에 대해 이야기했습니다. 제가 한 일 중 하나는 앞으로 책임을 분담하게 될 사람들과 공유하기 위해 후보들이 어떤 심사 과정을 거쳤는지 문서로 기록하는 것이었습니다." 2014년 초 우리가 만났을 때 킹의 회사는 막 인수된 시점이었다. 당시 건강상의 이유로 킹은 자신의 책무 중 일부를 다른 채용관리자에게 위임하기 시작했다. "또한 우리는 채용 공고를 맞춤화하는 것에 대해 좀 더 자세히 이야기했습니다. 사람들이 각 역할에서 수행하게 될 책임사항의 유형을 보다 구체적으로 제공하는 겁니다. 해당 일자리가 자신이 원하는 포지션인지 아닌지 지원자들이 스스로 분별할 수 있도록 도와주는 거죠. 그리하여 채용을 필요할 때마다 그냥 하는 일이 아니라 지속적인 과정으로 만듭니다."

---

* 알렉스 킹은 2015년 9월 말 비극적으로 생을 마감했다. 우리와의 인터뷰 이후 그는 크라우드 페이보릿을 떠나 건강관리와 가족들과 시간을 보내는 데 집중하고자 했다. 디지털 디자인 산업은 훌륭한 리더이자 친구를 잃었다.

## 기술과 열정, 무엇이 먼저인가?

신입사원 채용, 면접, 온보딩은 틀림없이 기업 리더가 가장 우선시하는 부분이다. 우리가 만난 리더들은 모두 적합한 인재를 확보하면 효과가 크기 때문에 이들을 팀에 영입하는 방법을 아는 것이 매우 중요하다는 점에 동의했다. 그러나 훌륭한 기술을 갖춘 이들을 찾아 나서야 하는가, 아니면 이러한 기술을 배울 수 있는 열정적인 사람을 찾아야 하는가에 대해서는 의견이 엇갈렸다.

엑스플레인의 사장 데이브 그레이는 이렇게 말했다. "저는 시나리오 기반의 면접을 매우 좋아합니다. 우리가 면접에서 정말 알고자 하는 것은 이들이 곤란한 상황에서 어떻게 행동하는지 또는 대인 관계 문제를 어떻게 다루는지입니다. 저는 지원자들에게 다음과 같은 질문을 할 수 있습니다. '직장에서 인간관계로 갈등을 겪었던 경험과 그 문제를 어떻게 해결했는지 말해보세요', '무엇인가에 실패하고 정말 중요한 깨달음을 얻어서 지금까지 교훈으로 삼고 있는 일에 대해 말해보세요', '당신이 경험한 최고의 상사와 최악의 상사에 대해 말해보세요.' 최악의 동료, 최고의 프로젝트, 이런 것들 말이죠. 상황별 면접에서 제가 알아보고 싶은 것은 해당 지원자가 행동하는 방식입니다. 그들이 속한 사회시스템에 대해 어떻게 생각하는지, 갈등을 어떻게 다루는지, 이런 것들이 매우 중요하다고 생각합니다. 갈등을 피하는가, 해결하는가? 일을 완수하기 위해 다른 이들과 어떤 방식으로 상호작용하는가? 그들이 직장에서 처하게 될 상황을 설명하고 과거의 경험 중 비슷한 상황이 있었는지, 그당시 그 상황에 대해 어떻게 생각했고 대처했는지에 대해 설명하도록할 겁니다."

적합한 사람을 찾는다는 것은 올바른 자질을 찾는다는 의미이기도

하다. 저브의 창립자이자 CEO인 브라이언 쥬미엡스키Bryan Zmijewski는 이렇게 말했다. "훌륭한 인재를 찾는 것이 아니라 좋은 사람을 찾아 재능을 발전시키는 것입니다. 록스타를 찾으려는 생각이라면, 행운을 빕니다." 재능이 타고나는 것이 아니라 만들어지는 것이라는 생각은 우리가 한 인터뷰에서 주기적으로 나왔다. 리더들은 지원자들이 디자인을 향한 열정은 갖고 있어야 하지만, 좋은 디자인을 위한 재능은 가르칠 수 있는 부분이라는 것을 인정한다. 쥬미엡스키는 이렇게 덧붙였다. "완벽한 직원, 완벽한 사람이 있다고는 생각해 본 적이 없습니다. 자신이 하는 일에 매우 열정적이고, 직업 윤리가 뛰어나며, 서로를 존중하는 사람들에게 조직을 맞추는 겁니다. 이러한 환경을 조성한 후 사람들로부터 얼마나 많은 잠재력이 나오는지 보면 놀랄 겁니다."

## 당신보다 똑똑한 사람을 고용하라

조금 진부할 수도 있지만 우리가 자주 듣는 만트라mantra(불교 또는 힌두교에서 기도하거나 명상할 때 외우는 주문)와 같은 말이 있다. 바로 자신보다 똑똑한 사람을 고용하라는 것이다. 흥미롭게도 디자인 리더들은 단순히 똑똑한 사람을 고용하는 것이 아니라, 창립자들이 할 수 없었던 방식으로 회사의 비전을 실현해 나갈 수 있는 영리한 사람을 고용한다. 볼티모어에 위치한 패스트스팟FastSpot의 회장이자 최고비전책임자CVO 트레이시 할보르센Tracey Halvorsen은 이렇게 말했다. "저는 업무에 있어서 저보다 더 뛰어난 인재를 고용합니다. 우리 회사에는 훌륭한 디자이너, 프로그래머, 프로젝트 매니저 들이 있습니다. 이들이 함께 일을 잘 진행해 나갈 수 있도록 돕는 것은 제가 제일 잘하지만, 일은 그들이 훨씬 더 잘하죠. 그들은 저를 유능한 리더처럼 보이게 합니다."

똑똑할 뿐만 아니라 조직의 목표와 기술발전에 전념하는 사람들을 찾는 것이다. 더워킹그룹의 보르톨루시는 이렇게 강조했다. "그다음 목표는 우리가 일하는 방식과 잘 맞는 사람을 찾는 것입니다. 우리는 함께 즐겁게 일하고, 탁월함을 추구하며, 그렇게 하는 것을 매우 즐깁니다. 그렇기 때문에 이에 부합하고, 자신이 하는 일에 매우 능숙하며, 기술을 마스터하고자 하는 사람을 찾습니다. 개발자든 디자이너든 말이죠."

자신보다 똑똑한 사람을 고용하는 것으로는 충분치 않다. 자신과 다른 사람도 고용해야 한다. 다양성은 단순한 지적 도전이 아니라 성공하는 디자인 회사의 비결이다.

## 기술의 다양성

우수한 소프트 스킬과 하드 스킬을 갖춘 사람을 고용하는 것과 밀접하게 관련된 또 다른 견해는 기술을 갖췄다고 해서 모든 사람을 똑같이 간주해서는 안 된다는 점이다. 하드 스킬은 일반적으로 프로그래밍, 디자인 애플리케이션 사용 또는 제안서 작성처럼 기술적인 능력을 말한다. 소프트 스킬은 커뮤니케이션, 프레젠테이션, 갈등 해결과 같은 것들을 것들을 말한다. 후자의 기술은 평가하기가 좀 더 어려운 경우도 있으나 성공한 디자인 기업들은 고객에게 진정한 가치를 전달하기 위해 소프트 스킬에 의존한다. 신입사원 중 일부는 개인적으로 훌륭한 기여를 할 것이고, 어떤 이들은 보다 광범위한 관리자 역할을 맡게 될 것이다. 회사라는 조직의 조각 퍼즐에 누구의 강점과 약점이 잘 들어맞는지 이해하는 것이 팀의 성공 비결이다.

우리는 디자인 리더들에게 팀의 기술과 화합에 있어 기대하는 것이 무엇인지 물었다. 인디애나폴리스에 위치한 스몰박스^Smallbox의 CEO이자 공동창립자인 젭 배너^Jeb Banner는 그를 안전지대 밖으로 밀어내는 사람들을 좋아한다. "저는 저와 다른 이들에게 도전하기를 두려워하지 않으면서도 따뜻하고 친절한 방식으로 그렇게 할 수 있는 사람들을 원합니다. 저보다 나은 사람을 원하죠. 어떤 면에서 제가 디자이너나 개발자가 아니라는 사실이 가끔 속상합니다. 원하는 분야에서 협업하기가 어려울 때도 있으니까요. 하지만 저는 보기만 해도 '와, 내가 상상도 하지 못한 능력들을 가지고 있는걸'이라는 말이 나오는, 그런 재능과 기술을 가진 사람들을 찾습니다. 이들이 하는 일을 볼 때마다 잠재력에 대해 보다 폭넓은 사고를 하게 되거든요. 언제나 저의 사고를 좁히지 않고 넓혀주는 사람들을 원합니다."

'누가 버스에 타고 있는지' 그리고 누가 아직 버스에 타야 하는지에 대한 아이디어를 중심으로 팀을 구성하는 것은 우리의 인터뷰에서 여러 번 언급되었다. 경제학자이자 작가인 짐 콜린스^Jim Collins가 처음으로 만든 이 버스 비유는 경영 분야의 명저 《좋은 기업을 넘어 위대한 기업으로^Good to Great》에 나왔다. 인터뷰 내내, 이 아이디어는 계속해서 직접적으로 언급되거나 개념으로 언급되었고, 우리가 만난 많은 리더들이 사용한 접근법과 일맥상통하는 듯했다. 콜린스의 생각은 각 기업이 목적지를 향해 가고자 하는 버스와 같다는 것을 보여준다. 여기서 '목적지'는 사명이나 목표를 비유적으로 표현한 말이다. 올바른 사람을 버스에 태우고, 적절한 좌석에 앉히고, 잘못된 사람들은 버스에서 내리게 하는 것이 콜린스의 책에서 배운 교훈 중 하나이다. 뱅크뷰의 크리에이티브 디렉터 스코티 오마하니는 이렇게 말했다. "신입사원을 고용할 때 가장 중요하게 보는 부분은 팀에서 부족한 점이 무엇인가입니다. 다른 팀원들이 배울 수 있는 재능이나 배경 또는 경험을 가진 사람을 찾습니다."

디자인 분야에서 성공하기 위해서는 하드 스킬과 소프트 스킬을 모두 갖춘 사람을 찾는 것이 중요하다. 디자인 프로세스의 많은 부분이 사람 중심이기 때문에 높은 성과를 내는 디자인 기업에서 근무하고 고객과 소통하는 사람들은 우수한 글쓰기 능력과 프레젠테이션 능력이 필요하다. 오마하니는 이렇게 말했다. "이제 우리에게는 전담 프로젝트 매니저가 생겼기 때문에 이와 관련된 능력에 관심이 있습니다. 우리는 커뮤니케이션을 즐기고, 고객과 회계장부를 잘 관리할 수 있는 꼼꼼한 사람을 원합니다. 이는 개발자가 갖추어야 하는 기술과는 다릅니다." 서로 다른 기술을 가진 사람들로 팀을 구축하면 그룹 전체가 더욱 강력해진다. 기술, 배경, 사고의 다양성은 팀의 모든 구성원이 보다 공감하고 이해하도록 장려해주는 듯하다. 이는 모든 디자인 분야의 핵심 요소다.

인터뷰 당시 프로덕트 디자인 팀 인원이 30명이었던 오마하니는 우리가 만난 대부분의 디자인 리더들처럼 다양성에 대한 전체론적인 관점을 가지고 있다. "우리 팀에는 사용자 조사 경험이 있는 사람이 없었기 때문에 그런 경험이 있는 사람을 찾고 있었습니다. 일러스트레이션이나 영상 같은 다른 배경을 가진 사람들을 구했죠. 우리가 성장시키고 싶지만 아직 걸음마 단계에 있는 분야였으니까요. 그런 경험이 있는 사람을 투입하면 팀에 전체적으로 도움이 되리라 생각했습니다."

성별은 다양성에 있어 사람들이 언급하기 꺼려하는 주제다. 우리 업계에는 분명 남성 디자이너들에 대한 성차별이 있다. 우리와 대화를 나눈 몇몇 리더들은 이에 대해 우려를 표했다. 더워킹그룹의 도미니크 보르톨루시는 인정하며 말했다. "이곳에는 매우 다양한 팀이 있지만, 좀 더 성별의 균형을 맞추기 위해 노력하고 있습니다. 이는 또다른 도전 과제입니다. 우리는 디자이너의 절반이 여성이고 모든 개발자가 남성인 고전적인 에이전시가 되어가고 있습니다. 이를 변화시키려 노력하고 있으며 지속적인 변화가 되도록 장려하고자 합니다." 이 문제는 단순히 기회 균등에 관한 것만은 아니다. 성별 다양성은 좋은 디자인을 하는 데 매우 중요한 관점의 다양성을 가져다준다. 성별의 균형을 맞추기 위한 많은 조치들이 이행되고 있다. 이 주제는 중요하지만 이번 책 안에서 다루기에는 너무나도 광범위하다. 디자인 업계가 다른 모든 산업에 좋은 본보기가 되기를 바란다.

## 신발 안으로 들어가지 말고 밖에서 성장하라

인재를 키우는 것은 구조화되고 계획될 수 있으나 그렇다고 당장 필요한 것을 제쳐 두고 채용해야 한다는 의미는 아니다. 오스틴의 북적거리는 6번가가 내다보이는 펀사이즈 사무실에서 앤서니 아르멘다리즈는 채용에 대한 고민을 우리와 공유했다. "우리는 겁먹은 채로 팀을 꾸렸습니다. 공동창립자인 나탈리와 저는 급여 때문에 걱정이 많았습니다. 우리가 급여를 지급해주어야 하는 상황에 놓여본 적이 없었기에 초창기에는 좀 두려웠습니다. 모두가 처음에는 언제나 계약직으로 시작했습니다. 그래서 우리는 이들이 문화적으로 잘 어울리는지, 우리가 필요로 하는 기여를 하고 적절한 기술을 갖추었는지를 확인했습니다. 그러면 보통은 놓치고 싶지 않은 관계가 되었고, 우리는 그런 식으로 성장하기 시작했죠. 직원이 5~6명이 되고 난 후에는 장기적으로 일할 수 있는 정규직 채용이 필요하다는 사실이 꽤나 분명해졌습니다."

채용을 공식화한다고 해서 기업이 빠르게 성장하는 것은 아니라는 점을 다시 한번 강조하고 싶다. 디자인 서비스 기업에서 인재는 가장 많은 비용이 드는 부분이다. 팀원을 추가하는 것은 신중해야 하지만, 너무 더디게 진행되어서 생산성을 떨어뜨려서는 안 된다. 이런 균형을 맞추는 것은 쉽지 않다. 우리가 만난 리더들은 새로운 인재를 추가하는 것과 기존 팀에서 최대의 능력을 발휘하는 것 간의 균형을 잡는 데 항상 어려움을 겪었다고 자주 언급했다. 성공한 리더들은 채용이 필요할 때면 그들의 세일즈 파이프라인을 활용하여 방향성을 잡았다.

채용을 할 때 회사의 미래성장에 필요한 것을 기준으로 의사결정하는 것은 간단한 접근법처럼 보일 수 있다. 논리적으로 보면 채용 전에 미리 계획하고 그 계획을 고수해야 한다. 하지만 디자인 서비스 업계에서는 이것이 항상 최선의 방법은 아니다. 너무 앞서 계획하면 현실 상황에 맞지 않을 수 있다. 직원을 늘리는 비용을 지불해줄 고객이 없다면 계획을 기반으로 채용하는 것은 그 자체로 역효과를 낼 수 있다.

마지막 메시지로 해피 코그의 CEO, 그레그 호이[Greg Hoy]의 교훈적인 이야기를 들려주겠다. "직원 채용과 관련된 의사결정에서 우리가 예상하는 필요를 충족시키기 위해 한꺼번에 많은 인원을 채용한 적도 있었습니다. 이번 주의 방식과 보름 뒤의 방식이 달라지는 파이프라인을 지원하기 위해 직원을 채용하는 것은 주사위 던지기와 같습니다. 충분히 심사숙고해서 너무 많은 사람을 채용하게 되는 상황이 오지 않기를 바랍니다." 2014년 초 해피 코그는 '팀 기반 모델'로 실험을 시작했고 팀 구성원을 채우기 위해 디자이너와 개발자들을 미리 고용했다. 하지만 비즈니스 개발에 대한 기대사항이 바뀌자 해당 팀을 계속 유지할 수 없었고, 그들 중 누군가를 해고하는 어려운 결정을 내려야 했다. 그레그는 이로 인해 냉철한 교훈을 얻었고, 성장을 결정하는 것은 언제나 세일즈 파이프라인이라는 사실을 우리에게 다시 한번 일깨워준다.

궁극적으로 우리가 대화를 나눈 디자인 리더들은 활용도가 낮은 직원을 여러 명 끌고 가는 것보다는 인력이 약간 부족한 팀을 꾸려 나가는 것이 낫다는 데 동의했다. 물론 업무를 수행할 사람이 없을 때 그 일을 떠맡는 것이 벅찰 수 있다. 그러나 마이너스 현금흐름을 감당해야 하는 스트레스 받는 상황보다는 구멍을 메우는 것이 더 쉽다. 이는 중소규모 서비스 에이전시에는 전반적으로 맞는 말이지만 자금이 충분한 스타트업, 대기업, 사내 디자인 팀에는 해당되지 않을 수 있다. 후자의 조직들은 필요한 작업을 예상하여 팀의 규모 확대를 뒷받침해줄 현금자금 보유 기간이 더 길거나 대체 수입원이 있는 경우가 더 많을 것이다.

적임자를 부적절한 시기에 고용한 다음, 신규 채용자를 지원할 업무 프로세스가 없어서 인력이 초과되는 상황만 있는 것은 아니다. 잘못된 이유로 부적절한 사람을 고용하는 것도 위험하다. 신입사원은 팀 전체의 필요에 기여해야 하며 해당 팀에서 부족한 기술을 채워주어야 한다. 버진 퍼스의 프로덕트 매니저인 제프 쿠슈메렉은 이렇게 말했다. "엉뚱한 사람을 고용하기 위해 성급하게 서둘러선 안 됩니다. 먹여 살려야 할 식솔이 있기 때문에 일자리가 간절한 사람, 그런 사람은 저나 제 스타일뿐만 아니라 자기 앞에 주어지는 일에 대해서도 만족하지 못할 거예요. 절대로 이런 잘못된 일에 뛰어들어서는 안 됩니다." 쿠슈메렉은 상호보완적인 기술을 갖춘 사람을 찾고 있다고 덧붙였다. "우리는 항상 구멍을 메워야 합니다. 당신은 단지 자신의 복제품에 불과한 직원을 원하지 않을 겁니다."

이러한 생각은 우리가 한 인터뷰에서 거의 보편적으로 나왔다. 채용을 할 때, 성공한 디자인 리더들은 공통된 가치를 갖고 있으면서도 현재 팀에서 부족한 부분을 채워줄 수 있는 사람들을 찾았다. 이러한 리더들에게 이상적인 지원자는 목표, 가치관, 의사소통 방식은 비슷하지만 경험, 관점, 기술은 다른 사람이라고 할 수 있다.

## 지도가 가능한, 배우려는 의지가 있는 사람을 고용하라

우리가 인터뷰한 많은 성공한 리더들은 젊은 인재를 고용한 다음 그들에게 필요한 기술을 가르치기 위해 시간과 돈을 투자하는 방식을 선호했다. 이것이 대다수의 의견은 아니었으나 확실히 가장 일반적인 접근법이었다. 특히 그들은 좋은 소프트 스킬이나 잠재력을 보여주는 비교적 젊은 인재를 고용하려고 했다. 디자인 업계에서 소프트 스킬이란 커뮤니케이션과 인간관계 기술을 의미한다. 리더들은 픽셀을 이동시키거나 코드를 작성하는 기술보다 좋은 발표자나 커뮤니케이터, 또는 갈등 해결 능력을 훨씬 더 매력적으로 생각했다. 인터뷰한 리더 중 37퍼센트가 '젊은 직원을 채용하여 교육시키는 것'을 선호한다고 답했다.

이 접근법에서 중요하게 고려해볼 점은 젊음이 노련함과 경력을 대체할 수는 없다는 것이다. 분명 시장에는 젊고 능숙한 디자이너와 개발자들이 있지만, 모든 젊은 지원자들이 원하는 수준의 능숙함과 경험의 깊이를 갖추고 있지는 않다. 게다가 젊은 직원을 채용하면 새로운 기술을 교육해야 하는 경우가 많다. 비교적 경험이 부족한 직원을 교육할 준비가 되어있지 않다면 이러한 접근법은 생산성을 떨어트릴 수 있다. 이는 우리가 프레시 틸드 소일에서 직접 경험했으며 티한앤드랙스의 공동창립자 존 랙스로부터 재차 확인할 수 있었다. "우리가 주니어 사원을 고용하고 이들을 지도하는 일을 그다지 잘하지 못한다는 사실을 일찌감치 깨달았습니다. 우리는 그냥 좀 더 노련한 직원들이 있을 때 더 나았습니다. 그래서 3~4년 차 정도의 경력이 있는 사람들을 고용하는 경향이 있습니다."

문화에 대한 장에서 논의했듯이, 당신이 만드는 조직의 유형은 고도로 숙련된 전문가들을 끌어들이거나, 젊지만 아직 다듬어지지 않은 원석을 개발하기 위한 채용 관행 중 하나를 지지할 것이다. 젊은 디자이너, 개발자, 또는 프로젝트 매니저를 고용하는 것은 비용 절감 전략으로 보일 수 있으나, 이들이 항상 필요한 경험을 갖고 있는 것은 아니다. 이럴 경우, 부족한 기술을 개발할 시간을 투자해야 하며 비교적 비용이 낮은 직원채용의 이점이 상쇄될 수도 있다.

플러키의 제니퍼 대리는 주니어 인재를 비용 절감 전략으로 생각하는 경향에 대해 경고한다. "조직 내에서 길러낸 인재가 가장 충성심이 높고 팀에서 문화적으로 역동적인 구성원이 될 수 있다는 점에는 전적으로 동의합니다. 그러나 많은 에이전시가 젊은 신입사원을 고용할 때 이들을 지도할 인프라를 구축하지도 않고 비용을 좀 절감해보겠다고 그런 결정을 내린다는 사실도 지적하고 싶습니다. 망하거나 살아남거나 둘 중 하나죠. 특히 밀레니얼 세대는 멘토링과 명확한 지도를 선호합니다. 저는 다음과 같은 상황을 자주 목격합니다. 조직에서 젊은 신입사원을 고용하여 그곳에서 가장 바쁜 사람에게 지정해줍니다. 멘토링에는 시간과 노력, 자금이 들어가죠. 월급에는 돈을 아낄 수 있을지 몰라도 선임이 신입사원에게 투자해야 하는 시간에도 대비해야 할 겁니다." 우리는 디자인 리더들로부터 이러한 경고를 반복해서 들었다. 그러나 대부분은 교육과 멘토링에 실질적으로 비용이 들어감에도 불구하고 투자할 만한 가치가 있다는 데 동의했다. 젊고 값싼 사람을 고용하는 것이 지름길이라고 생각하는 리더들은 결국 나중에는 더욱 값비싼 대가를 치를 수도 있다.

경력직 디자이너와 개발자를 고용하는 것에도 그만한 어려움이 있다. 가장 분명한 것은 비용이고, 어떤 경우에는 다른 곳에서 나쁜 습관을 배워왔을 수도 있다. 이 책을 위해 인터뷰한 많은 리더들은 지원자를 알기 전에 고용하는 것에 대해 우려를 표했다. 이는 성공한 디자인 리더들이 소프트 스킬과 직원과의 화합을 선호한다는 사실을 분명히 보여준다. 많은 협업이 필요한 업계이기에 하드 스킬만 갖춘 것으로는 충분하지 않다. 리더들 중 상당수가 필라델피아에 위치한 디자인 스튜디오 씽크 브라운스톤의 CEO이자 창립자인 칼 화이트가 말한 "써보고 구매하라"라는 접근방식을 권장했다. "우리가 고용한 가장 똑똑한 사람들 중 일부는 이 분야에 경험이 많지는 않았지만, 그들은 우리 직원들 중 최고의 인재입니다. 직원들을 만나고 함께 '같은 배를 타고' 가다 보면 이들이 감을 잡고 일을 해 나가는 것을 볼 수 있습니다. 이런 이들이 최고의 인재죠." 이러한 접근법은 보다 공식적인 수습직 기반 모델이 되어가고 있다. 디자인 분야에서 수습기간 제도가 성공적이라는 것은 유럽과 일본에서는 오랫동안 잘 알려진 사실이었으나 북미에서는 최근에야 주목받기 시작했다. 이번 장 후반에서 이 주제에 대해 더 자세히 다룰 예정이다.

지도 가능한 사람을 고용하는 것은 성공하고자 하는 동기가 있는 인재를 고용하는 것과 연관된다. 보르톨루시는 이렇게 말했다. "이런 말을 하면 문제가 될지 모르겠지만, 저는 이민 1세대를 고용하는 것을 선호합니다. 이들은 새로운 나라, 새로운 장소에서 경력을 쌓고자 하는 열정으로 충만하죠. 이들은 직업윤리와 태도가 훌륭하며, 자격의식이 없습니다. 물론 그렇다고 해서 1세대나 이민자가 아닌 사람은 모두 이런 자질이 없다는 말은 아닙니다. 이민자들을 고용하기 위해 특별히 노력하지는 않지만, 우리 회사에는 최근에 캐나다에 정착했거나 부모가 캐나다에 정착한 직원들이 많습니다. 왜 그런지 모르겠지만 우리는 굉장히 잘 지냅니다. 아마 업계 특성이 아닐까 싶습니다. 이공계에 집중되어 있고 과학·기술적인 부분이 많아서 아시아, 동남아시아, 중동 출신의 사람들을 선호하는 경향이 있습니다." 나 역시 이민자로서 보르톨루시의 통찰력을 지지한다. 다른 나라에서 미국으로 온다는 것은 많은 것을 걸었다는 의미이다. 가족의 기대, 자신의 가치를 증명해 보이는 것, 자신의 문화에 대한 기대를 실망시키고 싶지 않은 것, 이는 이민자들이 마주하게 되는 여러 가지 고민 중 일부에 불과하다. 이러한 외부효과는 강력한 동기부여 요인이 될 수 있다.

아메리카 테스트 키친의 디지털 디자인 디렉터 존 토레스는 올바른 동기를 찾아야 한다는 점에 동의한다. "저는 자아가 작은 사람을 찾습니다. 자기가 무슨 일을 했다고 도장을 찍기보다는 결과에 열정적인 똑똑한 사람들 말이죠."

프레시 틸드 소일에서는 지도 가능한 사람이 최고의 인재라는 아이디어를 활용하여 사용자경험 수습직 프로그램Apprentice in User Experience, AUX을 만들었다. 우리가 개발한 110일 간의 프로그램은 인재에 대한 수요를 관리하기 위한 노력의 일환이다. 이 프로그램에는 의무보다는 권리만 주장하는 사람들을 걸러내기 위한 사전 훈련 프로그램도 포함되어 있다. 목표는 구조화된 학습, 일대일 멘토링, 고객 대면 경험을 통해 유망한 디자이너와 개발자를 사용자경험 전문가로 변모시키는 것이다. 훈련 프로그램을 통과한 수습사원은 멘토와 매칭되어 도전과제들을 수행하도록 지도받는다. 모든 수습사원들은 새로운 기술개발을 위한 강의와 몇 가지 도전과제에 참여한다. 또한 이들은 값진 실제 경험을 위해 고객 프로젝트에 참여하기도 한다. 이 과정을 마치고 나면 정규직으로 팀에 들어오거나 파트너 또는 클라이언트 팀에 배치된다. 이와 같은 수습직 프로그램은 디자인 분야에서 점점 더 인기를 얻고 있다. 개설된 프로그램은 스파크박스[Sparkbox], 쏘트봇[Thoughtbot], 업스테이트먼트[Upstatement], 머지[Merge], 디트로이트 랩[Detroit Labs]과 같은 업계 선두 기업에서 구입할 수 있다. 프로그램이 성공적이었다는 점을 생각하면 더 많은 기업들이 분명 이를 뒤따를 것이다.

## 성장하는 팀

짐 콜린스의 버스 비유를 다시 한번 되새기면, 리더들은 누가 버스에 남아 있고, 누가 내리고, 어떤 자리를 채워야 하는지 알아야 한다. 여기서 조심해야 할 부분은 채용 담당자들이 단순히 그들과 똑같은 사람을 고용하지 않는다는 것이다. 옐로우 펜슬의 밴쿠버 사무실에서 근무하는 사용자경험 디자인 디렉터 스콧 볼드윈[Scott Baldwin]은 '복제품'을 고용한다고 조직의 필요가 채워지진 않을 것이라 강조했다. "그렇게 했을 때 많은 경우 집단 내에서 흥미로운 긴장감이 조성되지 않습니다. 다양한 문화와 여러 성격의 사람들이 섞여 있을 때, 좀 더 흥미롭고 역동적인 팀이 만들어진다고 생각합니다."

기업이 성장하면 채용 절차도 복잡해진다. 한때 입소문을 통한 인재 소개에 의존했던 기업과 팀은 이제 직무 다양화와 파이프라인 규모라는 새로운 문제에 직면했다. 도미니크 보르톨루시는 이렇게 말했다.

"2020년 이후로 특정 시점이 되자, 몇 가지 유형의 역할이 더 필요하다는 사실이 뼈저리게 분명해졌습니다. 소규모 기업에서는 한 직원에게 여러 역할을 요구합니다. 하지만 팀이 확장되면 이는 더이상 불가능해집니다. 직무 세분화에 따른 특정 역할을 위해 더 신중하게 고용해야 합니다." 보르톨루시는 이렇게 덧붙였다. "관리해야 할 프로젝트가 늘어날수록 프로덕트 매니저, 사무실 코디네이터, 행정사무원도 많아졌습니다. 이제는 인사 담당자<sup>HR</sup>도 생겼습니다. 시간이 지남에 따라 여러 가지 직책이 생겼기 때문에 팀도 이에 따라 변화했습니다. 지금도 면접을 볼 때 라이프스타일과 문화적 적합성을 봅니다. 그래야 직원들과 잘 지낼 수 있을지 알 수 있죠. 그러나 이제는 필요한 역량이 단순히 훌륭한 디자이너나 조력자가 되는 것을 넘어 다른 많은 유형의 기술을 보유하는 것으로 확장되었습니다."

정규직 역할을 부여하기 전에 프리랜서로 고용하여 함께 일하는 것을 선호하는 씽크 브라운스톤의 화이트는 다음과 같이 말했다. "회사가 커지고 프로세스가 좀 더 구체화됨에 따라 써보고 채용하는 방식을 덜 사용하게 될 거예요. 그리고 그렇게 하기 점점 더 어려워지겠죠. 우리 회사에는 현재 이 분야에 경험이 전무하지만 훌륭한 인재가 되리라 생각되는 직원이 있습니다."

경험이 다양해질수록 의견도 다양해지며 팀원과의 호흡 또한 더욱더 중요해진다. 팀이 성장함에 따라 고용한 모든 사람이 여러 가지 기술을 완벽하게 갖추고 있거나 당신의 문제해결방식에 일관되게 동의할 것이라는 생각은 오산이다. 핵심은 팀원 간의 좋은 합을 찾는 것이다. 결속력이 좋은 팀은 업무에 대해 의견차가 있어도 함께 잘 협력할 수 있다. 이번 장 전체에 걸쳐 이야기했듯이, 성장하는 팀 내의 다양성을 보장해 주는 것이 리더들의 성공 비결이다. 존 토레스는 다음과 같이 말했다.

"저는 모든 것에 대해 주관이 있는 사람들을 고용했습니다. 즉 UI 디자이너라고 해도 UX에 대한 의견은 있어야 하죠. 성격이 잘 융합되는 사람들과 일하기를 원합니다. 저의 업무는 프로덕트를 만드는 것이 아닌, 팀과 기업을 구축하는 것이니까요." 존의 마지막 요점이 우리가 디자인 리더십에 대해 들었던 최고의 메시지가 아닐까 싶다. 리더의 임무는 디자인을 만드는 것이 아니라 디자인을 탄생시키는 팀과 문화를 만드는 것이다. 이것이 인재를 확보하거나 키울 때 리더들이 하는 궁극적인 역할이다.

필요할 때에는 강력한 논쟁을 할 수 있으면서도 함께 잘 어울리는 사람을 찾으면 훌륭한 디자인 작업에 핵심인 다양한 관점을 갖춘 팀이 만들어진다. 하지만 이미 팀이 구성된 경우라면 이는 항상 간단한 일은 아니다. 오랜 습관과 지배적인 성격이 이미 자리잡고 있으면 리더들은 또다른 도전과제들을 마주하게 된다. 많은 경우 오랜 습관은 깊이 배어 있어서 이를 바꾸기는 굉장히 어렵다. 시간이 지나면서 어느새 모든 팀들이 서로 똑같아 보이기 시작할 수 있다. 옐로우 펜슬의 볼드윈은 이렇게 말했다. "관리자는 기본적으로 다음과 같이 나뉩니다. 자신과 비슷한 직원을 고용하는 사람, 자신과 다른 직원을 고용하는 사람. 그리고 저는 이 두 가지 방식을 섞으려고 합니다. 제가 가지고 있지 않은 다양한 기술을 갖춘 사람들 또는 그들이 저에게서 배우는 만큼 저도 무엇인가를 배울 수 있는 사람들을 찾습니다. 이상적으로 우리는 한 팀이 되어 공동으로 일하고 그러한 방식으로 성장해야 합니다. 하지만 많은 경우 관리자들은 자신의 복제품을 고용한다고 생각합니다."

우리가 밴쿠버에 있는 그레이의 총괄 관리자 닐 맥페드런을 만났을 때, 그는 총괄 관리자직을 맡은 지 얼마 되지 않은 시기였다. 그는 기존 팀을 물려받았으나 그 팀을 개편할 기회가 있었다. 우리는 팀 구축과 지속적인 문화라는 관점에서 그가 이러한 도전에 어떻게 접근했는지 물어보았다. "제가 팀에 들어갔을 때, 오랫동안 이곳에 있었던 이들이 만들어 놓은 몇 가지 문화가 있었습니다. 그래서 우리 팀에는 이미 핵심적인 부분이 존재했습니다. 팀에 누가 있어야 하고 누가 있어서는 안 되는지에 대해 팀원들의 의견을 평가하는 데 시간이 좀 걸렸고, 저는 확실히 다른 관점에서 접근했습니다. 현장에 있었고, 토론토에 있었을 때 경영에 대해 생각했던 것과 비교해서 느낄 수 있었기 때문에 상황에 대해 다른 관점을 가질 수 있었습니다."

재능 있는 사람들은 사회 각계각층에서 발견된다. 성격과 문화의 차이는 디자인 대화에 새로운 아이디어를 불어넣는다. 이들이 디자이너 또는 개발자가 되기 위해 걸어온 길은 성격만큼이나 다양하다. 전통적인 디자인 교육만이 디자인 업계에 발을 들이는 유일한 방법은 아니다. 해피 코그의 최고마케팅책임자<sup>CMO</sup>이자 에어백 인더스트리즈<sup>Airbag Industries</sup>의 창립자인 그레그 스토리<sup>Greg Storey</sup>는 이렇게 말했다. "저는 두 가지 길을 찾은 것 같습니다. 전략적인 경험이 많은 디자인 학교 출신 학생들을 고용해보기도 하고 같이 일도 해봤습니다. 이들은 응용 프로그램과 과거의 경험, 약간의 프로세스를 통해 일을 처리하는 요령이 있는 사람들이죠. 그다음 저는 일하면서 알아야 할 모든 것을 스스로 배우고 세상물정에 보다 밝다고 느껴지는 많은 사람들과 함께 일했습니다. 분명히 이 두 가지 배경의 사람 모두를 위한 자리가 있습니다.

## 균형 찾기와 내보내기

인재확보 전략의 이면은 언제 투자를 중단할지 아는 것이다. 아메리카 테스트 키친의 디지털 디자인 디렉터 존 토레스는 이렇게 말했다. "지속되는 특정 행동이나 누군가가 무엇을 잘못하고 있는지 혹은 이들이 다른 사람들에게 어떻게 반응하는지에 대해 이야기하기 위해 많은 회의를 하고 있다면, 그 사람에게 너무 많은 시간을 쏟고 있는 것이며 이들은 떠나야 합니다." 우리는 직원을 해고하는 것에 대해 이러한 관점을 선호하며, 이는 디자인 리더들이 스스로에게 물어볼 수 있는 하나의 질문으로 귀결된다. "만약 이 사람을 다시 고용해야 한다면, 나는 그렇게 할 것인가?" 이 질문에 대한 답을 통해 리더는 해당 팀원과의 연을 끊을 것인지, 아니면 좀 더 투자해 볼 것인지 결정을 내릴 수 있다.

누군가를 계속 머무르게 할지 아니면 내보낼지 고민될 때, 상황에 대한 그들의 관점을 파악하는 것이 도움이 된다. 때때로 당신이 미심쩍게 느끼는 사람이 있다면 그 사람 역시 같은 감정을 느끼고 있을 수 있다. 그들은 이미 다른 곳으로 옮겨갈 생각을 하고 있을 수도 있고, 그럴 경우 단지 대화를 나누면 된다. 옐로우 펜슬의 스콧 볼드윈은 다음과 같이 말했다. "그 팀원은 그 팀이나 그 집단, 또는 해당 직무의 일부가 될 수 없다는 사실을 인식하고 있는 것일지도 모릅니다. 저는 직장 생활을 하며 척 봐도 자신이 하는 일에 열정이 없거나 단순히 그곳에 소속감을 느끼지 못하는 몇몇 사람들을 보았습니다. 이들은 마치 그저 흘러가는 듯해 보였죠." 그는 계속해서 말했다. "그들의 관점을 알아보는 방법 중 하나는 그들이 열정을 느끼는 일을 찾도록 장려하는 것이었습니다. 열정을 쏟을 곳이 여기에 없다는 사실을 깨닫고, 그들이 스스로 나갈 수 있도록 하거나 해고하는 거죠." 이 접근법은 양쪽 모두에게 이익이 된다. 이는 무엇이 잘못되었는지를 따지는 것이 아니라 무엇이 옳은지에 대한 문제다. 이들의 실적 또는 부족한 성과는 이야기할 수 있는 가장 명백한 것일지도 모른다. 그러나 좀 더 파헤치면 리더와 팀원 모두에게 더 큰 기회가 드러날 것이다.

직원을 내보내는 이유가 항상 개인의 성과 문제만은 아니다. 회사나 팀이 힘든 상황이고 재정적인 압박에 시달린다면 정리해고가 필요하다. 좋은 직원을 해고하는 것은 리더가 해야 할 일 중 가장 어려운 일에 속한다. 따라서 높은 생산성에 대한 요구와 조직이 감당할 수 있는 비용의 균형을 맞춰 팀을 구성해야 한다. 한 팀에 과도하게 투자하면 해당 업무 파이프라인이 사라지거나 자금조달이 부족해질 때 정리해고를 할 수밖에 없다. 엑스플레인의 데이브 그레이도 어렵게 교훈을 얻었듯이, 절대적으로 필요한 경우에만 고용하라. "직원을 고용한 다음 내보내야 했을 때 정말 고통스러웠어요. 정리해고를 해보면 성장과 고용 면에서 훨씬 더 신중해지고 보수적이게 됩니다. 인력의 절반을 해고하러 출근했던 날 아침, 정리해고 대상이었던 직원 중 한 명이 막 집을 샀다고 말했습니다. 그는 문을 열고 들어와서 '저 집 샀어요!'라고 했죠. 저는 '아, 이런'이라 했고요. 이런 기분을 느끼고 싶지 않을 겁니다. 직원들에게 이런 짓을 하고 싶지 않을 거예요. 그래서 제가 배운 교훈은, 천천히 고용해야 한다는 겁니다."

그 이후로 엑스플레인은 성장을 지향하지만, 불가피한 변동이 발생할 때 비즈니스에 압박을 주지 않도록 방침을 만들었다. 그레이는 다음과 같이 말했다. "엑스플레인에는 업무의 약 20~30퍼센트를 도급업자 및 프리랜서와 한다는 방침이 있습니다. 우리의 비즈니스에는 이 정도 비율의 변동사항이 있기 때문이죠. 이랬다저랬다 하며 시소 타듯 직원을 고용하고 내보내는 상황을 원치 않습니다. 언제나 정규직과 계약직,

프리랜서 간의 일정한 업무 균형을 유지해서 느리더라도 꾸준히 성장하고자 합니다."

이는 우리가 인터뷰한 몇몇 기업에서 사용한 채용 전략이었으나 이러한 접근법은 법적으로 문제가 될 수 있으므로 조심해야 한다. 대부분의 주에서는 기업이 해당 조직의 핵심 서비스로 명시된 업무를 프리랜서에게 맡기는 것을 주 및 연방법으로 금지하고 있다. 예를 들어 웹디자인 서비스를 제공하는 기업이라면 프리랜서 웹디자이너를 장기간 고용할 수 없다. 프리랜서와 관련하여 법에 저촉되는지 여부를 어떻게 알 수 있을까? 기본적인 규칙은 다음과 같다. "만약 그것이 오리처럼 생기고, 오리처럼 헤엄치고, 오리처럼 꽥꽥거린다면 그것은 아마도 오리일 것이다."

## 수습직 제도

서유럽에는 수습직 제도가 생긴 지 오래되었고 거의 모든 산업에 녹아 있다. 수습직 모델은 북미의 직장문화에서는 생소한 개념이지만 디자인 분야에서는 인기를 끌고 있는 듯하다. 몇몇 디자인 리더들은 최고의 인재를 조직에 영입하는 고부가가치 방법으로 수습직 제도를 언급했다.

수습직 제도는 인턴십이 아니라는 점이 중요하다. 수습직 제도의 목표는 대부분 해당 조직에서 매우 구체적인 디자인 실습을 받고 결국에는 정규직 디자이너, 개발자, 전략가로 승진하는 것이다. 잘 모집하면 이미 해당 업계에서 정규 교육을 받고 어느 정도 경험이 있는 사람이 수습직 자리에 들어온다. 대부분의 수습사원은 인턴십과 임시계약직들이 일반적으로 맡는 신입 레벨 이상의 역할을 찾는다. 모집 인원이 제한되어 있고 보통은 자격 기준이 높기 때문에 소수의 지원자만이 수습직에 합격한다.

수습사원의 수는 적지만 그만큼 졸업생들의 수준이 높다. 이력서를 한 줄 더 늘리거나 그저 커리어를 위한 선택지를 탐색하는 인턴십과 달리 디자인 수습직은 이미 디자인 분야에서 경력을 쌓은 이들을 위한 것이다. 인턴십은 급여가 없고 아직 재학 중인 비정규직 직원을 대상으로 하는 반면, 수습직은 대부분 급여가 지급되는 대졸자를 대상으로 하는 정규직 자리이다. 우리가 인터뷰한 기업 중 수습직 제도를 운영하는 곳은 굉장히 구체적인 정규직 역할을 수행해야 했다. 이 제도가 회사에 최대한 강력한 영향을 줄 수 있도록 수습사원들은 선임 팀원들과 함께 실제 고객 업무를 맡는다.

또한 많은 디자인 리더들은 수습직 제도를 채용 전문가를 사용하는 것에 대한 현명한 대안으로 보고 있다. 채용을 외주로 맡기는 것은 비용이 많이 들 뿐만 아니라 위험하기도 하다. 평균적으로 채용 담당자는 채용된 직원의 첫해 연봉의 20퍼센트에 해당하는 금액을 비용으로 청구한다. 안타깝게도 이는 이런 방식의 구인활동에서 가장 많은 비용이 드는 부분이 아니다. 실제 비용은 채용한 직원이 기술적으로나 문화적으로 회사에 맞지 않을 때 발생한다. 부적합한 신입사원은 재교육, 팀내 갈등, 최악의 경우에는 해당 직원을 해고하고 다시 처음부터 채용절차를 시작해야 하는 장기적인 문제로 이어질 수 있다. 이력서와 면접만으로 신입사원을 채용한다면 거의 이들에게 베팅하는 것과 같다.

신입 팀원과 기존 팀원 간의 불협화음은 프로젝트에 문제가 생기는 이유 중 가장 자주 언급되는 부분이다. 수습직 제도가 있으면 리더들이 채용 후보자들을 몇 주 또는 몇 달 동안 알아가며 팀에 합류시키는 시간이 주어지기 때문에 이러한 위험을 줄여준다. 게다가 후보자들은 종종 고객을 상대하는 팀에 배정되므로 어려운 상황에 대처하는 소프트 스킬을 갖추었는지 리더들이 간파할 수 있다. 수습직 제도를 운영해야 하는 이유가 지금까지 설명한 것들로 충분치 않다면, 우리와 대화를 나눈 디자인 리더들이 수습직 제도를 이익 중심점<sup>Profit center</sup>(수익을 낳는 중심적 부문)으로 생각했다는 점도 언급하겠다. 신입으로 들어와 낮은 가치의 업무를 하는 인턴들과 달리 수습사원은 항상 고객 프로젝트 업무를 수행하기 때문에 수익이 발생한다.

이와 같은 결과를 달성하기 위해 수습직 제도가 어떻게 돌아가는지 자세히 살펴보겠다. 프레시 틸드 소일에서는 지난 3년간 성공적인 수습직 제도를 운영해왔다. 이 제도는 AUX라고 불리며 다음과 같이 운영된다.

- 1년에 3학기를 운영한다.

- 1년에 3번 자체 채널을 통해 신청을 접수하는 기간을 발표하며 약 25~35명의 지원자를 받는다.

- 지원자들은 전화 인터뷰, 레퍼런스 확인, 코드 테스트, 포트폴리오 검토를 거친다.

- 초기 그룹에서 약 10~12명을 선발하여 2주간의 '디자인 사고' 훈련캠프를 진행한다.

- 훈련캠프는 2회 연속 토요일에 열리며 회당 약 4~5시간이 소요된다.

- 훈련캠프 참가자는 몇 가지 도전 과제를 수행하고, 정규직 프로그램에 가장 적합한 후보자가 선발된다.

- 훈련캠프에서는 4~5명의 후보자만 선발된다.

- 정규직 프로그램은 16주 과정이며, 유급 정규직 고용형태이다.

- AUX 스케줄은 50퍼센트의 교육과 50퍼센트의 고객업무로 나뉜다. 즉 50퍼센트는 돈을 버는 일이라는 의미이다.

- 15주가 끝나면 최고의 AUX 졸업생을 선정하여 정규직 자리를 제안한다. 평균적으로 2명이 제안을 받는다.

- 해당 기업에서 정규직 제안을 받지 못한 졸업생은 디자이너를 구하는 다른 회사로 소개된다.

## 수치

- 선발 과정은 선임자가 감독하며, 15~20시간 정도 소요된다. 프로그램 관리자의 시간을 비용으로 환산하면 약 3,750~5,000달러이다.

- 교육과 멘토링은 일주일에 약 5시간이 소요된다. 이 업무는 30명의 디자이너, 개발자, 전략가, 프로젝트 매니저로 구성된 팀 전체가 분담한다.

- 이러한 간접적인 비용을 합치면 각 집단을 관리하는 데 1만 8,000달러의 비용이 든다.

- 3학기에 걸친 연간 비용은 약 5만 4,000달러이다.

- 수습사원들은 주당 500달러를 받으므로 16주간 수습사원 한 명당 8,000달러를 받게 된다. 이는 1년에 약 9만 6,000달러이다.

- 비용을 합산하면, 우리는 12명의 숙련된 디자이너와 개발자를 구하기 위해 매년 약 15만 달러를 사용하는 셈이다.
- 1년 동안 이들이 사용한 총비용으로 약 30~35만 달러를 청구한다.
- 채용 담당자에게 지급되는 금액: 0달러.
- 순이익: 연간 15~20만 달러

## 장점

- 우리의 시간과 돈을 투자할 후보자를 통제할 수 있다.
- 우리의 고객 업무와 가장 적합한 분야에서 후보자를 교육할 수 있다.
- 어려운 팀 및 고객 응대 상황에서 커뮤니케이션, 프레젠테이션, 갈등 해결과 같은 소프트 스킬을 관찰하는 것은 매우 소중한 기회다.
- 문화적으로 적합한지 또는 성격적인 갈등이 있는지 모니터링이 가능하다.
- 수익이 난다!
- 프레시 틸드 소일에서 정규직 자리를 얻지 못한 졸업생들은 우리의 고객, 파트너, 지인에게 소개된다. 현재 35명이 넘는 졸업생들이 미국 전역의 다양한 곳에서 일하고 있다. 이들 중 몇몇은 소개를 통해 일자리를 배정받았다.

수습직 제도에는 미흡한 점도 있다. 이 프로그램은 일 년 내내 선임 팀원들의 감독이 필요하다. 감독을 맡아줄 선임 팀이 없는 디자인 리더들은 이와 같은 활동을 위한 시간을 내기 위해 고군분투할 수도 있다. 또한 수습직 제도는 선임직 또는 간부직 채용에 있어서는 이상적이지 못하다. 현실적으로 고위직은 내부 승진이나 자체적인 전문 네트워크를 통해 배정되기 때문에 우리가 만난 디자인 리더들에게 그다지 문제가 되진 않았다.

북미의 수습직 제도에 대한 상세 정보는 http://apprentice.at에서 확인할 수 있다.


## ▍마지막 메시지

인터뷰한 기업들 중 외부 채용 담당자를 통해 신입사원을 구한 곳은 거의 없었다. 우리 회사가 채용 담당자들로부터 수많은 전화와 이메일을 받는 것을 생각하면 이는 놀라운 일이었다. 그러나 대화를 나눈 대부분의 기업들은 업계에서 명성이 높아서 저절로 인재가 모이거나, 신입사원을 양성하는 내부 프로그램을 운영하고 있었다. 이러한 방법들을 통해 우리가 이번 장에서 논의해온 인재 파이프라인을 의식적으로 키울 수 있었다. 인재 개발 실무자로서 채용 담당자에게 의존한 적 없는 우리의 경험에 비추어볼 때, 외부 채용 담당자의 도움 없이도 팀을 성장시키는 것은 가능하다. 여기서 주의할 점은 우리가 인터뷰한 비교적 규모가 큰 기업들 중 일부는 내부 채용 담당자나 인사 담당자를 활용하여 공석을 채웠다는 것이다.

제니퍼 대리는 인재 유지에 대해 염두에 두어야 할 몇 가지 핵심 질문을 던져주었다. "기업은 직원을 고용하는 데 많은 돈을 소비합니다. 채용 공고부터 면접에 들이는 시간과 소개비까지 정말 많은 비용이 듭니다. 솔직히 말해서 고용은 지루하고, 많은 비용이 드는 문제입니다. 저에게 더 흥미로운 부분은 인재 유지를 위해 우리가 이 분야에 함께 만든 전략들입니다. 왜 기업은 똑똑한 직원들을 놓치는가? 이들을 계속 있게 하려면 기업문화는 어떻게 진화해야 하는가? 진로 문제를 어떻게 해결하고 있는가? 아니면 해결하지 못하고 있는가? 이는 모든 유지전략에 있어 답해야 할 핵심 질문입니다."

문화에 대한 장에서 우리는 이 질문들에 대한 통찰력을 제공했다.

- 인재 파이프라인은 세일즈 파이프라인과 같다. 지속적으로 투자하라.

- 본인보다 똑똑한 사람을 고용하라.

- 가능하다면 훌륭한 소프트 스킬을 갖춘 사람을 고용하고 하드 스킬을 교육시켜라.

- 다양성은 팀의 창의성과 지혜를 더해준다.

- 지도 가능한 사람이 지식이 많은 사람보다 나은 경우가 많다.

- 젊거나 경험이 부족한 사람을 고용하는 것이 항상 비용을 절감해주는 것은 아니다.

- 수용력이 최대치로 유지될 때에만 고용하고 그렇지 않다면 고용하지 마라.

- 비즈니스 사이클의 기복에 대비하여 완충 역할을 해줄 프리랜서를 고려하라.

- 수습직 제도는 매우 유용하며, 값비싼 채용모델에 대한 대안이 된다.

- 수습직 제도는 훌륭한 인재 파이프라인 및 이익 중심점이 될 수 있다.

# 3

# 생산적 업무 환경을 구축하고 관리하는 법

오늘날의 업무 공간은 20년 전 우리 아버지 세대의 사무실과는 전혀 다르다. 벽이 허물어지고 있고 창의적인 작업자들은 그 어느 때보다도 재택근무를 많이 한다. 3장에서는 상위권 디자인 리더들에게 디자인 스튜디오가 팀원과 고객을 위해 어떻게 생산적인 공간을 실현시키는지 묻는다. 또한 팀원 간의 강력한 문화적 유대를 유지하면서 점점 늘어나는 재택근무자를 어떻게 관리하는지 묻는다.

# 서론

물리적 공간과 동료는 우리의 일상 업무에서 막대한 역할을 한다. 이 장에서 디자인 리더들은 다양한 업무 환경 및 구조에 대한 아이디어와 요령을 공유한다. 조명의 품질부터 팀 구성과 통근 시간까지, 리더들은 업무 공간과 휴식 공간에 많은 시간과 돈을 투자해왔다. 우리는 팀이 서로 결속되고, 생산성이 높아지고, 행복을 느끼도록 도와주는 다양한 사무 공간, 정책, 구조를 발견했다. 물론 모든 상황에 적용되는 접근법은 없으나 팀과 문화에 맞는 공간을 찾으면 생산성이 배가 된다.

기술이 제공해주는 분명한 이점 중 하나는 원격근무의 기회다. 최근 언론에서는 팀이 사무실에서 근무해야 하는지, 아니면 재택근무를 허용해야 하는지에 대해 많은 논의가 이루어지고 있다. 사무공간 내에서도 사무실 구조가 개방형이어야 하는지, 폐쇄형이어야 하는지에 대한 견해차가 매우 크다. 이러한 견해차의 중간 지점은 사무실은 있지만 자주 출근하지 않는 팀이다. 우리는 다양한 접근법은 발견했으며 한 시스템이 다른 시스템보다 더 효과가 있다고 주장하기는 어렵다. 그러나 결속력이 강하고 생산성이 높은 팀은 조직과 구조를 운에 맡기지 않는다는 사실을 발견했다. 가장 성공적인 디자인 및 개발 팀들은 사무공간에서나 재택근무를 할 때나 업무 방식에 대한 명확한 정책이 있다. 또한 모두가 생산적이라고 느끼는 기술과 도구가 최상의 성과를 낼 수 있도록 뒷받침해준다. 디자인 리더의 75퍼센트가 물리적 공간이 창의성을 북돋우는 데 매우 중요하다고 답했다.

사무공간은 리더가 자신을 인식하는 방식을 시사하며 자신의 역할을 규정하는 방식과 유사하다. 기업이 성장하는 동안 리더도 성장한다. 개인적 성장은 물리적 공간에 대해 변화하는 기업의 요구를 따라가는 경우가 많다. 팀이 성장하고 리더의 역할이 변화함에 따라 디자인 리더의 접근법과 이를 중심으로 한 물리적 공간 사이의 연관성을 볼 수 있다. 패스트스팟의 CEO 트레이시 할보르센은 조직이 초기 단계에서 자리 잡은 기업으로 전환되는 과정을 설명한다. "직원이 두어 사람만 있을 때에는 리더도 자신을 딱히 리더라고 생각하지 않는 것 같아요. 다른 직원과 마찬가지로 전전긍긍하며 월세를 내고, 일을 찾고, 무언가를 성사시키려고 노력하는 자기 자신을 보게 됩니다. 구덩이에 빠져 있기 때문이죠." 업무가 일관되고 전전긍긍하던 일상이 보다 전략적인 목표로 바뀌는, 어느 정도 규모에 도달한 기업이 되면 물리적 공간도 이러한 성숙도를 반영해야 한다.

# 위치 선정

땅의 어느 곳에 깃발을 꽂을지 선택하는 것은 문화부터 인재 채용까지 모든 것에 영향을 준다. 도시 선정부터 건물의 실내 장식까지, 모든 것이 중요하다. 고객 및 팀원과 자주 대면해야 하는 디자인 팀은 고객과 인력 풀에 접근하는 것이 우선시되는 경우가 많다. 직접 만나 협업하거나 화이트보드를 공유할 필요가 없는 원격근무 팀의 경우, 물리적 공간은 그들의 재택근무 사무실이나 카페로 한정된다. 그렇다고 해서 원격 공간이 조직의 문화에서 제외되어야 한다는 의미는 아니다. 원격 근무지를 구성하는 방법에 관한 지침은 매일 진행되는 프로젝트의 성공에 있어 핵심이 된다. 신속한 연락이 가능하고 집중을 방해하는 요소를 최소화한다면 원격근무자와 사무실에 있는 그들의 동료 모두에게 도움이 된다.

이 책의 하이라이트 중 하나는 인터뷰를 위해 북미 전역의 다양한 사무실을 다닌 것이다. 우리는 디자인 리더들을 직접 만나기 위해 보스턴부터 거의 20개 도시를 이동했다. 이들이 일하는 곳과 일상적인 교류가 어떤 모습인지 직접 확인하고 싶었다. 이를 통해 기업들이 공개적으로 알려진 평판에 정말로 부합하는지 코앞에서 지켜볼 수 있었다. 어디를 가든, 사람들의 머리 위를 덮는 지붕 그 이상의 역할을 하는 아름다운 사무공간을 발견했다. 어떤 사무실은 대도시 고층빌딩 속에 자리 잡고 있는 반면 개성이 짙은 교외 지역에 있는 곳도 있었다. 거의 대부분의 경우 위치는 우연의 결과가 아니었다. 편리한 통근, 저렴한 임대료, 멋진 전망, 어떤 이유이든 위치는 전반적인 기업 목표의 중요한 일부분이다.

우리는 더그로멧의 CEO인 줄스 피에리[Jules Pieri]에게 사업의 성공에 있어 물리적 공간이 하는 역할과 팀과 고객에게 어떤 의미가 있는지에 대해 물었다. "1년 반 전에 우리가 이곳으로 이사오고 나서 고객이 처음으로 방문했을 때, 그들은 이렇게 말했습니다. '회사의 3D 버전 같군요.' 온라인에서 접한 브랜드나 우리에 대해 들었던 이야기를 통해 그렇게 느낀 거죠. 전 마음에 들었어요. 그게 목표였습니다. 저는 이 공간을 선택하는 데 개인적으로 꽤 관여했습니다. 회사 주변에는 인공물이 많고, 제조업을 나타내는 폐품과 빈티지 제품들이 많습니다. 이 모든 것들을 제가 직접 골랐습니다. 그래서 그것들은 우리가 누구인지 굉장히 빠르게 알려주죠." 피에리의 이야기는 리더가 물리적 공간의 세부사항을 큐레이팅함으로써 문화를 어떻게 만들어 가는지 보여준다. 1장에서 더 자세히 논의했지만 다시 한번 강조할 가치가 있다. 물리적 공간은 단순히 사업과 팀을 위한 공간이 아니라 브랜드를 담는 용기容器다.

언콕 스튜디오의 CEO이자 창립자인 마르셀리노 알바레즈Marcelino Alvarez는 이렇게 말했다. "우리는 센트럴 이스트사이드Central Eastside라고 하는 포틀랜드의 한 지역으로 이사 왔습니다. 경공업 느낌이 나는 동네죠. 창고와 같은 날것의 느낌을 주는 곳입니다." 언콕의 사무실은 예전에 창고였을 것 같아 보이는 오래된 건물의 3층에 있다. 언콕을 방문했던 날, 우리는 그 건물 1층에서 저녁을 준비하는 트렌디해 보이는 식당을 지나쳤다. 그리고 길 건너 카페와 공유 업무 공간이 맞닿아 있는 곳에는 동네 사람들로 북적이고 있었다. "3년 전 이곳으로 이사를 왔고 당시에는 지금 공간의 4분의 1 정도였습니다. 여러 번 확장했죠. 이 건물은 정말 놀랍고 독특한 부분이 몇 가지 있었습니다. 하나는 이 지역의 개성입니다. 길목에 양조장이 있고, 길 건너에는 샌드위치 바가 있고, 아래층에는 멋진 레스토랑이 있죠. 우리가 인터뷰하는 동안에도 분명 달리고 있을 기차도 있습니다. 이것이 포틀랜드의 특징 중 하나입니다. 너무 세련되지도, 너무 날것의 느낌도 아니지만 굉장히 진정성 있죠." 이러한 병존은 언록의 사무공간에도 반영되어 있었다. 마르셸리노는 사무실의 실내 장식들이 회사에서 일하는 사람들을 반영해준다고 설명했다. "사무실을 둘러보면 여러 가지가 혼합되어 있습니다. 멋진 디자인의 가구와 우리 직원 중 한 명이 만든 수공예품이 섞여 있죠. 우리는 이처럼 디자인과 직접 만든 무언가의 이중성, 즉 혼합을 좋아합니다."

언록이 점유하고 있는 물리적 공간은 이런 면에서 굉장히 매력적이다. 공간은 그곳에서 일하는 사람들을 나타내는 방식이 된다. 우리는 공간이 기업문화에 영향을 미치는지 궁금했고 마르셸리노는 여러 가지 차원에서 작용한다고 설명했다. 직원들이 가구 부품을 조립함으로써 실질적이고 유용한 방식으로 업무 공간에 기여할 뿐만 아니라, 그 행동 자체로 회사의 핵심인 진정성의 원칙을 분명하게 드러낸다. "이곳에는 스튜디오 직원이기도한 엔지니어들이 있습니다. 이들은 손으로 무언가를 만드는 것을 좋아하죠. 시각디자인의 관점에서 볼 때, 우리가 하는 작업은 그 자체로 진정성을 보여줘야 한다는 것을 의미합니다. 우리가 만드는 것의 본질에 기교가 끼어들게 하지 않습니다. 문화적으로 이는 우리가 하는 일의 본질을 잊지 않는 것을 의미하죠. 디자인을 위한 디자인이나 기술을 위한 기술은 나쁩니다. 따라서 우리가 하는 일 이면에 있는 목적을 반드시 확인해야 합니다."

## 공간이 어떻게 브랜드의 개성을 향상시키는가

인터뷰에서 우리가 깨달은 가장 중요한 통찰은 이러한 물리적 구조가 기업의 비전을 굉장히 잘 뒷받침해주고 있다는 것이다. 리더들은 신중하게 고려한 물리적 공간이 리더십 스타일, 기업문화, 지속적인 팀 역학의 연장선이라고 느낀다. 따라서 사무실을 어떻게 디자인하고 꾸밀지 우연에 맡겨서는 안 된다고 생각한다. 실내 장식과 레이아웃에 대한 선택은 팀의 가치관을 반영해야 한다. 예를 들어 프레시 틸드 소일의 가치관 중 하나는 '일을 단순하게 하라'이다. 이 아이디어는 우리가 가구와 장식, 책상을 어떻게 배치할지 선택하는 데 지침이 되어왔다. 사무실의 상당 부분이 개방형이고, 단순함이라는 콘셉트를 반영하기 위해 책상 위는 깔끔하게 정돈되어 있다. 이는 고객의 경험으로도 확장된다. 고객이 우리의 사무실을 방문하면 간단한 스크린 터치로 만날 사람을 알려주는 맞춤형 디자인 아이패드 앱이 반겨준다. 이런 세심한 요소는 입구에서 맞이해주는 접수원이 없을 때 방문객이 느낄 수 있는 불안을 줄여준다.

우리의 인터뷰는 크리에이티브 집단에서 사무공간의 중요성이 과소평가될 수 없다는 것을 보여주었다. 신생 기업과 소규모 집단의 경우 이러한 사무공간의 필요성이 비현실적으로 느껴질지도 모른다. 대도시의 임대료는 급여 다음으로 가장 많은 비용이 드는 부분이다. 기업은 성장하면서 사무공간을 유지하고 더 많은 직원을 한 지붕 아래 모을 수 있는 재력을 갖게 된다. 메카니카의 리비 델라나Libby Delana는 이렇게 말했다. "아마도 10년 전이라면 덜 중요하다고 말했겠지만, 지금은 사무공간이 실제로 꽤 중요하다고 생각합니다." 그녀는 매사추세츠에 있는 작은 해안가 마을에 위치한 아름다운 건물에서 30명의 팀원과 일하고 있다. "왜냐하면 창조적인 과정에서 종종 자연스럽게 일어나는 마법 같은 일이 있거든요. 그런 일은 전화 회담이나 하루 중 우리가 통화하면서 무언가에 대해 서로 이야기하는 특정 시간대에 국한되지 않고 일어나죠. 한 공간에 함께 있을 때 생기는 좋은 일이 있습니다." 인간은 사회적 동물이며 사무실에서 일어나는 사회적 상호작용은 무시할 수 없다. 물론 원격으로도 연결될 수는 있지만, 팀원 중 일부가 원격으로 근무할 때는 이러한 연결이 더 어려워지는 것을 우리는 여러 번 보아왔다. "커다란 주방 테이블이 있는데, 저는 그걸 다이닝 테이블이라고 부릅니다. 허쉬 키세스가 여기저기 흩어져 있고 그곳에서 다들 편안하게 대화를 나눠요. 고객이나 새로운 가상현실$^{VR}$ 등에 대해 이야기하죠. 이처럼 일정을 정할 때는 나오지 않는 아이디어가 퍼지는 경우가 있습니다. 그래서 저는 제가 변했다고 생각해요. 예전에는 우리가 이곳에서 보내는 시간을 덜 중요하다고 생각했지만, 이제는 개인적으로 정말 소중하게 여겨요."

물리적 공간은 팀을 사회적·문화적으로 연결해 주는 기회라는 점에서 중요하다. 그렇다고 해서 사내에 원격근무 팀을 두면 안 된다는 의미는 아니다. 이 장의 후반부에서 살펴보겠지만, 원격근무 팀이 있는 디자인 그룹은 수십 곳이 있으며 매우 잘 운영되고 있다. 그러나 원격근무 팀도 가끔은 함께 모여서 서로를 알아간다. 이러한 모임을 상근직 사무공간에서 가질지 아니면 접근이 편리한 중간 위치에서 가질지는 기업에 따라 다르다. 전용 사무공간이 있는 경우에도 그룹 회의를 위해 모든 팀원을 한자리에 모을 수 있다. 비젯$^{Viget}$은 세 곳의 사무실을 모아서 연례행사를 연다. 비젯의 CEO 브라이언 윌리엄스$^{Brian\ Williams}$는 문화적인 관점에서 봤을 때 이 행사가 연중 가장 중요한 행사에 속한다고 말한다. 프레시 틸드 소일에는 원격근무를 하는 소수의 팀원이 있다. 우리는 종종 그들을 회사의 중요한 회의나 모임에 파견한다. 최근에 실시한 팀 설문조사에 따르면 이러한 행사가 문화적 유대감과 사기를 진작시키는 데 있어 가장 중요한 것으로 평가되었다.

# 사무공간이 전달하는 메시지

가치, 비전, 사명 또한 공간에 담을 수 있다. 기업의 가치를 업무 공간에 반영하는 것은 기업문화를 전달하는 이상적인 방법이다. 패스트스팟의 낸시 라이언스Nancy Lyons는 이렇게 말했다. "우리에게 물리적 공간은 협업을 하고 창의성을 발현할 수 있는 안전한 공간입니다. 또한 공간은 브랜드를 반영해 줍니다. 우리의 사고방식과 우리가 누구인지를 보여주며, 우리의 이야기를 좀 더 시각적이고 구체적인 방식으로 전달해 주죠." 볼티모어 시내 근처에 위치한 패스트스팟의 사무실은 기업의 비전에 부합한다. 그들의 웹사이트가 설명해주듯이, 패스트스팟의 사무실에서는 코를 고는 불독 디자인을 비평하고 좀비 대재앙의 가능성에 대해 논의하며, 힙챗HipChat(기업용 메신저)에서는 움직이는 그래픽 이미지들이 가득한 모습을 볼 수 있다. "실제로 고객들은 우리의 공간과 그 안에서 느껴지는 에너지에 대해 자주 이야기합니다. 우리는 직원들이 편안하고 자랑스러워할 수 있는 공간을 만들고자 노력했습니다. 살고 싶고 사람들을 초대하고 싶은 그런 공간 말이죠." 회사에 방문한 사람이나 물리적 공간의 사진을 보는 그 누구라도 기업의 비즈니스와 문화를 즉시 파악할 수 있어야 한다.

문화나 리더와 마찬가지로 모든 기업은 고유한 개성이 있다. 직원이든 고객이든 그 공간에 있는 사람들에게 그 개성을 전달할 방법을 찾는 것이 리더의 임무 중 하나다. 우리가 입는 옷이 우리의 취향과 성격을 반영하듯이 사무공간을 디자인하는 방식도 기업의 취향을 반영한다. 포틀랜드에 있는 인스트루먼트의 파트너이자 총괄 책임자인 빈스 르베키아Vince LeVecchia는 다음과 같이 말했다. "몇 년에 걸쳐 우리는 두세 개의 다른 공간으로 이전했고, 더 큰 공간이 필요한 순간이 꽤 빠르게 찾아왔습니다. 이 건물은 2011년 7월 4일, 사무실에 화재가 발생한 이후 지냈던 임시 작업 공간이었습니다. 그래서 우리는 신속히 이곳으로 이사했고, 곤경에서 벗어날 수 있었습니다. 지금 우리가 있는 원뿔형 천막이 유일한 회의실이었고, 회사의 상징이 되었죠. 화재가 난 후 이곳에 함께 모여서 고난을 헤쳐 나가야 했거든요. 공간은 이제 그 문화의 일부가 되었습니다."

가치가 공간을 좌우하든 공간이 어떤 가치가 중요한지 나타내든, 둘 사이의 연관성은 부인할 수 없다. 르베키아는 그들이 지내는 널찍하고 개방된 공간을 가리키며 말했다. "새 건물은 훨씬 더 세련되었기 때문에 흥미로울 거예요. 모든 것이 새것이고, 더 크고, 여러 층으로 되어있죠. 언제나 개방형 사무실이었기 때문에 우리는 벽 없이 일해왔습니다. 이는 우리 기업의 가치 중 하나이며 이를 통해 정직성이 길러진다고 생각합니다. 숨을 곳도 없고, 모두 다른 사람들이 무엇을 하는지 볼 수있으며, 무슨 일이 일어나는지 모두가 듣고 이야기할 수 있습니다. 사람들을 분리시키고 에너지를 제한하는 벽과 달리 개방형 업무공간은 에너지를 융합시킵니다. 어떤 이들은 소음이나 사생활 침해를 이유로 개방된 업무공간을 불편해하지만, 에너지와 이를 통해 생겨나는 동료애라는 이점이 단점을 훨씬 능가한다고 생각합니다."

## 처음에는 우리가 공간을 만들지만 그다음에는 공간이 우리를 만든다

인터뷰를 위해 북미 전역을 돌아다니며 우리는 디자인 취향과 사무실 레이아웃이 매우 다양하다는 것을 알 수 있었다. 토론토에서 방문한 티한앤드랙스의 레이아웃은 회의실과 중역실 몇 개를 제외하고는 대부분 개방형 구조였다. 공간 중앙에 위치한 주요 회의실은 유리벽으로 둘러싸여 있었다. 이와 같은 '어항' 디자인은 단순히 사무실의 건축학적 특징에 그치지 않고 그 기업이 디자인에 어떻게 접근하는지를 은유적으로 나타낸다. 당시 티한앤드랙스의 창립자이자 CEO였던 존 랙스는 이렇게 말했다. "물리적 공간은 우리의 모습과 일하는 방식에 많은 영향을 주었습니다." 티한앤드랙스의 사무실에는 공식적인 유리 회의실 외에도 일상적으로 회의할 수 있는 공간이 있었다. 이곳에는 주로 푹신한 의자와 화이트보드 같은 가구가 놓여 있었다. 우리는 소파에 앉아 있거나 화이트보드 주위에 모여서 프로젝트를 논의하는 팀들을 보았다. 이런 유형의 대면 토론은 크리에이티브 프로세스에서 매우 중요하다. 랙스는 이렇게 말했다. "원격근무를 전파하는 사람들을 무시하는 것이 아닙니다. 특성에 따라 원격근무를 하는 것이 타당하다고 생각하니까요. 우리의 경우, 회사에 나와 사람들과 함께하는 것을 좋아합니다. 대화와 담론, 그리고 함께 화이트보드 앞에 서서 하는 교류를 즐기죠. 우리에게는 이것이 크리에이티브 프로세스의 일환으로 통합니다. 이를 장려해주는 공간을 원했고요."

저브의 창립자 브라이언 쥬미엡스키는 물리적 공간이 어떻게 팀에게 그들이 하는 일을 매일 일깨워주는지 설명했다. "공간은 일하는 방식의 일부입니다. 알다시피, 공간을 통해 소통하는 것에는 한계가 있습니다. 우리의 목표는 개방형이되, 소규모 팀으로 작업하고 분리될 수 있는 폐쇄형 공간도 있는 환경을 조성하는 것이었습니다. 개방형 구조에서는 뜻밖의 일이 일어날 수 있으나, 주의가 산만해질 수도 있습니다. 따라서 조용히 작업해야 하거나 어딘가로 가야할 때, 그렇게 할 수 있는 장소가 있습니다. 또한 외부 사람들도 커뮤니티의 일원이 될 수 있도록 교육을 위한 개방형 공간도 준비되어 있습니다." 우리가 방문한 곳들은 레이아웃의 일관성은 부족했으나, 협업이나 조용히 집중하는 시간을 위한 공간을 만들고자 하는 바람에는 확실히 일관성이 있었다.

## 인테리어 디자이너로서의 디자인 리더

인터뷰를 통해 물리적 공간이 기업문화에 영향을 주는 것이 분명히 드러났다. 물리적 공간이 리더와 그들의 팀에게 얼마나 중요한지 정량화하기는 어렵지만 우리가 인터뷰한 모든 디자인 리더는 사무실의 레이아웃과 장식 선택에 있어 주요한 역할을 했다.

엔비 랩<sup>Envy Labs</sup>의 CEO이자 코드스쿨<sup>Code School*</sup>의 CEO였던 제이슨 반루<sup>Jason VanLue</sup>는 그가 일하는 공간과 문화 간의 연관성에 대해 설명했다. "문화는 우리에게 중요한 부분이기 때문에 이를 뒷받침해줄 수 있는 구조의 사무실을 만들었습니다. 우리는 업무 외에 모든 것을 할 수 있는 넓은 공유 공간이 있습니다. 직원들이 와서 맥주를 한잔 하거나, TV로 스매시 브라더스(닌텐도의 대전 액션 게임)를 하거나, 수다를 떨며 함께 시간

---

* 우리와의 인터뷰 이후 얼마 되지 않아 플러랄사이트(PluralSight)에 인수되었다

을 보내라고 만든 곳이죠. 그리고 개방되고 편안한 분위기의 전용 업무 공간도 있는데, 이곳은 직원들의 협업을 위해 만든 공간입니다. 협업할 수 있는 구조로 되어 있지만, 공유 공간만큼 개방된 느낌은 아닙니다. 우리는 하루 종일 좁은 칸막이 방 안에 갇혀 있는 듯한 느낌이 들지 않는 환경을 조성하려고 합니다."

밴쿠버 마운트플레전트Mount Pleasant에 있는 한 문화유산 건물에서 우리는 메이크의 창립자이자 CEO인 사라 테슬라Sarah Tesla를 만났다. 스튜디오가 있는 그 건물은 원래 양조장 창고였고, 양조장은 여전히 그 건물 밖에서 운영되고 있다. 뒤쪽 창문 밖으로 사람들에게 나눠줄 맥주를 실은 양조장 트럭들을 볼 수 있다. "현재는 새로 지은 콘도 개발지로 건물이 둘러싸여 있지만, 원래의 외관과 기존 건축양식의 일부를 보존할 수 있게 되어 정말 좋아요. 우리는 3천 평방피트의 멋지고, 개방적이고, 아름다운 공간에 있는 거예요." 테슬라에게 그들의 공간이 매일 해야 하는 일에 어떻게 도움이 되는지 질문하자 그녀는 이렇게 답했다. "정말 좋은 질문이네요. 최근에 읽은 글인데, 천장이 높으면 무한한 느낌과 자신이 창의력에 한계가 없다는 느낌을 기르는 데 도움이 된대요. 그 점에서 도움이 된다고 생각해요." 메이크 스튜디오는 확실히 천장이 높고 개방감이 느껴진다. "공기와 자연광이 들어오는 공간은 우리의 두뇌와 집중력에 놀라운 효과를 발휘합니다. 예전에는 약 700평방피트의 좁은 공간에서 어깨를 맞대고 있었는데, 좀 답답했어요."

우리는 인디애나폴리스Indianapolis에 위치한 브랜딩, 웹사이트 디자인 및 개발, 마케팅 회사인 스몰박스에서 리더인 젭 배너와 공간 디자인에 관해 이야기를 나눴다. "우리 회사는 직원이 20명이고, 마을 북부의 오래된 도서관에 위치해 있습니다. 석회암과 벽돌로 된 아름다운 포스트 데코 풍의 초기 현대식 공간입니다. 1950년대에는 방공호로 쓰였으며 천장이 높고 채광이 좋습니다. 일하기 좋은 공간이죠. 물리적 공간은 우리 회사에 점점 더 중요해지고 있습니다. 이전에는 꽤 작은 공간에 있었습니다. '스몰박스'라는 이름은 우리가 사업을 시작한 장소에서 유래한 이름은 아닙니다. 하지만 우리 셋은 회의용 탁자로 카드 테이블을 사용하는, 작은 상자small box에서 시작했습니다. 그런 다음 그 건물에서 같은 층에 있는 모든 사무실을 인수하기 시작했고, 회사가 더 커져서 1년 전쯤 이 도서관을 매입할 수 있었습니다."

우리는 펀사이즈의 파트너이자 경험 디렉터인 앤서니 아르멘다리즈를 만나 물리적 공간이 그들의 업무에 얼마나 중요한지 물어보았다. "정말 중요해요. 저는 언제나 집에서 혼자 일하는 것을 선호하는 사람이었기 때문에 처음에는 그렇게 생각하지 않았어요. 그리고 제가 뉴욕에서 운영한 첫 번째 회사는 아주 외진 곳에 있었거든요. 3년 반 동안 원격으로 일했고, 재택근무에 정말 익숙해졌죠. 처음 공간을 열고 두 명의 팀원이 생겼을 때, 이들이 저와 같은 공간에 있다는 사실이 좀 불편했어요. 물리적 접점이 팀원과 비즈니스에 얼마나 중요한지 실제로 깨닫기까지는 시간이 좀 걸렸습니다."

## 공간을 움직이고, 문화도 움직이고

작아진 공간에서 벗어나 새로운 공간으로 이동하는 것은 분명 스트레스 받는 부분이 있다. 스트레스 요인 중 일부는 문화 자체에 있다. 공간과 문화를 연결하는 방법에 많은 관심을 쏟고 있다면, 회사를 이전한 후에 어떻게 문화를 살아남게 할지 고려할 것이다. 더 나은 공간으로 이동하거나 어떤 경우 수준을 낮춰서 이동하면 기존 문화의 일부는 예전의 공간에 남는다. 프레시 틸드 소일에서 우리는 9년 동안 5번의 이사를 했다. 이전할 때마다 문화의 변화가 있었다. 공유 업무 공간에서 맞춤설계 사무실로 이동하자, 초창기의 투지 가득한 문화 대신 좀 더 세련된 문화가 생겼다. 사무공간을 아름답게 디자인하면 인재 유입이 더 쉬워지지만, 초창기에 볼 수 있는 사명에 집중하는 헌신적인 분위기도 일부 잃게된다.

다른 디자인 리더들도 물리적 공간의 이동으로 문화가 변한다고 언급했다. 더그로멧의 줄스 피에리는 이렇게 말했다. "이사할 때 몇 가지 우려사항이 있었습니다. 현재 우리 사무실은 멋진 공간이지만, 새로운 공간에서 처음으로 직원을 고용했을 때, 저는 걱정했습니다. 왜냐하면 이전 공간에서 계약했던 사람들이 새로운 공간에서는 계약하지 않았거든요." 피에리는 새로운 공간으로 오기 전, 더그로멧이 세 채의 개별 건물로 나뉘어 있었다고 말했다. 빅토리아 시대풍의 가옥 두 채와 사무실용 빌딩 한 채가 모두 걸어갈 수 있는 가까운 위치에 있었다. "멋진 공간은 아니었지만 직원들은 공간보다 사명에 더 집중했습니다. 새로운 공간에 들어와서 사명에 집중하기가 더 어려워질까 봐 걱정했습니다. 예전 사무실을 다시 찾았을 때 계속 이전으로 돌아가고 싶었던 건 진심이었어요."

# 레이아웃과 인테리어 디자인

한 지붕 아래 다목적의 레이아웃을 만드는 것이 어렵다는 점은 우리가 방문한 상위 디자인 기업들이 공통적으로 고민하는 부분이었다. 엔비 랩의 제이슨 반루는 이렇게 말했다. "우리는 개방형 협업$^{Open}$ $^{Collaboration}$(스마트 디바이스 확산으로 조직이 외부 협력을 통해 창조적 혁신에 나서는 것)과 동시에 즐거움을 원했습니다. 즐거움과 탁월함은 우리 회사의 핵심 가치이며 이 두 가지는 일상 업무와 밀접하게 연관되어 있습니다." 기업의 가치를 양성할 수 있도록 공간을 나누는 것은 단순히 건축학적인 측면에서의 선택이 아니라 기업의 행동 방식을 강화해주는 선택이다.

사무실 가구를 맞춤 제작한 비젯의 브라이언 윌리엄스는 공간의 구조가 어떻게 팀의 업무 관계를 강화해주는지 설명한다. "볼더 사무실은 꽤 작은 편이지만 개방형 좌석 공간과 폐쇄형 사무실이 여러 개 있습니다. 더럼도 비슷하죠. 우리는 버지니아에 새 본사를 짓는 중입니다. 개방형 좌석과 개방형 평면도의 이점을 균형 있게 맞추면서도, 직원들이 일할 수 있는 작은 공간을 여러 개 만들 계획입니다. 저는 이런 부분에 굉장히 예민합니다. 자신만의 책상이 있으면서도 부스, 주방, 작은 전화실 같이 언제든지 앉을 수 있는 공간을 곳곳에 만들려고 합니다. 탁구대가 있는 큰 회의실이건 구석에 있는 소파이건 간에, 어디든 당신이 원하는 곳에 앉을 수 있습니다. 폐쇄형 사무실이든 개방된 좌석이든, 모두 하나의 시스템에 끼워 맞추려고 하지 않고 유연성을 갖추는 것이 핵심입니다." 유연성은 우리가 공간 설계에 대해 인터뷰할 때 자주 언급된 특성이다. 개방형 공간이 유행일지라도 업무에 방해가 될 수 있으므로 공적인 대화와 사적인 대화가 모두 가능한 공간을 만드는 것이 중요하다.

씽크 브라운스톤의 CEO이자 공동창립자인 칼 화이트는 사업 초창기에 항상 자신이 적갈색 벽돌로 지은 건물에 있는 모습을 상상했다고 말했다. "우리는 고객뿐만 아니라 우리도 매일 머물고 싶은 공간을 원했습니다. 비전통적이면서 아름다운, 사람들이 떠나고 싶지 않은 공간 말이죠." 그들은 칸막이에 의존하는 일반적인 사무실 레이아웃에서 벗어나 무엇보다 편안한 공간을 꿈꿨다. "먼저 편안하고 자유롭게 앉아서 문제를 해결하는 것부터 시작합니다. 이것이 매우 중요하고, 이제 우리의 정체성이 된 것 같습니다." 씽크 브라운스톤의 현재 공간은, 한때 대리석 바닥과 낮은 천장을 가진 웅장하고 오래된 은행이었던 것처럼 보인다. 높은 천장과 커다란 창문 덕분에 햇빛이 많이 들어오며 사무실을 한층 편안한 공간으로 보이게 한다. 내부장식 중 그 어떤 것도 우연히 만들어진 것은 없다. "이 공간은 우리가 처음에 있었던 공간보다 훨씬 크며, 그럴 수밖에 없었습니다. 우리가 성장하고 더 큰 회사가 되면서 고객들이 우리에게 기대한 바였고, 그것은 효과적이었어요. 고객들은 우리와 회의가 없어도 그냥 와서 시간을 보내려고 회의실을 예약합니다. 그들이 우리 공간에 있고 싶어 하고, 우리 맥주와 커피를 마시는 것은 마법과도 같은 일입니다. 우리는 이 현상이 마음에 듭니다. 우리의 계획 중 하나였죠."

인터뷰를 통해서 디자인 리더들에게 공간이 그들의 업무 방식과 문화적 구조에 얼마나 많은 영향을 주는지 물어볼 수 있었다. 그들은 모두 예외 없이 사무공간 디자인과 문화의 중요성을 단언했다. 팀원이나 고객과 정기적으로 만나는 팀의 경우, 물리적 공간은 문화보다 훨씬 더 많은 것을 전달한다. 물리적 공간은 브랜드를 반영하고 팀원 간의 업무 스타일을 보여준다. 하지만 팀이 분산되어 있거나 일부 팀원이 원격근무를 하고 있다면 어떨까?

# 원격 팀 리드하기

물리적 공간이 업무환경에 그렇게 중요하다면, 원격근무자와 분산된 팀은 어떨까? 그들은 어떻게 일을 할까? 우리는 원격근무 팀, 사무실 중심 팀, 이 둘을 조합한 팀을 둔 몇몇 디자인 리더들에게 이 질문을 던졌다.

다양한 스펙트럼 중 극단에 있는 기업이 바로 중앙화된 물리적 사무실이 없는 엔젠 웍스의 팀이다. 각자 재택근무를 하는 사무실은 있지만 함께 하는 물리적 공간은 이 팀에게 우선순위가 낮다. 플로리다 잭슨빌에 본사를 둔 창립자이자 회장인 칼 스미스<sup>Carl Smith</sup>는 10년 이상 이렇게 분산된 팀을 운영해왔다. 인터뷰 당시 엔젠의 팀은 3개국에 퍼져있었고, 5개의 시간대에 걸쳐 있었다. 엔젠 웍스는 조직 자율성이 높기 때문에 스미스는 이러한 방식이 효과가 있다고 생각한다. 스미스는 매일 자신의 팀을 관리하지 않는다. 팀원들이 서로를 관리하고, 그렇지 않더라도 최소한 서로를 지도하는 역할을 한다. 스미스는 팀에 대해 너무 세세한 것까지 간섭하지 않으면서 원격으로 관리하는 방법을 설명해주었다. "정말로 한 달에 두 시간이 될 수도 있습니다. 새로운 비즈니스 미팅이 있으면 참석하는데, 20분 정도 앉아 있습니다. 제가 회사의 역사를 알기 때문에 직원들은 이제 저를 '고문'이라 부릅니다. 팀에서 새로운 헬스케어 제품을 검토하면 제가 이렇게 자문해주는 거죠. '이 병원과 관련 제약사와 협업한 적이 있습니다.' 그러면 직원들이 모르는 부분에 대한 경험을 채우는 데 도움을 줄 수 있습니다."

물론 원격근무는 리더들에게 분명한 어려움이 있다. 강력한 업무문화가 있으면 원격근무자들이 모두 같은 박자에 노를 젓게 하는 기적을 만든다. 이 책에 언급한 일부 기업들은 원격근무팀은 없으나 여러 개의 사무실을 두고 있다. 그중 하나는 3개 주에 걸쳐 3개의 지점을 둔 비젯이다. 본사는 워싱턴DC에서 약간 외곽에 위치하며 좀 더 작은 사무실이 노스캐롤라이나주 더럼과 콜로라도주 볼더에 있다. 비젯의 CEO 브라이언 윌리엄스는 이렇게 말했다. "본사에 회사의 절반이 가 있고 더럼과 볼더에 직원이 각각 15~16명씩 균등하게 나뉘어 있습니다. 운영과 같은 것들은 중앙 집중화했으나 사업개발은 3개 사무실에서 모두 이루어집니다. 프로젝트 관리, 디자인, 개발 면으로 여러 분야의 인재가 섞여 있으며 모든 사무실에 고르게 분포되어 있습니다. 리더 포지션으로 보자면, 권역장은 없고 각 사무실의 상급자가 해당 권역의 리더 역할을 합니다."

권역장을 두지 않는 것은 윌리엄스의 리더십 스타일의 한 기능적인 측면으로 보인다. 굉장히 직접적인 방법이다. 인터뷰와 다른 회의에서 우리는 윌리엄스가 팀과 보내는 시간을 듣고 놀랐다. 규모가 있는 기업이지만 그는 여전히 모든 직원과 일대일 미팅을 한다. "꽤 자주 출장을 가려고 합니다. 예를 들어 매년 여름마다 볼더에서 한 달 정도를 보냅니다. 아이들을 학교에서 데리고 나와 볼더에 잠시 살면서 그곳의 사무실에서 근무합니다. 더럼에도 최대한 자주 가려고 합니다." 사무실이 두 곳 이상인 기업들과 인터뷰해보면 디자인 리더의 삶에서 잦은 출장은 필수였다. 이것이 의도적으로 세운 리더십 전략인지, 팀이 분산되면서 생긴 자연스러운 결과인지는 분명하지 않다. 화상회의 도구 이야기가 나왔지만 몇몇 리더들은 그래도 다른 사무실로 가서 직접 팀과 만나는 것을 선택했다. "우리는 매주 직원 회의를 하는데 모두가 고투미팅GoToMeeting으로 만납니다. 이런 방식으로 모두 연결되는 거죠. 프로젝트 면에서 겹치는 부분이 많고, 팀을 3개 사무실에 걸쳐 분산해서 가능한 한 고립되지 않도록 합니다."

여러 사무실을 두는 것에 따르는 또 한 가지 흥미로운 결과는 리더들이 다양한 문화적 접근법을 시도할 수 있다는 점이다. 윌리엄스는 이렇게 말한다. "우리는 사무실별로 어느 정도 고유한 문화를 장려하려고 하기 때문에 이를 실험의 기회로 생각합니다. 볼더에서 우리는 15인 규모의 회사처럼 행동할 수 있습니다. 그 회사는 작은 사무실이니까요. 몇 가지 시도를 해보고 어떤 접근법이 효과적인지 알아봅니다. 효과가 있으면 회사 전체에 적용하는 거죠. 사무실을 여러 곳에 두는 것의 이점 중 하나입니다."

해피 코그의 창립자이자 회장인 그레그 호이는 여러 곳에 사무실을 두더라도 통합된 팀의 중요성에 초점을 맞춘다. "그레그 스토리와 제가 회사를 합병하기 전에, 스토리의 회사는 온라인으로 돌아가는 부분이 매우 많았습니다. 이것은 저에게 새로운 일이었습니다. 여기저기에 있는 작은 소행성 무리보다 두 개의 행성이 서로의 궤도를 도는 것이 더 다루기 쉽다고 생각합니다." 인터뷰 당시 해피 코그는 두 곳에 주요 사무실을 두고 있었다. 한 곳은 필라델피아, 다른 한 곳은 오스틴이었으며 뉴욕과 샌프란시스코에서 원격근무를 하는 팀원이 몇 명 있었다. "언제든 연결될 수 있는 사람들로 구성된 집단이 관리하기에 더 쉽습니다. 우리는 매일 서로 연락할 수 있도록 화상 회의 시스템을 설치했습니다. 프로젝트 팀들은 필라델피아와 오스틴 출신의 직원들이 뒤섞여 있어서 마치 한 가족 같습니다. 운영을 따로 했을 때는 근거지 문제로 부딪히곤 했는데 두 곳을 합병하고 나서는 더 이상 그럴 일이 없습니다. 팀을 통합하고 나니 모두를 위한 하나의 일이 되었고, 제가 예상했던 것보다 일이 훨씬 더 잘 풀렸습니다."

## 사무공간의 중간

전용 사무공간이 있는 기업과 사무실이 전혀 없는 기업의 중간은 물리적 사무실과 원격 근무자가 공존하는 기업이다. 그런 기업 중 하나가 크라우드 페이포릿이다. 이 기업은 뉴욕, 덴버, 로스앤젤레스, 피닉스, 라스베이거스에 미국 지사를 두고 있으며, 로마, 시드니, 부쿠레슈티에 해외 지사를 두고 있다. 크라우드 페이포릿의 창립자이자 은퇴한 CEO인 알렉스 킹은 사무실도 두고 원격 근무자도 둘 수는 있으나 기술 개발은 대면으로 할 때가 더 수월하는 점을 일깨워줬다. "물리적 사무실이 원격 환경보다 더 직접적으로 개발자의 성장을 지원할 수 있다고 생각합니다. 누군가가 '저, 이 부분이 어려워요'라고 하면 두 사람이 머리를 맞대고 같이 탁상에서 해결책을 찾는 거죠. 원격으로 조율해야 할 직원들이 있는데 그럴 경우 그들에게 연락하고, 영상 회의를 하고, 대화를 나눌 때 좀 더 계획적이어야 합니다. 반면에 그냥 사무실로 출근하면 주방으로 가는 길에 마주치는 모든 직원과 좀 더 간편하게 연결될 수 있죠."

우리가 인터뷰한 거의 모든 기업들이 상근직과 원격 근무자를 조합한 형태로 운영되고 있었다. 원격 근무자가 프리랜서라고 하더라도 말이다. 직원과 기술에 유연성을 두면 디자인 업계에서 불가피한 기복이 수용된다. 어떤 디자인 리더들은 이 아이디어를 극단으로 가져간다. 상당히 유연성 있는 모델 중 하나로 '할리우드 모델Hollywood Model'이란 것이 있다. 이름에서 알 수 있듯이, 이 모델에서는 특정 프로젝트를 위해 팀이 모인 후 프로젝트가 완료되면 각자의 길을 간다. 슈퍼프렌들리의 CEO 댄 몰Dan Mall은 지금까지 몇 년 동안 할리우드 방식을 사용해 왔다. 그는 이전 프로젝트에서 좌절을 느꼈던 경험이 어떻게 유동적인 디자인 팀을 만들도록 영감을 주었는지 설명한다. "저는 훌륭한 에이전시에서 많은 훌륭한 사람들과 함께 일할 수 있었습니다. 정말 행운이었죠. 한 가지 부족하다고 느낀 점은 전문가가 아닌 사람들과 일하게 되는 경우가 종종 있다는 것입니다. 예를 들어 어린이 사이트를 작업할 때, 어린이 사이트에 대한 전문성이 있는 시스템 설계사와 함께 작업하면 좋겠죠. 하지만 항상 그런 직원이 있는 건 아니고 이런 점이 공동 작업이나 정규직 모델의 단점 중 하나라고 생각합니다." 이런 문제가 몰의 회사에만 국한된 것은 아니지만, 아직 많은 디자인 리더들이 그의 접근법을 채택하지는 않았다.

몰은 유동성을 유지하는 것이 자사의 전략적 차별점이 될 수 있다는 것 또한 인식했다. "저는 계속 생각했습니다. 어떻게 하면 정규직을 고용하지 않고도 최고의 집단을 모을 수 있을까? 그렇게 할리우드 모델을 구상하게 되었습니다. 마치 감독이 영화에 필요한 스태프를 구성하는 것과 같은 방식입니다. 감독들은 항상 같은 배우를 쓰지 않습니다. 역할에 맞는 배우를 구하죠. 프로젝트에 따라 팀의 규모는 커지거나 작아집니다. 팀원이 한두 명 정도로 작은 프로젝트가 될 수도 있고, 16명 정도로 큰 프로젝트가 될 수도 있습니다. 그래도 최적의 규모는 보통 4~6명 정도입니다. 일반적으로 이런 중간 규모의 프로젝트는 웹 재설계이며 구성이 매우 유사합니다. 이런 방식으로 운영하는 기업이 몇몇 있다는 얘기를 들었고, 시도해 보면 좋겠다고 생각했죠. 지금까지는 순조롭습니다."

분명히 몰은 팀 구조와 공간의 필요성에 대한 한계를 뛰어넘고 있다. 몰의 할리우드 모델처럼 그가 설명하는 작업 공간은 마치 영화 스튜디오 같은 느낌이 든다. "브루클린에서 필라델피아로 다시 돌아왔을 때, 우리가 개조했던 오래된 교회로 이사했습니다. 아내와 아이들과 함께 위층에 살고 아래층에는 제가 근무하는 3만 평방 피트의 스튜디오가 있습니다. 현재 3명의 수습사원이 있고 우리 모두 이 스튜디오에서 일합니다." 직장과 가정을 한 건물에 두는 것은 오늘날의 사회에서 드문 일처럼 보이지만, 항상 그랬던 것은 아니다. 이전 세대의 경우, 도시와 마을의 상점 주인 대부분이 그들이 일하는 가게나 작업 공간 위층에 살았다. 시대는 바뀌었지만 많은 리더들은 아직도 직장까지 걸어갈 수 있는 거리를 선호한다. 이는 몰이 교회 공간을 개조한 이유와 관련이 있을지도 모른다.

할리우드 모델은 우리의 연구 중 다양한 형태로 나타났다. 프로젝트를 위해 최적의 자격을 갖춘 사람들을 모으는 것은 많은 디자인 기업과 집단에게 중요하다. 매력적인 도시인 사우스캐롤라이나주의 찰스턴Charleston에 위치한 이하우스 스튜디오의 크리스틴 퀸Christine Quinn은 이렇게 말한다. "수십 명의 직원들을 그들 모두를 필요로 하는 적절한 프로젝트가 나올 때까지 기다리게 할 수 없습니다. 우리 고객들도 그러기를 원하지 않고요. 고객은 우리가 프로젝트의 종합 도급업자가 되어 크리에이티브 작업을 위한 전략적 방향을 제시하기를 원하지만 사진작가, 영상작가, 콘텐츠 편집자, 작가가 항상 직원으로 상주하기를 바라지는 않습니다." 업무를 수행할 최적의 인재를 구하는 것 외에도 이 모델이 효과적인 이유가 있다. 대부분의 중소 에이전시는 여러 명의 크리에이티브 인력을 정규직으로 채용할 만큼 재정적 여력이 크지 않기 때문이다. 하지만 이 모델이 새로운 방식은 아니다. 수년간 비교적 대규모의 에이전시들은 전문 기술이 필요한 프로젝트를 위해 외부 인재를 영입해왔다. 디지털 프로덕트가 리치 미디어rich media(단순한 배너 광고보다 풍부한 정보를 담을 수 있는 멀티미디어 형태의 인터넷 광고)와 점점 더 통합되면서 콘텐츠와 데이터 전문가가 더 자주 혼재될 것으로 예상된다.

매사추세츠주 뉴버리포트의 그림 같은 바닷가 마을에 위치한 메카니카의 공동창립자 리비 델라나는 이렇게 말한다. "본질적으로, 그 아이디어의 핵심은 우리 기업 내에 창의적인 인재가 있다 해도 그 수가 굉장히 적다는 것입니다. 즉, 우리에겐 감독이 없다는 뜻입니다. 메카니카에는 촬영감독, 사진작가, 음향감독이 없습니다. 솔직히 말해서 브랜드를 구축하려면 잠재적으로는 이 모든 사람들이 필요할지도 모릅니다. 우리는 주어진 순간에 적합한 크리에이티브 인재를 전부 갖추고, 모든 고객에게 매력적인 계획을 수립할 방법은 없다고 느끼기 시작했습니다. 어떤 고객은 인테리어 디자인이 필요할 수도 있습니다. 고객은 새로운 공간으로 이동하는 것일 수도 있고, 그러면 우리는 다시 포지셔닝을 하고 브랜드에 대해 새로운 방식으로 말해야 합니다." 이 문제를 해결하기 위해 델라나와 그녀의 팀은 기존의 에이전시 모델을 해체하여 크리에이티브 디렉터 외에는 사내에 크리에이티브 인력을 남기지 않았다. 리더와 전략 책임자는 일관되게 유지하더라도 각각의 고객은 제안된 솔루션을 중심으로 구성된 고유의 팀을 가진다. 델라나는 이렇게 설명했다. "A 고객은 큰 TV와 라디오, 팟캐스트, 많은 사진이 필요한 반면 B 고객은 대부분 웹 관련 인력이 필요할 수 있습니다. 우리는 이를 '끝없는 창의적 복도'라 부릅니다. 즉, 크리에이티브 디렉터인 제가 복도를 걸으며 좌우를 살피면서 누군가의 문에 고개를 들이밀고 '저기, 오늘 이 건에 대해 작업할 수 있나요?'라든지, '스케줄이 어떻게 되나요?'라고 묻는 대신, 세상에 나가 세계 최고의 인재를 고객의 비즈니스에 맞게 데려온다는 뜻입니다."

## 마지막 메시지

한 가지 분명한 것이 있다면, 사무실을 어떻게 두어야 하는지에 대한 하나의 정답은 없다는 점이다. 디자인 리더들은 각자 개인적인 선호사항은 있지만, 그들 모두 협업할 수 있는 물리적 공간을 갖는 것이 큰 이점이 된다는 사실에 동의한다. 상시로 원격근무를 하는 팀도 일 년에 몇 번은 만나 전략과 프로세스를 논의한다. 이러한 연례 또는 반기별 모임은 디자인 팀에게 사회적 상호작용이 필요하다는 것을 상기시켜 준다. 새로운 재택근무 경제 속에서도 사람들은 여전히 서로를 소중히 여긴다. 팀원 모두 하나의 사무실에 있든 전 세계로 흩어져 있든, 핵심은 협업을 개선하는 방식으로 팀을 연결하는 것이다. 검증된 모델을 가진 기업조차도 다른 조직 모델을 고려해야 한다.

3개 지점에 약 150명의 직원을 두고 있는 데브브릿지[Devbridge]의 오리마스 아도마비치우스[Aurimas Adomavicius]는 이렇게 말한다. "우리는 3개 사무실로 분산되어 있지만 3개 사무실 모두 현장 사무실입니다. 즉, 재택이나 원격으로 근무하는 직원이 없다는 뜻이죠. 우리에게 현장 근무는 매우 중요하고, 이에 대해 글을 쓴 적도 있습니다. 각 사무실의 직원들이 중앙 집중화되고 필요한 교육 과정을 모두 받는 것이 굉장히 중요합니다. 이들에게는 대화할 수 있는 현장 관리자가 있습니다. 따라서 신입사원 온보딩, 신입사원 채용 등 운영의 측면에서 현장에 있는 것이 매우 중요하다고 믿습니다. 그렇기는 하지만 일을 할 때, 모든 사무실의 직원을 종합한 팀을 활용합니다."

- 물리적 공간에는 흑백처럼 딱 떨어지는 솔루션이 없다. 회색 음영에 가깝다.

- 성공적인 사무실 레이아웃은 개방형 공간과 폐쇄형 공간, 비격식적인 공간과 격식적인 공간이 모두 건전한 방식으로 조합된 경우가 많다.

- 기업의 개성과 브랜드는 위치, 공간 레이아웃, 실내장식을 통해 빛을 발할 수 있어야 한다.

- 새로운 곳으로 이동할 때에는 그 장소가 문화에 어떤 영향을 미칠지 고려하고 효과적인 요소를 보존하려고 노력하라.

- 직원들이 책상 근처에서 편안한 대화를 나눌 수 있도록 만든다. 여분의 좌석을 제공하는 것과 같은 간단한 방법으로 팀원 간의 의사소통을 증가시킬 수 있다.

- 사무실에서 수시로 직원들을 이동시키는 것을 두려워하지 말아라. 이동을 통해 팀원 간의 새로운 연결을 만들 수 있다.

- 원격근무 팀의 결속력을 유지하려면 정기적이고 빈번한 커뮤니케이션이 필요하다.

- 자기관리 능력이 뛰어난 사람을 고용하면 원격근무가 더 쉬워진다.

# 4

# 일과 삶의 균형을 찾는 법

디자인 리더들은 언제나 배우고 성장하며 삶에서 균형을 찾기 위해 고군분투한다. 우리는 이러한 최고의 성과자들이 어떻게 가족, 친구, 개인적 성장과 같은 정말 중요한 것들을 놓치지 않으면서도 일상의 요구를 충족시키는 시간을 내는지 배웠다. 이 또한 천편일률적인 접근방식은 없다. 우리는 다양한 성격을 지닌 사람들이 이 보편적인 문제를 자기 자신만의 직감과 창의력으로 어떻게 해결해 나가는지 알아본다.

# 서론

프로젝트를 성공으로 이끌려면 마감일을 지키고, 예산 범위 내에서 집행하고, 다양한 사람들을 관리해야 한다. 할 일이 아주 많은 것이다. 높은 성과를 내는 디자인 그룹과 수백만 달러 매출의 디자인 기업의 리더들은 이런 압박감을 매일 느낀다. 절대 끝이 나지 않을 것 같은 마감과 지속적인 인력관리, 불확실한 기술 환경에서의 전략적 사고도 모두 포함된다. 균형과 집중력을 유지하면서 이러한 요구 사항을 모두 충족해 내는 방법에 대해 통찰력 있는 아이디어를 얻는 것이 이 책을 집필하게 된 동기 중 하나였다. 다른 CEO 및 창립자와 마찬가지로, 우리는 어떻게 개인적 성장과 균형을 찾을지에 대한 전략과 전술을 항상 염두에 두고 있다.

이 장의 주제는 자기계발서에 들어가는 것이 좀 더 적절해 보일지도 모른다. 현실은 리더의 개인적 성장과 정신 건강이 모든 비즈니스의 성공과 불가분의 관계가 있다는 것이다. 우리가 만난 디자인 리더는 모두 예외 없이 개인의 성장과 균형 잡힌 삶을 지속적으로 영위하는 것이 기업이나 팀 리더로서의 성공에 핵심적이라고 생각했다. 이러한 리더들의 습관, 일상, 의식을 살펴보면서 우리는 그들이 성공에 이르는 과정에서 겪는 내면 작용에 대한 통찰력을 얻었다. 이들의 관점, 어렵게 얻은 교훈, 전략은 균형 잡힌 라이프스타일을 주도하고, 이를 비즈니스의 성공으로 연결하는 데 필요한 새로운 관점을 제시할 것이다.

## 올바른 초점 찾기

"저는 CEO이기 때문에 사실상 제 고객은 저의 팀입니다. 저는 이곳에서 일하는 모두가 자신의 최고치를 달성하고 발현하게 해주는 역할을 합니다." 더워킹그룹의 공동창립자 도미니크 보르톨루시가 한 이 말은 엄청난 통찰력을 보여준다. 그의 간단명료한 한마디는 팀이 얼마나 디자인 리더의 행동에 많은 영향을 주는지를 잘 드러낸다. "이러한 탐색을 통해 제 진정한 고객은 클라이언트가 아니라 저의 팀이라는 사실을 깨달았습니다. 항상 제 고객은 소프트웨어를 구축해주는 클라이언트라고 생각했기 때문에 흥미로운 사고의 전환이었습니다." 보르톨루시는 당시를 떠올리며 그러한 생각이 그가 조직을 이끄는 방식을 어떻게 바꾸어 놓았는지 되돌아보았다. "그렇게 미묘한 변화는 아니었습니다. 저의 리더십 유형은 제가 인식하기로 지난 몇 년간 발전해왔습니다. 저는 저 자신이 실력주의 리더, 민주적인 유형의 리더, 다른 직원들의 의견을 물은 다음 그들이 나서기를 기대하는 리더이지, 독재적인 리더가 아니라는 것을 알게 되었습니다. 저는 '내가 우선인' 하향식 주의 리더가 아닙니다."

리더는 자신의 강점이 무엇인지 파악하면 획기적인 순간을 경험한다. 강점을 팀이 혜택을 보는 방식으로 활용할 줄 아는 것은 또다른 돌파구가 된다. 콜로라도 볼더에 기반을 둔 소규모 개발팀인 호트 코드웍스의 창립자 마티 호트는 이렇게 말한다. "저는 필요한 모든 일을 합니다. 모든 비즈니스 업무에서 제가 해야 할 역할이 있다면 뭐든 합니다. 직원이 9명일 때 어느 순간 제가 코딩보다 관리 일을 훨씬 더 많이 한다는 사실을 깨달았습니다. 이 길을 계속 가거나 조직이 더 커지려면 인력을 관리할 직원을 고용해야 한다는 사실도 인식했죠. 정말 그러고 싶지 않았습니다. 제가 모든 것을 관리할 필요가 없는, 상대적으로 규모가 작은 팀을 꾸리고 싶었습니다." 이처럼 리더는 자신의 한계에 솔직해져야 함을 깨닫는 순간이 온다. 회사를 성장시키고, 이에 따라 다른 역할의 리더가 되는 것은 성공의 필수조건이다. 회사의 크고 작음보다 리더가 자신과 기업의 방향성을 명확하게 갖고 있는지가 더 중요하다. 개인의 성장이 기업이나 팀의 규모에 달려있는 것은 아니지만 성숙도와는 상관관계가 있어 보인다.

팀에서 자신의 위치를 찾는 것은 그 팀이 공동의 노력을 어디에 집중할지 찾았을 때만 가능하다. 디자인 그룹으로서 자신이 누구인지에 대해 지침을 정할 수 있으면 팀원들이 이상적인 기여를 정의하는 데 도움이 된다. 명확하게 말하자면, 이러한 중점은 조직 전체에 스며들어 디자인 팀이 새로운 프로젝트를 마주할 때 어떻게 행동해야 하는지 알게 해준다. 인스트루먼트의 최고운영경영자<sup>COO</sup> 빈스 르베키아는 이렇게 말한다. "우리의 특징 중 하나는 일단 '안 돼'라고 말하는 것입니다. 크리에이티브 에이전시에서 빠질 수 있는 함정은 모든 것에 일단 '네'라고 말하고, 일을 시작한 다음에야 답을 찾는 것입니다. 단순히 좋아 보이거나 평범한 것에 거절하는 것으로 시작한다면 모든 업무를 진정으로 선택할 수 있습니다." 이런 식의 초집중적 사고는 성숙한 리더와 그들의 조직에서 공통적으로 나타나는 모습이었다. 단순히 집중하는 것이 아니라, 목적을 갖고 집중하는 것이다. 앞으로 나아가는 길에서 마주하게 되는 모든 것에 '네'라고 하고 싶은 유혹이 따를 수 있다. 물론 시작하는 단계에서는 그렇게 해야 할지도 모른다.

하바네로 컨설팅<sup>Habanero Consulting</sup>의 스티븐 피츠제럴드<sup>Steven Fitzgerald</sup>가 과거를 회상하며 말했다. "우리는 눈앞의 쉬운 길을 선택했습니다. 우리가 잘하는 일에 집중하기보다는 고객의 문제를 해결하는 데 도움이 되는 일을 해야 한다는 생각에 사로잡혔죠. 그런 사이클을 거쳐서 교훈을 얻었습니다." 초점을 잃거나 방해물이 경로를 결정하도록 두는 것은 리더들이 언급한 어렵게 얻은 교훈이자 가장 소중한 교훈이었다. "목적에서 벗어나면 어떤 일도 잘 풀리지 않습니다. 목적을 이해하고 고수하는 것이 쉽다고 말하는 것이 아닙니다. 매우 어렵습니다. 엄청난 도전 과제죠."

이렇게 중점을 찾기가 어려웠다는 교훈은 성장하는 비즈니스에 요구되는 사항들이 달라지면서 일관되게 접할 수 있다. 사업이 오래 지속될수록 더 많은 방해물이 생긴다. 성공한 리더는 점점 늘어나는 방해물을 인식하고 더 집중해서 대응한다. 즉, 기회를 무시하거나 특정 프로젝트를 거절하는 경우가 많다는 뜻이다. 개인적인 경험으로 이것이 얼마나 어려운지 보증할 수 있다. 나는 부수적인 프로젝트와 새로운 서비스에 많은 투자를 했으나 아무런 성과도 거두지 못한 적이 있다. 핵심은 포기하지 않고 끝까지 버티도록 도와줄 현명한 조언자와 파트너를 곁에 두는 것이다. 최근 나는 주의가 산만해지지 않고 집중할 수 있도록 문지기 역할을 해줄 운영 인력에 투자했다. 투자를 통해 돌아오는 이득은 상당했다. 이 책과 그 이전의 책은 집중을 방해하는 것들로부터 나를 지켜준 사람들이 없었다면 불가능했을 것이다.


## ┃ 파트너와 지원

기업가이자 작가인 짐 론$^{Jim\ Rohn}$은 사람은 자신이 가장 많은 시간을 함께 보내는 다섯 명의 평균이라고 한 적이 있다. 이는 디자인 리더들에게도 꽤 통하는 진실인 듯하다. 훌륭한 팀과 함께하면 높은 기술력을 가진 디자인 팀을 운영하는 데 따르는 스트레스를 처리하기가 훨씬 더 쉬워진다. 여기서 짚고 넘어가면 좋을 또 한 가지 사실은 지원팀이 직접적으로 함께 일하는 집단에만 국한되지는 않는다는 점이다. 디자인 리더들은 대화할 때 거의 언제나 자신의 가족, 고객, 멘토들을 언급했다.

비젯의 브라이언 윌리엄스는 이렇게 말한다. "무엇보다 저는 업무에서 단순히 견딜 수 있을 뿐만 아니라 즐겁게 만드는 것들을 우선시합니다. 함께 일하고 싶은 사람들을 고용하는 것이 그중 하나입니다. 우리가 열정을 갖고 일할 수 있도록 고객 또한 최대한 신중히 선택하려고 합니다." 비젯과 우리가 방문한 많은 기업들은 시간을 들여 최고의 팀원을 선정하고 이상적인 고객을 선별함으로써 작업을 보다 용이하게 만들었다. 이 부분은 인재에 대한 장과 겹치긴 하지만 조직에 적절한 직원을 두는 것의 중요성은 다시 한번 강조할 가치가 있다. 디자인 리더들이 직장과 가정에서 이야기하는 거의 모든 것들은 직원들에게 전해진다. 지원, 문화, 영감, 탁월함 모두 디자인 리더가 자신의 궤도에 두고 있는 직원들과 연관된다.

어떤 리더 자리라도 성공하려면 상당한 지원이 있어야 한다. 조직의 지원뿐 아니라 가족과 친구의 지원도 필요하다. 진정으로 자신을 알아주고 무엇을 해야 할지 알지 못한다고 생각될 때에도 균형을 찾도록 도와줄 수 있는 사람들이 곁에 있어야 한다. 언콕의 마르셀리노 알바레즈는 이렇게 덧붙인다. "일과 삶의 균형을 맞추는 것은 어렵습니다. 제 아내가 제가 해온 일에서 큰 지지자가 되어주었다고 생각합니다. 아내가… 광고업계에 종사하고 있어서 우리가 속한 업계를 이해해주는 것이 분명 도움이 됩니다." 그는 전화기 쪽을 가리키며 말했다. "'꺼라'라는 신호를 받을 때가 있는데, 좋은 신호라고 생각합니다. 저는 균형이 제가 무엇인가에 대해 생각하는 정신적인 균형에 가깝다고 생각합니다. 그 균형은 제 마음속 한구석에 있죠. 저는 지금 딴생각에 빠져 있습니다. 지금, 즉 현재에 있지 않지요. 겉으로는 고개를 끄덕이고는 있지만 실제로는 딴생각을 하지 않으려고 노력하고 있습니다. 이건 어려운 일입니다. 당신을 모르는 사람들은 '와, 정말 고개를 많이 끄덕이는구나'라고 생각할지도 모릅니다. 하지만 당신을 아는 사람들은 이렇게 말하겠죠. '그만. 그 일은 그만 생각해. 그 회의인지 대화인지 직장에서의 어떤 일에 대해 생각하고 있는 거 알아.' 자신에게 솔직해지세요. 하루는 재택근무를 하든지 주말에는 꺼 놓고 리셋할 시간을 가지는 것이 매우 중요하다고 생각합니다."

## 영감과 지원은 어디에서 오는가

사라 테슬라는 지원과 영감을 얻기 위한 적절한 장소를 찾는 일에 대해 이렇게 말한다. "수많은 실험과 시행착오를 거쳤습니다. 저는 운이 좋아요. 제 남편은 밴쿠버에 있는 디지털 크리에이티브 에이전시의 창립자이며 일한 지 10년 정도 되었어요. 파트너가 두 명 있죠. 그래서 남편은 저에게 끝없는 자원이 되어주었고 정말 큰 힘이 되었습니다." 분명 가족과 친구는 디자인 리더들이 의지하는 이들이지만 모두가 노련한 전문가와 결혼하는 건 아니다. 이어지는 테슬라의 이야기는 성공하는 리더들을 구분 짓는 사고방식에 대한 단서라 할 수 있다. "솔직히 저는 제가 아는 것과 모르는 것에 대해 꽤 겸손한 편입니다." 이러한 겸손함과 배우고자 하는 열의가 핵심이다. 끊임없이 배우려고 하는 자세를 통해 디자인 리더들은 정체되지 않는다. 파트너, 배우자, 팀원 등 그들은 누구에게서나 지도를 받을 수 있다. 테슬라는 이렇게 이야기를 마쳤다. "그런 면에서 저는 팀에게 많이 의지합니다. 팀이 전문가가 되어 제가 해야 할 일을 파악하고 시도할 수 있도록요."

우리가 대화를 나눈 대부분의 리더들은 매일 사무실에서 지원을 받는다. 가족, 친구, 외부 고문이 중요하긴 하지만, 가장 가까운 지원군은 그들의 파트너이다. 더워킹그룹의 도미니크 보르톨루시는 이렇게 말한다. "이곳엔 리더가 많습니다. 저는 세 명의 파트너가 있지요. 그들 모두 각자의 영역에서 훌륭한 리더입니다." 각 파트너가 서로를 어떻게 칭찬하는지 이해하려면 그들이 무엇을 하는지 들을 필요가 있다. "크리스 에번Chris Eben이라는 분이 있는데, 우리 커뮤니티에서 눈에 잘 띄는 사람이며 강연도 많이 하고 비즈니스 개발에 매우 적극적입니다. 리더십이 굉장히 돋보이며 방향성을 알려주는 전통적인 기업리더 유형이죠. 안드레스Andres도 훌륭한 리더입니다. 모든 프로젝트 운영을 이끌고, 공감 능력이 뛰어나며, 사람들과 원활하게 소통하는 능력이 있습니다. 훌륭한 커뮤니케이션 능력으로 본보기가 되는 리더십을 갖추었죠. 잭Jack은 기술 감독이고 행동으로 모범을 보이는 기술 분야의 리더십을 갖추었습니다. 아마도 제가 아는 사람 중 가장 헌신적으로 일하는 사람일 겁니다.

사람들과 머리를 맞대고 문제를 풀고, 다른 사람들을 문제해결시스템에 통합하는 데 뛰어납니다."

보르톨루시가 파트너들에 대해 설명한 것처럼, 리더들은 각각의 역할에서 전문화되어 있다. 파트너들은 각자의 강점을 활용하여 서로를 지원하고, 전반적인 비즈니스를 지원한다. 대중매체가 고독한 리더에 열광하는 것과 달리, 현실에서 대부분의 사업이 성공하려면 일종의 파트너십이 필요하다. 팔란티어의 공동 대표 중 한 명인 티파니 패리스는 이렇게 말한다. "운이 좋게도 우리는 서로 보완해주는 강점이 있고 제 역할은 운영적인 부분입니다. 저는 재정적인 면에서 매우 능숙합니다. 회계 장부를 관리하고, 우리 둘 중에서 기술적인 면을 더 잘 알고 있습니다. 그래서 기술적인 업무는 제가 들어가서 피칭을 합니다. 조지$^{George}$는 기업의 비전, 전략, 커뮤니케이션은 물론, 브랜드를 따내고 이 모든 것들을 연결하는 데 뛰어납니다. 그래서 우리는 명확하게 부문이 나뉘었죠. 조지는 회사에서 재무 부문을 제외한 일을 하는 편이며, 저는 고객 및 재무 부문에서 일합니다."

오리건 포틀랜드에 있는 또 다른 선도적인 디자인 기업인 클라우드포도 유사한 파트너십을 맺고 있다. 처음에는 4명의 파트너로 시작했으나 현재는 3명으로 감축되었다. "우리는 7년간 함께 일했습니다. 리자$^{Lyza}$와 존$^{John}$은 더 오랫동안 함께 일했지요." CEO이자 공동창립자인 제이슨 그릭스비는 이렇게 말했다. "존은 이후 회사를 떠나 다른 스타트업을 시작했습니다. 이제 리자와 에일린$^{Aileen}$, 제가 매일 운영하고 있지요." 그릭스비는 파트너의 삶이 일터에서 일어나는 일에만 국한되지 않음을 강조한다. "우리의 개인적 삶에서 일어나는 일들은 좋든 싫든 업무에 영향을 줍니다. 그 사이의 균형을 어떻게 맞출지 찾는 것이 관건입니다. 우리 회사의 지난 역사를 돌아보면 균형을 잃고 순탄치 못했던 시기가 있었습니다. 그렇지만 우리가 균형을 매우 잘 잡았던 시기에는 일상적인 모든 사소한 일들이 대개는 저절로 잘 풀렸습니다."

그릭스비는 쓸쓸한 웃음을 지으며 주의를 주듯이 말했다. "꽤 오랫동안 함께 일했던 사람들이 있더라도 일을 망칠 수 있습니다." 비즈니스에서는 훌륭한 파트너가 지원해준다고 해도 아무것도 보장할 수가 없다. 시장은 변하고, 유행은 지나가며, 매번 새로운 기술이 등장한다. 그렇다면 디자인 리더들은 어떻게 실수의 위험을 줄이고 긍정적인 결과를 만들어 낼까?

## 균형 디자인하기

원하는 결과를 만들려면 이를 운에 맡겨서는 안 된다. 성공한 디자인 리더는 고객을 위한 솔루션을 만드는 데 익숙하며 이러한 기술을 자신의 삶에도 활용하는 듯하다. 그들 중 많은 사람들이 일상생활에서 일과 가정생활의 균형을 맞추기 위해 디자인적 사고방식을 사용한다. 반사적으로 행동하지 않고 의도적으로 일상을 설계하는 것이 공통적인 접근법이었다. 어떤 사람들에게는 스트레스 받는 출퇴근길을 피하기 위해 사무실 근처에 거주하기로 선택하는 일처럼 간단할 수 있으나, 대부분은 기업의 리더에게 요구되는 것들을 처리하면서 개인적 풍요를 누릴 수 있는 루틴을 개발하는 것이다.

성공한 리더는 성장과 조화가 타이밍의 문제라는 사실을 인정한다. 비즈니스의 니즈는 시간에 지남에 따라 변화하고 새로운 기술을 배우는 기회 또한 마찬가지이다. 자전거 타기와는 달리, 올바른 균형을 찾는 것은 리더가 계속해서 배워야 하는 교훈이다. 상황은 항상 변하기 때문이다. 5명의 직원을 둔 회사를 운영할 때와 50명의 직원을 둔 회사를 이끌 때 필요한 것은 매우 다르다.

브라이언 쥬미엡스키는 개인적 노력과 직업적 노력 사이에서 균형을 잡는 것에 대해 이렇게 말한다. "음과 양 같은 것이라고 생각합니다. 예상하지 못했던 전문적 지식을 얻고, 이를 처리해야 할 시기를 겪게 될 겁니다." 쥬미엡스키는 실리콘 밸리에서 10년 동안 힘든 시기를 거치며 그의 회사 저브를 이끌어왔다. 그는 인생에서 조화를 이루는 것을 바다 낚시에 비유한다. "방향을 잡고 싶지만 파도가 쳐서 그냥 가만히 있어야 하는 때가 있죠. 그런 순간에는 낚시를 하려고 하지 마세요. 바다가 잔잔해지면 낚시를 하러 가는 겁니다. 우리는 종종 성공할 수 있는 상황이나 환경이 정말 아닐 때에도 무엇인가를 만들고 싶어서 조바심을 내기 때문에 이를 잘 깨닫지 못합니다. 제가 지난 몇 년간 배운 교훈은 인내심을 가져야 한다는 겁니다."

슈퍼프렌들리의 댄 몰은 지난 경험이 그가 계획적으로 자신의 라이프스타일 니즈에 맞춰 디자인 회사를 만드는 데 어떻게 도움이 되었는지 설명했다. "저는 항상 직원으로 일하는 것이 좋았고 훌륭한 상사를 만나는 운이 따랐습니다. 그래서 그런 부분에서 전혀 부족함을 느껴보지 못했죠. 정말로 균형을 찾아야겠다는 동기는 아이들을 가졌을 때 생겼습니다. 아내와 아이들과 집에서 많은 시간을 보내고 싶었거든요. 어떤 회사이든 그렇게 해달라고 요청하는 건 이기적인 일이라 생각했습니다. 제가 일했던 곳의 문화는 그러기에 적합한 곳들이 아니었어요. 그런 요청을 하면 제가 정말 이기적인 사람이 되었을 겁니다. 그래서 저에게는 적어도 재택근무를 하며 가족과 더 많은 시간을 보낼 수 있는지, 그리고 이를 통해 가족을 부양할 수 있는 방법을 찾기에 좋은 시간이었습니다. 대부분의 현대 경제사회에서 프리랜서로 일하거나 재택근무를 하는 것은 새로운 일이 아니다. 몰은 가족을 우선순위에 두고, 이를 중심으로 비즈니스를 설계함으로써 이 개념을 한 단계 발전시켰다. 아이러니한 점은 디자이너조차도 자신의 디자인 기술을 커리어 형성에 사용하지 않는다는 점이다. 성공한 디자인 리더들은 라이프스타일과 커리어 역시 일상 업무에서 사용하는 것과 동일한 툴과 활동을 통해 해결해야 할 디자인 문제로 접근한다.

비젯의 브라이언 윌리엄스는 가족이라는 우선순위를 중심으로 업무 루틴을 만들기로 한 결정이 전반적인 삶의 균형에 어떻게 긍정적인 영향을 주었는지 설명한다. "일을 즐길 수 있도록 한다는 측면에서, 전형적인 시간관리법과 같습니다. 저는 사무실까지 걸어서 갈 수 있어서 다행히 출퇴근 시간이 길지 않습니다. 아침에 일어나서 아이들을 버스에 태우고, 매일 밤 저녁식사 시간에 맞춰 집에 올 수 있죠."

윌리엄스는 또 다른 한 가지 관점을 덧붙였다. "현재 비즈니스는 충분히 성공적이고, 업무를 위임하고 배분할 팀원들도 충분히 있습니다. 처음 5년간 그랬던 것처럼, 대부분의 경우 주말에 일하지 않아도 되죠." 이 모든 직장 생활 기준을 충족하는 회사에서 시작하는 것은 많은 이들에게 비현실적으로 느껴질지도 모른다. 디자인 비즈니스가 윌리엄스가 말하는 정도를 해내는 충분한 규모의 팀으로 성장하려면 시간이 걸릴 수 있다. 그는 오늘날의 위치에 도달하기까지 노력과 장기적인 비전이 필요했다는 점을 강조했다. "뭔가를 시작하는 일은 끝이 없어 보였습니다. 저에게 있어 재정적인 성공은 동력이 아니었습니다. 어느 지표로 보든 회사는 재정적으로 성공했지만, 저는 어떤 큰 이탈이나 그런 종류의 무언가를 목표로 하지 않습니다. 제 목표는 저와 직원들, 관련된 모든 이들을 위해 지속가능하고 즐거운 비즈니스를 만드는 것입니다. 우리는 자녀를 키우고, 지역 사회의 일원으로 남아 있고, 사랑하는 모든 것들과 계속 연결되면서 앞으로 20년간 우리가 하고 싶은 일을 하기로 결정했습니다." 윌리엄스는 자신의 접근법을 간략히 요약하며 순수한 비즈니스 목표보다 장기적인 결과를 우선시하는 전략을 제시했다. "만약 여러분이 지속가능한 업무 환경을 만드는 것을 원동력으로 삼는다면, 저는 그것이 여러분의 시간과 삶의 균형을 맞추는 방식을 변화시킬 수 있다고 생각합니다."

균형 잡힌 삶을 설계하는 것은 회사나 팀이 크게 성장할 때까지 기다려야 하는 것이 아니다. 균형을 장려하는 가치관은 언제든지 심을 수 있다. 여기에서 핵심은 소진될 때까지 일하지 않고 업무를 완수하는 방법을 찾는 계획적인 접근법이 존재한다는 점이다. 우리가 만난 디자인 리더들은 긍정적인 결과를 위해 삶을 디자인함으로써 길에서 피할 수 없는 장애물을 평탄하게 만드는 법을 배웠다. 그들은 적극적으로 가족과 친구와 함께할 시간을 찾는다. 실제로 디자인 리더의 45퍼센트가 가족과 보내는 시간을 최고의 스트레스 해소법으로 생각한다.

밴쿠버에 있는 하바네로 컨설팅 그룹의 CEO인 스티븐 피츠제럴드Steven Fitzgerald는 이렇게 말한다. "일과 삶의 균형Work-life balance이라는 개념에 대해 생각하곤 했지만 저는 이 용어가 싫습니다. 마치 제로섬게임zero-sum game처럼 느껴져요. 우리는 이 용어에 대한 생각을 변화시켜왔고, 이제는 조화에 기반한 가치관을 갖고 있어요. 삶의 다양한 영역에서 열정을 경험할 수 있는 환경을 조성해야 합니다. 매우 세속적이고 매우 구체적인 것들이죠. 저 같은 경우에는 자전거 타기, 하바네로, 아이들, 가족, 공동체입니다. 제가 이런 것들에 깊이 관여하고 그 안에서 열정을 경험할 수 있다면, 이로부터 에너지를 얻어 다른 일에 힘을 쏟을 수 있습니다."

피츠제럴드는 '조화'와 '일과 삶의 균형'을 구분한다. "'일과 삶의 균형'이라는 개념은 자녀를 돌보지 않는 아버지가 되어 직장에서 열심히 일하고, 이 달의 성공한 사업가가 되는 느낌을 줍니다. 저는 좀 다르게 생각합니다. 아이들과 즐거운 저녁을 보내고 나면 다음 날 더 나은 모습으로 출근합니다. 직장에 잘 출근하고 주말에 잘 들어가면 더 좋은 아버지가 되는 데 도움이 됩니다. 아내에게도 좀 더 나은 배우자가 됩니다. 하바네로에서도 더 나은 사람이 되고요. 이 열정이 다른 일을 하는 데 원동력이 됩니다. 제로섬 게임과는 정반대인 것 같아요." 이러한 통찰력은 그 무엇보다 중요하다. 정신적, 정서적, 신체적 건강을 돌보지 않으면 좋은 리더십을 유지할 수 없다. 이런 것들을 우선순위로 삼고 조화를 이루기 위해 시간을 쪼개는 것은 단지 있으면 좋은 일이 아니라 성공적 리더십의 필수조건이다. 스케줄이 회의와 다른 방해물로 가득 차기 전에 가족과 운동으로 채우는 것이다.

조화로운 커리어를 설계하는 것은 가장 작은 요소에서부터 시작한다. 매일, 매주를 체계화하면 좀 더 관리하기 쉬운 한 달과 일 년이 된다. 옐로우 펜슬의 스콧 볼드윈은 이렇게 말한다. 제 인생의 절반은 저와 저의 나날을 어떻게 계획하는지에 달려 있다고 생각합니다. 저는 업무를 계획할 때 좋은 시스템을 사용하는 편입니다. 제가 그 주에 무엇을 해야 하고, 무엇을 달성해야 하는지 알면 유리한 출발을 할 수 있죠. 이것은 '일을 끝내는 것과' 스티븐 코비Stephen Covey의 접근법을 섞은 일종의 방식이라고 생각합니다. 삶에서 우선순위인 좀 더 큰 일과 목표를 위한 공간을 만드는 것이죠. 코비*의 표현을 빌리자면, 이를 '돌'이라고 합니다."

스몰박스의 젭 배너는 이렇게 말한다. "저는 삶을 균형이 아니라 흐름으로 봅니다. 스트레스와 활동 등을 관리해야 하는 순간적인 차원의 균형은 존재하지만, 저에게 삶은 흐름에 관한 것입니다. 일과 삶이 서로에게 영양분을 공급하고, 양방향으로 긍정적인 에너지를 만들어내는 거죠. 앞으로도 이 두 가지가 분리될 것이라 생각하지는 않습니다." 마지막 말이 핵심이다. 현대의 디자인 리더나 리더십의 역할은 과거의 모습과는 다르다.

오후 5시에 퇴근하고 토요일 정오에는 절대 이메일을 받아본 적 없는 아버지 세대의 CEO는 이제 특이한 역사 수업에서나 등장할 것이다. 오늘날 리더들은 어디에 있든 일과 불가분하게 연결되어 있다. 스마트폰과 모바일 기기는 일과 휴식의 경계를 모호하게 한다. 배너가 지적한 '분리의 결여'는 모든 디자인 리더들이 매일 다뤄야 하는 문제다. 성공한 리더들은 일과 다른 모든 것 사이에 분명한 경계가 있는 척하는 대신, 모호함을 인정하고 통합을 받아들인다.

---

* 스티븐 R. 코비 박사, 소중한 것을 먼저 하라(First Things First). 코비가 반복해서 사용하는 비유를 잘 모르는 이들을 위해 설명을 덧붙이겠다. 어떤 사람이 영향력이 큰 과잉성취자 집단을 앞에 두고 서서 말했다. "좋아요, 퀴즈를 풀 시간입니다." 그런 다음 커다랗고 입구가 큰 유리병을 꺼내어 앞에 있는 탁자 위에 놓았다. 그는 주먹만 한 돌 열두 개를 꺼내 하나씩 조심스럽게 유리병에 넣었다. 유리병이 끝까지 차서 더 이상 돌이 들어가지 않자 그는 질문했다. "이 병은 가득 찬 걸까요?" 교실의 모든 사람들이 "네"라고 대답했다. 그는 "정말요?"라고 묻더니 탁자 밑으로 손을 뻗어 자갈이 든 바구니를 꺼냈다. 그런 다음 자갈을 쏟아 넣고 병을 흔들어서 자갈 조각들이 커다란 돌 사이의 공간으로 내려가도록 했다. 그러고는 미소를 지으며 사람들에게 다시 한번 물었다. "이 병은 가득 찬 걸까요?" 이쯤 되자 학생들은 그에게 넘어갔다. "아닌 것 같아요." 학생 중 한 명이 대답했다. "좋습니다!" 그가 대답했다. 그리고 탁자 아래에서 모래 바구니를 꺼냈다. 그는 모래를 쏟아 부었고, 모래는 커다란 돌과 자갈 사이의 남은 모든 공간으로 들어갔다. 그는 한 번 더 질문했다. "이 병은 가득 찬 걸까요?" 모든 학생들이 소리쳤다. "아니요!" 그는 다시 한번 말했다. "좋습니다!" 그러고는 물 한 병을 들고 유리병이 가득 찰 때까지 따르기 시작했다. 그런 다음 학생들을 쳐다보며 질문했다. "이 비유의 요점은 무엇일까요?"

## 운동의 중요성

운동은 거의 모든 리더들과의 대화에서 언급됐다. 운동의 중요성이나 운동 부족에 대한 안타까움이 주제였다. 우리 삶에서 운동이 차지하는 중요성에 대해 이 책에서 굳이 설명할 필요는 없을 것이다. 여기에서 말하고 싶은 것은 운동이 스트레스를 해소시켜준다고 믿는 디자인 리더들의 비율이 높다는 점이다. 그들이 선호하는 운동이 골프, 달리기, 사이클, 요가이든, 자주 통화를 하며 그냥 걷는 것이든 간에 리더들은 일상 속에 운동을 포함시키고 있었다. 어떤 사람에게는 의도적인 습관이었고, 칼로리를 태우며 사람들과 어울리는 기회이기도 했으며, 끊임없이 울리는 기기로부터 벗어나는 방편이 되기도 했다. 바쁜 일정을 소화하려면 계획한 모든 것과 그 이상을 해낼 에너지를 갖고 있어야 한다. 신체적 건강을 운에 맡기는 것은 리더들이 가장 필요로 할 때 에너지와 집중력을 소진해버리는 확실한 방법이다.

마르셀리노 알바레즈에게 어떻게 스마트폰의 끊임없는 유혹에서 벗어나 디지털 디톡스(디지털 기기 사용을 중단하고 휴식을 취하는 것)를 하는지 묻자 그는 이렇게 답했다. "저는 달리기를 좋아합니다. 일주일에 두세 번 뛰는 게 정말 도움이 돼요. 기기를 가져갈 필요가 없죠. 달리기를 할 때는 이메일을 읽을 수 없으니까요. 유산소 운동은 우리의 뇌세포가 문제에 대해 생각할 수 있도록 도와줍니다. 뛰면서 아이디어를 소화하면 정말 좋아요." 이와 같은 이유로 달리기는 몇몇 디자인 리더들 사이에서 인기가 있었다. 달리기, 하이킹, 사이클의 장점은 디자인 리더들이 지속적인 기기의 알림 때문에 방해받지 않고 문제에서 온전히 빠져나오거나 문제에 대해 심사숙고하게 해준다는 점이다. 일상에서 잠시 벗어날 기회를 주는 활동을 함으로써 그들은 종종, 때로는 무의식중에 일상적인 경쟁에서 빠져나와 명상에 잠기는 방법을 찾았다. 알바레즈는 일상에서 벗어나게 해주는 시간을 내는 것이 중요하다고 계속해서 말했다. "저는 사진 촬영도 좋아하고, 낚시도 좋아합니다. 기본적으로 밖으로 나와서 물과 태양을 즐길 수 있다면 어떤 것이든 좋습니다. 특히 여름에 이곳은 좋은 탈출구죠."

옐로우 펜슬의 UX 총괄자인 스콧 볼드윈은 이렇게 말한다. "저는 운동을 많이 합니다. 몇 년 동안 제 인생에 굉장히 중요한 부분이 되었죠. 일주일에 적어도 3~4일은 달리기를 하는 편입니다. 머리를 비우고 맑게 해주는 신체적인 운동은 이곳에서 일을 잘하는 데 있어 매우 중요합니다." 밴쿠버에 기반을 둔 볼드윈은 스트레스를 방지하는 데 루틴이 얼마나 중요한지 설명한다. "이제 운동은 의례적인 일이 되었습니다. 마치 아내가 여행을 가면 저도 여행을 가야 하는 것처럼, 밀물과 썰물 같은 거죠." 열기를 자주 식히거나 혈액순환이 잘되게 하는 방법을 찾는 것은 인터뷰에서 나오는 공통적인 내용이었다. 배터리를 충전할 방법이 없다면 리더는 집중력을 유지하기 어렵다.

스몰박스의 젭 배너는 이렇게 말한다. "저는 요가와 명상을 합니다. 좀 더 많이 해야 하죠. 보통 일주일에 두세 번 다른 운동과 같이 합니다. 날씨가 좋을 때는 산책을 자주 합니다. 집에는 제가 사용하는 일립티컬 기구가 있어요." 마당 세일<sup>yard sale</sup>(개인 주택의 마당에서 사용하던 물건을 파는 것)을 한다면 배너는 집에서 일립티컬 기구를 실제로 사용하는 유일한 사람일지도 모른다. 데브브릿지의 오리마스 아도마비치우스<sup>Aurimas Adomavicius</sup>에게 인생에서 조화와 균형을 찾는 방법을 물었을 때, 그는 조금도 주저하지 않았다. "그냥 약을 많이 하면 되죠." 그런 다음 키득거리며 그냥 해본 소리라고 하더니 이렇게 말했다. "운동이 굉장히 중요하다는 사실을 알게 되었습니다. 특히 달리기는 스트레스 정도를 관리하는 데 굉장히 중요해요." 이런 일화를 많이 듣고 나니, 디자인 리더의 62퍼센트가 스트레스를 해소하는 주요 방법으로 운동을 한다고 보고한 것이 놀랍지 않았다.

운동의 생리학적 보상은 잘 알려져 있다. 우리는 모두 운동의 이점을 알고 있지만 이런 유익한 습관을 들이기 어려워하는 경우가 많다. 바쁜 일정 속에서도 신체적 운동을 빼먹지 않기 위해 디자인 리더들은 종종 내적 동기와 외적 동기를 동원한다. 댄 몰은 웃으며 이렇게 말했다. "제 아내가 개인 트레이너라서 저에게 운동을 시켜요. 그래서 가능한 한 자주 같이 라켓볼을 하려고 합니다. 아내가 라켓볼을 정말 좋아하거든요. 최근에 저도 라켓볼에 재미를 들였어요." 올바른 방향으로 이끌어줄 파트너, 배우자, 친구를 두는 것은 우리가 만난 거의 모든 디자인 리더들에게 필요한 부분이었다. 운동을 하루의 일과로 만드는 또 한 가지 방법은 이미 전념하고 있는 것과 운동을 연결하는 것이다. 패스트스팟의 낸시 라이언스는 이렇게 말한다. "저는 걷기나 천천히 걷기를 좋아합니다. 수 마일도 걸을 수 있죠. 달리기를 하거나 자전거를 타진 않지만 자주 걸어 다녀요. 워킹 미팅walking meeting이 있고, 전화할 때도 주변을 걸어 다닙니다. 작업실에 걸어서 가려고 노력하고 퇴근 후에도 걸어서 오죠. 모든 집이 잠에 드는 늦은 밤에도 걷습니다."

워킹 미팅과 스탠딩 데스크는 디자인 리더들이 흔히 사용하는 전략이었다. 걷기나 다른 형태의 운동을 기업문화의 일부로 만들면 일상적인 활동에 포함시킬 수 있다. 몰은 이렇게 말한다. "저는 농구를 좋아해서 가끔 친구들과 3 대 3 농구 경기를 합니다. 최대한 자주 그러려고 하죠. 그런 식으로 엔도르핀을 방출하면 정말 좋습니다." 운동과 건강한 생활을 우선시하지 않는다면 리더십에서 성공을 거두기가 더 어려울 것이라는 말은 아마도 과장이 아닐 것이다. 건강한 활동을 위해 시간을 내는 것은 언제나 우선순위가 되어야 한다. 몇 주 전부터 미리 시간을 만들지 않는다면 분명히 그 시간은 다른 무엇인가로 채워질 것이다. 기반을 잘 세워야 한다.

## 일만 하고 휴식하지 않기

모든 디자인 리더가 땀을 흘려 스트레스를 해소하는 것은 아니다. 인터뷰했던 리더들 중 적어도 4분의 1 정도는 이상적인 스트레스 해소법으로 자주 휴가를 떠나는 것을 선호했으며, 또 다른 4분의 1은 힘든 날이면 술집에 간다고 답했다. 술집에서는 주로 친구들과 시간을 보냈다. 운동 다음으로 가장 많이 언급된 스트레스 해소법은 친구들과 보내는 시간과 휴가였다. 일과 휴식 사이의 이러한 균형은 리더마다 다른 모습을 보였다. 일부는 매일 또는 매주 스트레스를 풀려고 하는 반면, 어떤 이들은 완전히 번아웃이 올 때까지 미룬다. 데브브릿지의 아도마비치우스는 이렇게 말한다. "저는 성공하려면 일을 많이 해야 한다고 생각합니다. 하루에 8시간만 일하는 것으로는 충분하지 않다고 생각해요." 그는 균형을 찾는 방법으로 매우 극단적이나 개인적으로 효과적이었던 전략을 설명했다. "저는 바빠지고 어느 정도 번아웃이 올 때까지 일하는 것 같아요. 그러고 나서 오래 휴식을 취하죠. 사인 그래프처럼 생긴 업무 곡선이 있다고 생각하거든요. 이게 무슨 의미인가 하면, 개인이 단기적으로 집중력이 극도로 높아지는 구간이 있고 그런 집중력을 얻으면 굉장히 효율이 좋아집니다. 하지만 하루에 엄청난 집중력으로 높은 효율을 보일 수 있는 시간은 12시간 내지 14시간에 불과하기 때문에 그런 다음에는 긴장을 풀고 휴식을 취해야 합니다." 이 접근법은 극단적이지만 생각보다 보기 드문 방식은 아니었다. 몇 개월 동안 한번에 집중적으로 일한 다음 재충전을 위해 완전히 일에서 손을 떼는 방식은 인터뷰에서 여러 번 언급되었다. 더워킹그룹의 도미니크 보르톨루시는 몇 년간 집중적으로 일한 뒤 긴 안식 휴가를 얻었다. "환상적이었어요. 적어도 4개월은 쉴 것을 권해요. 처음에는 3개월로 시작했는데 분명 더 시간이 필요할 것 같아서 4개월로 늘렸습니다." 보르톨루시는 사무실과 완전히 단절된 채로 많은 시간을 보냈다. 몇 건의 체크인 전화를 제외하고는, 기기와 완전히 '단절'했다. 안식 휴가 동안 그는 토론토에서 LA로 오토바이 라이딩을 하고, 발리에서 서핑과 음악 연주를 하고, 태국에서 명상을 공부하고, 인도에서는 요가를 배웠다.

아도마비치우스는 이렇게 말했다. "저는 이렇게 전력질주를 한 다음에 실컷 쉬는 방식을 선호합니다. 여행을 떠나거나 일에 그다지 구속받지 않는 상태에서 긴장을 풀고 무언가를 하면서 휴식 시간을 보냅니다. 이렇게 한번에 집중해서 일할 때, 제가 훨씬 더 창의적이고 생산적이라는 것을 알게 되었습니다. '오, 4~6개월 동안 하루에 정해진 시간만큼 일했군.' 하고 휴가를 가는 표준화된 업무 수준에서 일할 때에 비해서 말이죠. 자신의 특정 스타일에 맞는 리듬을 찾는 것이 이상적이다. 앞서 언급했듯이, 똑같은 리더는 없다. 디자인 리더들은 일에 몰두하고 필요할 때 재충전하는 자신만의 패턴을 찾아야 한다. 마르셀리노 알바레즈는 이렇게 말한다. "제가 동기화되는 어떤 자연적인 리듬이 있다고 생각해요. 그저 제가 속해 있는 단계를 감지할 수만 있으면 되는 거죠. 만약제가 지쳐있고, 전처럼 집중하거나 창의적이지 못하다는 사실을 알게되면 조금 뒤로 물러나 저 자신에게 시간을 주면 됩니다. 다시 집중력이 최고조에 달하면 제대로 파고들어서 많은 시간 일하고 주말에도 근무합니다. 그렇게 가장 몰입하고 고조되는 시기에 최고의 결과를 만들어낸다는 걸 알고 있으니까요. 이것이 저의 사고방식입니다."

아도마비치우스와 다른 이들은 문제를 직면하고 더욱 열심히 일할 때 스트레스가 줄어든다고 생각한다. 벨리어의 CEO 데이브 발리에르 Dave Valliere는 이렇게 말한다. "저는 회사를 다니는 것과 성장하는 것이 정말 즐거워요. 물론 극도의 스트레스를 받을 때도 분명히 있죠. 새로운 고객 온보딩이나, 새로운 프로젝트, 고객과 일하면서 겪는 몇몇 문제들, 아니면 내부 직원과의 문제라든지, 이전에 언급했던 성장통 같은 문제들 말이에요. 이렇게 스트레스를 받으면 저는 일을 더 많이 합니다. 말도 안 되는 것 같아 보이지만 업무에 집중하는 데 더 많은 시간을 쏟고, 문제에 더 많은 주의를 기울일수록 스트레스가 줄어드는 것 같아요. 일터에 있는 것보다 일터를 떠나 있을 때 더 불안감을 느끼는 사람들이 많을 거라고 생각해요. 조직 내에서 일어나는 일과는 무관하게요. 마주한 일에 일에 더 적극적으로 관여할 때 불안감이 줄어든다는 것을 지난 몇 년간 확실히 느꼈어요. 물론 아내는 저의 이런 면을 싫어해요. 휴가를 가서도 이메일을 보내고 응답을 해주니까요. 하지만 이렇게 하지 않으면 더 불안해질 거예요."

디자인 리더들은 업무에 계속 연결되고자 하는 열망을 팀에 대한 책임감 탓으로 돌리는 경우가 많다. 발리에르는 이렇게 말했다. "직원들에 대해 책임감을 느끼기 때문에 문제 해결에 더 많은 시간을 쏟으려고 하는 것 같아요. 우리가 다루는 특정 상황에 대해 다양한 각도에서 생각할 수 있어야 하죠. 일과 단절된다면 아마 더 불안함을 느낄 것 같습니다. 그래서 업무에 더 관여하는 것이 실제로 저를 더 편안하게 해줍니다." 당신의 스타일이 한 걸음 물러나는 것이든 더 깊이 파고드는 것이든, 여기서 얻을 수 있는 통찰은 모든 리더는 각자의 리듬을 찾아야 한다는 것이다. 자신의 패턴을 읽을 줄 알면 스트레스를 통제할 힘이 생긴다. 이러한 통찰력을 각자의 해결책과 결합하면 창의적이고 활력이 넘치는 상태를 유지할 수 있다.

## 조화로운 미래를 위한 계획

디자인은 일상 업무를 위한 솔루션에 그치지 않는다. 디자인은 리더들이 자신의 삶을 만들어 나가는 방법에 대한 솔루션이기도 하다. 어느 솔루션을 디자인하든 피할 수 없는 부분은 테스트 단계다. 솔루션을 머릿속에 떠올리는 것과 그 솔루션을 냉엄한 현실에서 시험하는 것은 또 다른 문제다. 댄 몰은 이렇게 말한다. "슈퍼프렌들리를 처음 시작했을 때, 재택근무를 하면서 저는 스케줄을 엄격하게 통제해야겠다고 생각했습니다. 9시부터 5시까지 일하고, 9시에 딱 맞춰 일을 시작하고 5시에 딱 맞춰 끝내야겠다고 생각했죠. 그것은 저에게 통하지 않았습니다. 업무는 안팎으로 출혈했습니다. 아이들은 아래로 내려와 놀고 싶어 했고, 저는 근무시간이고 일을 끝내야 했기 때문에 아이들에게 화를 내곤 했어요."

"그래서 지금은 이와 반대로 합니다. 하루에 오랜 시간 일하는데, 그 사이에 긴 휴식시간을 두죠. 오전 5시에 일어나 매일 아침 5시부터 7시까지 일합니다. 조용하고, 저에게 있어 가장 생산적인 시간이거든요. 일어나서 어느 정도 정신이 맑아지면 하루에 대해 생각하기 시작합니다. 그리고 7시부터 10시까지는 아이들과 아침을 먹고, 학교에 데려다 주고, 아내와 시간을 보냅니다. 10시~10시 반쯤 일을 시작해서 아이들이 집에 오는 3~4시까지 일합니다. 그리고 아래층으로 내려와 아이들과 1시간 정도 놀다가 7~8시까지 일합니다. 엄밀히 따지면 오전 5시부터 오후 8시까지 일하는 거죠. 정말 긴 하루 일과지만 중간중간에 긴 휴식 시간을 여러 번 갖기 때문에 엄격한 스케줄에 맞춰 일할 때보다 균형을 더 잘 잡을 수 있었습니다. 그래서 최근에 이런 방식이 저에게 효과적이라는 것을 알게 됐습니다." 모든 계획된 솔루션이 복잡한 라이프스타일 실험일 필요는 없다. 가끔은 좀 더 추진력을 갖고 해야 할 일 목록을 처리해 나가는 것이면 충분하다. 옐로우 펜슬의 스콧 볼드윈은 이렇게 제안한다. "일을 미미한 개선이나 소량씩 점점 커지는 조각이라고 생각해 보세요. 저는 이번 주에 해야 할 3~5가지 일에 집중하는 편입니다. 어떻게 하면 다른 사람들을 그 일에 참여시킬 수 있을지 생각하죠. 다음 주 일정과 회의에 관해 생각해두기 위해 다음 주가 아닌 오늘부터 미리 많은 계획을 세웁니다." 볼드윈의 접근법은 목록에서 가장 중요한 항목에 초점을 맞추는 것이다. 그는 도움을 받을 방법을 찾고, 필요한 경우에는 위임하는 방식으로 이를 지원한다. "저는 스스로에게 이런 질문을 합니다. '이 일을 진전시키기 위해 이번 주에 해야 하는 일은 무엇인가?' 이렇게 하면 시간이 지남에 따라 점점 향상되는 듯한 느낌이 자신감을 심어 줍니다. 커다란 목표나 목적을 가진 사람들은 도대체 그 일을 어떻게 해낼지 의문을 가지고 겁을 먹기 시작합니다. 작은 부분으로 나누면 그렇게 무섭지 않아요. 이렇게 질문하는 거죠. '이번 주에는 이 제안서를 작성하는 게 어떨까?' 그러고 나면 다음 주에는 해당 고객과 이야기하러 갈 수도 있습니다. 그리고 2주 뒤에는 해당 업무를 맡게 될지도 모르죠. 시간이 지날수록 점진적으로 큰 목표에 도달할 수 있습니다." 이 전략은 특별하지는 않지만 단순하다고 해서 효과가 없는 것은 아니다. 목표를 세분화하면 다가올 흥미로운 도전에 대한 동기가 약화되지 않으면서도 목표를 달성하고 관리할 수 있게 된다. 어떤 전략이든, 전략을 갖는 것은 마음에 평안을 준다. 볼드윈은 미소를 지으며 덧붙였다. "저는 항상 계획이 없거나 닥쳐서 하는 사람이었는데, 계획이라는 것은 단지 분명한 생각을 가지고 적절한 시기에 명확한 행동을 취하는 것이라는 생각이 듭니다."

## 규칙과 루틴

그로스 스파크Growth Spark의 CEO 로스 비엘러Ross Beyeler는 이렇게 말했다. "저는 일할 때와 그렇지 않을 때를 매우 엄격하게 관리해왔습니다. 모든 규칙에는 예외가 있지만, 대부분의 경우 저는 오전 10시 이전에는 일을 시작하지 않고, 퇴근하면 이메일을 꺼둡니다. 사무실을 나가면 이메일을 확인하지 않고 다음 날 오전 10시까지 열어보지 않습니다. 금요일 오후 5시에 일이 끝나자마자 주말에는 완전히 일과 관련된 연락을 끊습니다." 우리가 관찰한 바로는, 이런 규칙이 드물지는 않지만 좀 더 성숙한 리더에게서 보이는 특징이었다. 우리가 대화를 나눈 모든 이들이 일과 나머지 삶 사이에 칼같이 선을 긋지는 않았다. 어느 정도 업무와 연결되어 있기를 선호하는 일부 디자인 리더는 가끔 며칠씩 전화기를 끄거나 이메일을 무시하는 것이 쉽지 않을지도 모른다. 많은 디자인 리더들에게는, 일과 삶을 정교분리政教分離처럼 나누는 것보다 서로의 측면이 잘 통합되는 중간 지점이 있다.

경계를 원한다면 업무를 위한 시간과 공간을 정하고 이를 주변 사람들에게 명확하게 전달해야 한다. 그렇지 않으면 고객이나 직원은 단순히 당신이 시간이 된다고 간주할 것이다. 이는 배우자나 연인, 가족에게도 해당된다. 시카고에 위치한 팔란티어의 공동대표 티파니 패리스는 이렇게 말했다. "이제는 너무 오래 해 와서 거의 일상적인 일이 되었습니다. 그리고 균형이 다른 일을 위해 따로 시간을 만드는 것이 아니라는 걸 깨닫게 되었죠." 남편인 조지 드멧<sup>George DeMet</sup>과 함께 35인으로 구성된 기업을 운영하는 패리스는 균형을 잡는 것이 자녀나 개인적 관계를 해치지 않는 방식으로 일을 통합하는 것이라고 생각한다. "시급한 문제가 아닌 한, 일 얘기를 금지하는 시간이 있습니다. 예를 들어, 저녁식사 시간이 있죠. 식탁에서는 핸드폰을 쓰지 않고 밤 9시 이후에는 일 얘기를 일절 하지 않습니다. 주말에도 자제하려고 하는데, 만약 이야기해야 한다면 상대가 같은 장소에 있지 않을 수도 있다는 점을 존중합니다. 그래서 제가 하고 있는 일이나 해결해야 하는 굉장히 신경 쓰이는 일이 있다면… 그리고 남편의 도움이 필요한데 정규 근무 시간이 아니라면, 그에게 도와줄 수 있는지, 그리고 언제 시간이 되는지를 물어봅니다. 다른 동료에게 하는 것과 마찬가지로 남편의 개인적인 시간도 존중해주어야 합니다."

패리스의 통찰력은 사무실 밖까지 파트너십이 이어지는 리더들에게 좋은 지침이 된다. 배우자가 업무 파트너일 경우에도 다른 사람과 똑같이 대해주어야 한다. 상대방이 퇴근 후에도 일에 대해 이야기하기를 원한다고 가정하는 것은 다른 사람의 시간을 존중하지 않는 것이다. 일 이야기를 언제, 어디에서 하는 것이 괜찮을지 논의하면 모두에게 건전한 방식으로 경계가 설정된다. 이 방식은 공동경영자와 직원에게도 적용된다. 근무시간 이후나 주말 중 언제 시간이 되는지 알려주면 상대방이 질문이나 업데이트로 당신을 귀찮게 할 수 있는 때를 파악하는 데 도움이 된다. 이용 가능한 기술을 활용하는 것도 도움이 된다. 캘린더나 부재중 응답은 사람들에게 자리를 비울 때를 알려준다. 나는 가족과 보내는 시간과 운동 시간을 캘린더에 예약해서 팀원들이 본의 아니게 그 시간에 회의를 잡지 않도록 한다. 경계를 명확히 설정하면 주변 사람들에게 도움이 되며 당신이 언제 시간이 되고, 되지 않는지에 대한 명확한 지침을 제공한다.

## 새로운 기술 습득

조화를 찾는 것은 종종 기술을 발전시키는 것을 의미한다. 디자인 리더들과 나눈 대화에는 리더로서 성장하기 위한 개인적인 접근법을 묻는 질문이 거의 항상 포함되었다. 리더로서의 성장이 마주해온 도전과제의 결과인 경우가 많다는 사실을 우리는 이미 경험으로 알고 있었다. 이러한 외부적인 영향은 분명 일관되게 나타나지 않는다. 파도처럼 다가온다.

우리는 그들이 리더로서 발전하는 데 도움이 되는 이러한 우여곡절을 겪는 동안 어떤 생각을 하고, 무엇을 하는지 알고 싶었다. 슈퍼프렌들리의 댄 몰은 이렇게 말한다. "저는 매우 계산된 위험을 감수합니다. 저에게 가장 부족한 능력은 용기인 것 같아요. 저는 항상 아무런 영향을 미치지 않는 위험만 감수했기 때문에 외부적인 영향은 저에게 정말 힘든 일이었습니다. 한 번도 제가 알지 못했던 위험을 감수해본 적이 없습니다. 생각대로 진행되지 않는 것이라면 절대 위험을 무릅쓴 적이 없죠. 그래서 이런 부분에 대해 더 노력하고 분명히 더 많은 것을 배울 수 있다고 생각합니다. 저는 배우고자 하는 사람들과 일하기를 좋아합니다. 자신이 하는 일에 능숙한 사람들을 고용하지만 이들이 프로젝트에 참여할 때 무언가를 배울 것이라고 생각하거나 기대하지 않고, 그저 '그냥 일하고 나가야지' 정도로 생각한다면 흥미롭지 않습니다. 일을 잘하는 사람들이 모인 프로젝트가 좋은 결과를 낳는다고 생각하지만, 우리가 함께 무엇인가를 배우지 않는다면 흥미가 가지 않습니다. 제가 가장 함께 일하고 싶은 사람은 우리가 할 일을 어떻게 해야 하는지 전혀 모르더라도 과정 속에서 알아가는 사람입니다. 저는 이런 사람들에게 매우 끌립니다. 들어와서 이렇게 말하는 사람들이 있죠. '이 일을 어떻게 해야 할지 모르겠지만, 저의 학습 능력에 매우 자신 있고, 일이 끝날 때쯤 저는 전문가가 될 겁니다.' 저는 이런 사람들에게 매력을 느낍니다."

어떤 리더는 시행착오를 통해 배우는 반면, 어떤 리더는 다른 이들의 말을 듣거나 지켜보면서 배운다. 최고의 리더는 이 두 가지 접근법에서 균형을 찾는다. 우리는 이 책에서 지식의 근원을 찾고자 했다. 두 가지 접근법 모두 결과를 가져오지만, 후자가 더 빠른 결과를 얻을 수 있다. 주의할 점은 리더가 자신의 강점과 약점이 무엇인지 알아야 어떤 격차를 좁힐지 알 수 있다는 것이다. 자신에게 아무런 강점이 없는 기술에 대해 멘토로부터 조언을 듣는 것은 시간 낭비일지도 모른다. 집중해야 할 기술을 파악하면 솔루션과 통찰력 있는 아이디어를 찾는 데 전력할 수 있다. 더워킹그룹의 도미니크 보르톨루시는 이렇게 말했다. "저에게는 위임이 솔루션 중 하나였습니다. 제가 잘하지 못하는 분야에서 파트너들이 온전한 리더가 되기를 기대하는 것이죠. 또 다른 해법은 제가 무엇을 잘하는지 발견하는 것이었습니다. 제가 어떤 유형의 리더인지 아는 것이죠. 지식인이나 멘토들과 대화하고 책을 읽으면서, 그리고 연습을 통해 이런 기술을 발전시켰습니다. 매주 한 시간 정도, 보통은 금요일에 시간을 내어 글을 쓰고, 변화를 어떻게 지속해 나가고 싶은지 생각합니다. 시간을 따로 내는 것이 중요했습니다."

## 소프트 스킬에는 큰 장점이 있다

디자인 리더들이 가장 중요하다고 생각하는 대부분의 기술은 측정하기가 매우 어렵고, 아마 습득하기도 매우 어려울 것이다. 젭 배너는 이렇게 말한다. "공감 말고요? 물론 집중력이죠. 가장 중요한 것이 무엇인지 언제든지 말할 수 있는 능력이요. 가끔은 제가 본론에서 벗어나기도 하는데, 그 이유 중 하나는 새로운 프로젝트를 너무 자주 시작하기 때문입니다. 저는 제가 관여하고 있는 비영리 단체, 관련된 사업들, 훨씬 더 나중에 하게 될 일들에 대한 아이디어로 정신이 분산되어 있습니다. 자연스럽게 집중력이 떨어지기 때문에 사고를 중심으로 좀 더 구조화하고 칸막이를 더 칠 수 있는 방법을 찾아야 할 것 같아요. 그중 하나가 올해는 좀 더 아날로그적이 되어서 스크린 타임(스마트폰, 컴퓨터, 텔레비전과 같은 장치를 사용하는 시간)을 줄이기 위해 노력하는 겁니다. 스크린 타임이 많으면 생각할 때나 행동할 때 주의력이 결핍되니까요." 행동을 바꾸고 변화가 필요하다는 사실을 인정하는 것은 성숙한 리더십의 분명한 신호다. 사용자경험 연구를 통해 우리는 행동의 변화가 책임감과 연결될 때 가장 효과적이라는 사실을 알게 되었다. 이 또한 우리가 만난 보다 성숙한 리더들에게서 나타나는 신호였다. "저는 좀 더 책임감이 필요해요. 보다 책임감 있는 사람이 되어야 하죠. 제 목표와 임무를 더 많은 이들에게 전달해서 그들이 저에게 와서 '이봐요, 지금 한참 길에서 벗어났는데요'라고 말할 수 있게 해야 합니다."

빈스 르베키아는 활짝 웃으며 말했다. "오래전에 깨달았습니다만, 어제는 누군가에게 이렇게 말했어요. 제가 하는 결정과 행동이 이번 주에 약 15명의 인생에 영향을 줄 거라고요. 고용, 승진 등 그들의 삶을 완전히 바꿔 놓죠. 어떻게 된 일인지 정말 모르겠습니다. 우리는 단지 좋은 사람들과 좋은 에이전시를 만들자는 생각을 바탕으로 해왔을 뿐입니다. 제 일은 좋은 회사를 만드는 것입니다. 저스틴과 JD는 작업을 훌륭하게 해냅니다. 그래서 제가 좋은 사람들을 찾을 수 있고, 이들이 일을 잘 해 낸다면 우리는 계속해서 성장하고 좋은 환경에서 살아갈 수 있습니다. 우리는 이런 방식으로 일해왔고, 조금씩 조금씩 일해 나가면서 그 과정에서 결정을 내렸습니다."

## 성장하는 리더에 의해 성장하는 기업

리더는 외부와 단절된 채로 진화하지 않는다. 리더의 성장은 그들이 운영하는 집단과 연결되어 있다. 인스트루먼트의 빈스 르베키아는 기업의 성장과 그에 따른 개인적인 어려움에 대한 익숙한 이야기를 들려주었다. 하나가 성장하면, 다른 것도 성장한다. "직원이 4명일 때, 전 이런 생각을 했어요. '와, 8명이 되면 어떨까?' 그리고 12명일 때는 이랬죠. '40명이 되는 일은 절대 없을 거야.' 그리고 40명이 되었을 때에는 '이런! 너무 많은걸. 40명이 넘는 사업체를 운영할 수 있을지 모르겠군' 하고 생각했죠. 우리는 정말 몰랐어요. 그러다가 갑자기 직원이 80명이 되었죠. 심지어 그때도 저는 사람들에게 이렇게 말했습니다. '이봐요, 전 이런 일은 처음 겪어 봐요. 우리가 할 수 있는 최선을 다하고 있습니다.' 그리고 잘 해냈죠. 네, 그냥 그렇게 됐습니다. 그런데 정말 우리가 찾은 인재들 덕분이라고 생각해요. 우리보다는 그들이 더 많은 기여를 했다고 생각합니다."

디자인 리더가 되기 위한 여정에 있어 또 배워야 할 게 무엇인지 묻자 사라 테슬라는 크게 미소 지으며 이렇게 답했다. "아, 너무나 많죠. 리더십은 언제나 진행형이라고 생각합니다. 책임질 사람들이 많아질수록 추진력을 갖고 더 많은 사람들을 끌어들여야 하죠. 그들을 뒤에서 지지해주는 비전이 무엇인지, 그리고 어떻게 이끌 것인지 알아내는 것 자체가 매일매일의 도전과제입니다. 나는 행동하는 리더인가 아니면 너무 방관하고 있는가, 항상 그 사이에서 균형을 잘 잡으려고 노력하죠." 나설 때와 물러날 때를 판단하는 것은 리더에게 어려운 결정일 수 있다. 둘 사이에서 균형을 잡는 것은 우리 모두가 찾기 위해 애쓰는 완벽한 마법의 나라다. 테슬라는 자신의 성장이 어떤 직원을 합류시킬지에 대한 선택과도 깊이 연관되어 있다고 느낀다. 그녀는 스튜디오에서 직원들의 균형을 잘 유지하는 것이 자신의 리더십 성숙도와 리더로서의 성장에 대해 많은 것을 말해준다고 굳게 믿는다. "직원들의 균형이 잘 잡혀 있습니다. 우리 팀은 굉장히 신중하게 선별되었습니다. 이상하게 들리지 않게 표현하자면, 그저 저는 팀의 정체성을 지키려고 하는 것 같아요." 자신의 회사와 팀이 개인의 성장을 반영한다고 보는 관점은 여러 리더에게서 발견되는 특징이었다. 이들은 자신을 둘러싸고 있는 세계를 그들의 내면에서 일어나는 일을 비춰주는 거울로 인식한다.

리더들은 우연히 리더가 된 것이 아니다. 그들은 모두 앞장서서 이끌고자 하는 열망을 갖고 있다. 리더십에 이르는 길이 항상 직행이거나 예상된 경로는 아닐지 몰라도, 모든 리더는 이제 자신이 리더 역할을 해야 한다는 사실을 이해한다. 기회가 주어진다면 리더들은 자신에게 어떤 조언을 할까? 우리는 그들의 경험이 다른 리더들에게 어떤 정보를 줄 수 있는지에 관심이 있었다. 더 많은 지식, 통찰력, 자신감을 갖춘 리더들은 젊고 경험이 적은 리더들이 더 나은 선택을 하도록 도울 수 있다. 슈퍼프렌들리의 댄 몰은 이렇게 말한다. "저는 지금 제 삶에 만족하기 때문에 많은 것을 바꾸고 싶지는 않아요. 하지만 좀 더 강해지기 위해 제가 했던 몇 가지 일들을 권장하고 싶습니다. 저는 항상 업무기술서와 작업 매뉴얼 등을 읽는 걸 좋아하는 이상한 직원이었습니다. 아마도 그런 일을 더 많이 하라고 저 자신에게 조언할 것 같아요. 그러지 않았다면, 그리고 그런 것들을 하게끔 장려해주고 허용해준 상사들이 없었다면 저는 기업을 운영할 수 없었을 겁니다. 다른 사람들의 실수와 실패를 통해 배울 수 있었던 것은 정말 행운이었습니다. 저는 그런 것들을 관찰하고 실천하는 것을 좋아합니다. 그래서 젊은 날의 저에게 이렇게 말해주고 싶어요. '할 수 있는 한 많이 해보고 그것들을 완전히 흡수하도록 해. 기업을 운영하는 데 좋은 훈련이니까.'"

## 마지막 메시지

사라 테슬라가 지적했듯이, 리더십은 진행형이다. 리더에게 있어 개인적 성장은 팀의 성장과 별개가 아니다. 그들의 성장은 그들이 구축하고 양성하는 조직에 반영된다. 그렇게 만들어진 조직은 그곳에서 일하는 사람들의 성장에도 영향을 미친다. 모두 연결되어 있다. 스티븐 피츠제럴드는 이렇게 말한다. "그게 제 철학의 전부입니다. 하바네로의 가치관 중 하나죠. 우리는 직원들의 삶의 역학을 존중하고, 그들의 삶에서 일어나는 다른 일들을 존중하면서 일과도 화합을 이룰 수 있는 조직을 구축하고자 합니다." 이러한 리더에게는 그들의 태도가 성장으로 연결되는 선순환이 있다. 리더들이 성장하고 배우는 데 도움이 되는 도전을 추구할수록 그들의 팀 또한 더 많은 도전을 하게 된다.

- 리더라면 당신의 주요 고객은 당신의 팀이다.

- 개인적, 직업적 목적이 있으면 성장전략에 초점과 명료성이 생긴다.

- 리더는 주의가 분산되지 않도록 사람과 프로세스에 투자한다.

- 성장분야에 통찰력을 제공하는 조언자와 멘토를 주변에 두어라.

- 대부분의 리더는 협상, 프레젠테이션, 갈등 해결과 같은 소프트 스킬을 지속적으로 개발해야 한다.

- 일할 수 없는 시간을 팀과 소통하여 개인 시간 및 가족과 보내는 시간을 확보하라. 캘린더를 사용하여 이 시간을 미리 예약해두라.

- 디자인 전략을 활용하여 이상적인 삶을 설계하라. 매일, 매주, 매월, 매년을 계획하면 시간을 놀라울 정도로 제어할 수 있다.

- 운동은 스트레스를 줄여주고 바쁜 스케줄을 위해 체력을 비축할 수 있는 주요한 방법이다. 걷기, 달리기, 사이클, 요가가 가장 인기 있는 운동이다.

- 리더들은 친구나 가족과 시간을 보내기 위해 특별히 시간을 내는 것을 조화로운 삶의 중요한 부분으로 여긴다.

- 업무 파트너십은 화합이나 스트레스의 원천이 될 수 있다. 자신의 강점과 약점을 보완해주는 파트너를 찾아서 균형을 잡아라.

- 삶에는 파도처럼 기복이 있다. 일이 바쁠 때를 대비해서 덜 바쁜 때에 재충전하라.

───────────────────────────────────

# 5

# 불확실한 미래를 전략적으로 계획하는 법

디자인 스튜디오나 팀을 운영하는 것이 점점 더 어려워지고 있다. 빠르게 변화하는 테크 트렌드는 리더에게 기민함과 유연성을 요구한다. 시시각각 변하는 미래를 계획하려면 전략적이고 전술적인 리더십 기술이 필요하다. 이 장에서는 디자인 리더들이 현재의 요구를 지속적으로 충족시키면서도 미래에 대한 계획을 세워 나가는 방법을 설명한다.

# 서론

디자이너, 특히 디지털 디자이너는 최첨단 기술을 활용하여 작업하는 경우가 많다. 이는 흥미로운 일이 될 수도, 힘든 일이 될 수도 있다. 어떤 기술이 시장의 수요를 타고 살아남을지, 어떤 기술이 그저 지나가는 유행에 그칠지 파악하는 것은 매일 조사를 수행하는 일처럼 느껴질 수도 있다. 나중에 어떤 일을 하고 싶은지 열 살인 아들에게 묻자 이런 대답이 돌아왔다. "그걸 어떻게 알아요? 제가 하게 될 일은 아직 만들어지지도 않은걸요." 우리는 가까운 미래조차도 모호해 보일 정도로 급변하는 시대에 살고 있다. 불확실한 미래를 계획하는 방법을 아는 것은 디자인 리더의 가장 어려운 전략 과제일 것이다. 리더들이 신경 써야 할 것은 외력뿐만이 아니다. 회사 전체 또한 리더가 앞으로 나아갈 길을 제시해 주기를 기대하고 있다.

미래의 불확실성을 고려할 때, 많은 디자인 리더에게 계획을 수립하는 일은 벅차 보인다. 노련한 디자이너이자 리더인 그로멧의 CEO 줄스 피에리는 계획에 대해 이렇게 말한다. "오늘날 이 업계에서 '아, 이번 주는 계획을 세우는 주입니다'라거나 '이번 회의는 계획을 수립하는 회의입니다'처럼 계획 수립이 간단하게 되는 것이 아닙니다. 매년 초에 한 걸음 물러나서 CEO 서신이라는 것을 작성해야 합니다. 저는 전년도에 배웠던 가장 중요한 교훈과 다가올 연도의 상위목표를 반영합니다. 아마도 이때가 전적으로 이런 생각을 할 수 있는 유일하게 공식적인 시간일 거예요. 하지만 1년 중 나머지는 외부 세계와 비즈니스 내부의 세계를 연결하는 것이 주된 일입니다. 투자자 중 한 분은 저에게 이렇게 말했습니다. '줄스, 당신의 일은 밖으로 나가 현장을 흡수하는 겁니다. 그렇게 해야 합니다. 다른 사람은 할 수 없는 일이죠.' 그 말은 일종의 해방감을 주었어요… 왜냐하면 그가 이런 말을 일이 많은 운영단계에서 했거든요… 예전이라면 하지 않았을 일들을 할 수 있는 허가를 준 것이지요. 디자인 리더는 이런 일을 할 시간이 없다고 느낄지도 모르지만, 이건 리더들의 임무입니다." 일상의 업무에서 빠져나와 바깥세상에 집중하는 것은 리더에게 꼭 필요한 일이다. 이런 말도 있지 않은가. 리더의 역할은 비즈니스 내에 있는 것이 아니라 비즈니스 자체에 대한 것이다.

나는 개인적 삶과 직업적 삶 모두를 계획하기를 좋아한다. 그것은 단순히 새해 다짐 몇 개를 쓰는 것에서 나아가 삶의 각 측면에 대해 상세한 계획을 세우는 과정으로 발전했다. 내가 가장 좋아하는 계획수립 요령은 내 계획을 많은 동료 앞에서 발표한다고 가정해 보는 것이다. 이렇게 하면 나와 비슷한 입장에 있는 다른 사람들이 의문을 가질 만한 요소들에 대해 생각해 볼 수 있다. 가상의 청중을 위한 기조연설을 준비하면 각 목표나 단계를 좀 더 진지하게 생각하게 된다. 비전 보드나 타임라인을 만들어 계획을 좀 더 가시화하는 다른 리더들의 이야기도 들어본 적이 있다. 이러한 기술은 특이해 보이지만, 사실 프로덕트와 웹사이트 디자인에 쓰이는 방법과 동일하다. 무드 보드, 고객 여정 지도, 사용자 스토리 모두 미지의 미래를 시각화하고 계획하기 위한 형식화된 프로세스이다.

## 타고난 계획가 대 학습된 계획가

우리는 디자인 리더들이 타고난 계획자인지, 아니면 오랜 시간에 걸쳐 기술을 개발했는지 궁금했다. 나의 개인적인 경험으로는 계획이 학습된 기술이었지만, 동료 스튜디오 리더들의 행동을 관찰하면서 일부 리더는 좀 더 태생적으로 이런 일을 한다는 것을 알게 되었다. 어느 쪽이든, 효과적인 계획수립 기술은 보통 경험을 통해 만들어지며 조직의 요구가 변화함에 따라 필요한 계획의 범위도 변경된다. 352 주식회사(352 Inc.)의 설립자 제프 윌슨Geoff Wilson은 이렇게 말한다. "저는 훌륭한 계획자라고 할 수는 없습니다. 점점 더 나아지는 중이죠. 역사적으로 우리 에이전시는 매일의 일을 해내는 것에 급급해서 장기적으로 보지 않았기 때문에 비전이 좀 부족했다고 생각합니다. 이제 저는 전략적 관점뿐만 아니라 재무적 관점에서도 계획이 굉장히 중요하다고 생각합니다. 점점 더 계획하는 데 능숙해지고 있고 틀을 잡아가고 있습니다." 352 주식회사처럼 잘 자리 잡은 기업조차도 어느 정도 성숙도에 이르고 나서야 계획의 가치를 깨닫는 듯하다.

계획수립 여부를 결정할 때는 규모가 중요하다. 비교적 규모가 작은 기업은 장기적인 계획에 대한 걱정이 덜하다. 이들에게 계획은 그렇게 중요하지 않다. 하지만 스튜디오나 기업이 성장하면 계획에 대한 새로운 태도가 필요하다. 이전까지의 성공은 굉장히 유능한 인재 덕분인 경우가 많아서 계획이 부재해도 결과에 큰 영향을 주지 않는다. 나는 이를 '행운의 스마트 전략'이라 부른다. 똑똑하고 운이 좋은 작은 집단의 사람들은 일정 기간, 어떤 경우에는 수년 동안 전략 없이도 살아남을 수 있다. 프로젝트가 더욱 복잡해지고, 집단이 커지고, 의사소통이 어려워지거나 운이 다하면 문제가 시작된다. 조직이 성장함에 따라 다른 접근법이 필요하다.

계획에 대한 전략은 디자인 리더마다 다르다. 사라 테슬라는 이렇게 말한다. "제가 계획자냐고요? 그렇다고도, 아니라고도 할 수 있습니다. 저는 다음 행보에 대해 자신감을 얻고 실패 여부를 알고자 미리 계획합니다. 하지만 그 이상은 아닙니다. 시도해 보면 흥미로울 것 같은 큰 아이디어를 좋아하지만 세심한 계획자라기보다는 순간을 살아가는 유형에 더 가깝습니다." 우리가 대화를 나눈 모든 이들은 계획에 대해 조금씩 다른 접근법을 가지고 있었다. 그러나 모두 계획이 필수적이라는 점을 인정했다.

당신이 '순간을 살아가는' 유형의 사람이 아니더라도 자신에게 흥미로운 큰 아이디어를 만드는 테슬라의 접근법은 좋은 계획의 시작점이다. 그룹이나 조직의 규모에 상관없이 목적지에 대한 명확한 비전은 필요하다. 비전은 명확할수록 좋다. 명확한 비전은 감정을 불러일으켜야 한다. 큰 아이디어는 이를 달성하고자 하는 팀에게 동기를 부여해주고 설렘을 안겨준다. 침대에서 일어나 일하러 갈 만한 가치가 있는 것이 바로 큰 아이디어다. 작은 아이디어는 쉽게 잊힌다. 10년 전 프레시 틸드 소일을 시작했을 때, 우리는 모든 부문의 리더 고객에게 1순위 사용자경험 디자이너가 되자고 다짐했다. 이 분야에서 경험이 적고 지하에 사무실을 둔 두 사람에게는 말도 안 되는 큰 목표였다. 우리는 이 여정을 시작한 지 10년째에 접어들었고, 매주 잠재 고객과 클라이언트로부터 우리가 정말 그들의 1순위라는 이야기를 듣는다. 지나고 나서 보니 우리의 크고, 위험하고, 대담했던 목표가 그다지 무서워 보이지 않는다.

벨리어의 데이브 발리에르는 계획 습관을 조정해야 할 필요성에 대해서 곰곰이 생각하면서, 그에게 계획이란 진화하는 기술이라고 말했다. 계획에 대한 그의 접근법은 수동적에서 능동적으로 바뀌었다. "지난 몇 년 동안 미래에 대해 계획하고자 하는 저의 열망이 변화해 왔다고 말할 수 있습니다. 처음 리더의 역할을 맡았을 때, 저는 굉장히 수동적이었습니다. 우리는 조직으로서 변곡점에 도달했다고 생각합니다. 5년 전만 해도 직원이 50명 정도였거든요. 사내 구조나 직원 편성 방식에 있어서 별로 체계성이 없었죠. 말 그대로 고객에게 제공하기 위한 프로세스와 관련된 모든 종류의 조직 체계요. 상품을 고객에게 제공하는 과정에서 단절이 생기는 문제가 많았습니다. 치명적인 단절은 아니었지만 그래도 눈에 띄는 수준이었죠." 발리에르는 때때로 아픔과 좌절이 깨달음의 기회를 준다는 사실을 인정했다. 빠른 성장의 압박 속에서 보다 안정적인 미래를 위한 계획을 수립하려면, 솔루션은 종종 신속한 실험이 필요하다. "그때 당시, 저는 그런 상황에 굉장히 수동적이었습니다. 우리는 구멍을 메꾸려고 노력했습니다. 그런데 그 구멍을 막다 보면 바로 눈앞에 무엇이 있는지만 인식하고, 좀 더 넓게 혹은 그 너머를 보지는 않게 되죠. 계획에 대해 좀 더 전략적으로 생각하는 것이 어려웠습니다. 우리는 크게 성장하고 있었고 많은 신입사원을 충원하고 있었습니다. 많은 신규 고객을 온보딩하고 있었고요. 이를 지원하기 위해서 확장된 조직을 파악하는 것은 좀 복잡한 일이지요. 조직관리 구조에서 여러 가지를 시도했다가 잘못되어서 바꿔야 했던 경우가 몇 번 있었던 것으로 기억합니다."

발리에르는 임시방편과 같은 계획 전략에서 벗어나 향후 10년간 벨리어에 가장 큰 영향을 미칠 것이 무엇인지에 대해 일 년 정도 생각하는 시간을 가졌다. 목표를 달성하기 위해 밟아야 할 단계에 대해 생각하는 데 많은 시간을 할애함으로써 그는 성장통을 통제할 수 있었다. 그는 계속해서 말했다. "목표로 하는 위치까지 가기 위해 무엇을 해야 할까? 구현하는 회사로서 더욱 전념하기를 정말 원하는가? 아니면 단순한 개발과 구현 이상의 서비스를 제공하는 풀서비스 에이전시로 확장하기를 원하는가? 저는 이런 부분들에 대해 생각했습니다." 적절한 질문을 함으로써 그는 경영진과 협력하여 답을 찾을 수 있었다. 다음 단계는 이러한 답을 실현시킬 단계를 계획하는 것이었다. "이것은 포트폴리오 구축과 적절한 직원을 투입하고 교육하는 관점에서 중요했습니다. 이 관점에서 우리는 더 많은 생각을 하고 더 많은 계획을 세울 수 있었습니다. 일이 좀 더 편해졌어요. 저는 새로운 서비스 분야에서 무엇을 하고 싶은지 생각하는 일에 훨씬 더 능률적입니다. 그리고 이렇게 질문하죠. '시간이 얼마나 걸리든, 그 목표를 달성하기 위해 우리가 밟아야 할 다음 단계는 무엇일까?'"

옐로우 펜슬의 스콧 볼드윈은 이렇게 말한다. "타고 나는 기술과 학습된 기술이 혼재한다고 생각합니다. "저는 항상 '받은 편지함이 제로인' 부류의 사람이었습니다. 제가 가진 정보를 뒤적이는 데 꽤 능숙하죠… 하지만 계획의 많은 부분이 명석한 두뇌로 적절한 시기에 명확한 행동을 취하는 것으로 귀결되는 것 같습니다." 두뇌가 명석하다는 것은 이메일에서 연간 예산 책정에 이르기까지 모든 것을 처리할 수 있는 전략을 갖추고 있음을 의미한다. 이러한 전략을 개발하는 것은 종종 자신의 리더십 스타일에 무엇이 효과적인지 실험해 보는 것부터 시작한다. 자신의 리더십 스타일을 파악하면 최선의 계획법을 선택하는 데 도움이 된다. 클라우드포의 제이슨 그릭스비는 이렇게 말한다. "우리는 계획에 대해 절대적으로 전략적인 접근법을 취해왔습니다. 몇 년 전, 우리는 《스트렝스 파인더Strengths Finder》에 나오는 도구인 강점 검사를 여러 번 수행했습니다." 경영진이 잘하는 것이 무엇인지 파악해서 그들의 강점과 가장 잘 맞는 솔루션을 찾을 수 있었다. "제 머릿속에서 전략이라는 부분을 떼어놓을 수 없을 것 같아요. 스트렝스파인더 도구에 따르면 저는 성취가, 전략가, 미래지향적 부문에 해당됩니다. 저는 생각하는 데 시간을 과도하게 많이 씁니다… 우리는 우리가 목표하는 곳에 어떻게 도달할지에 대해 많은 생각을 합니다."

## 귀찮고도 모호한 미래

우리는 디자인 리더들에게 업계를 총체적으로 볼 때 어떤 점을 보는지도 물어보았다. 그들이 기회, 도전과제, 트렌드의 측면에서 무엇을 보는지 알고자 했다. 더워킹그룹의 도미니크 보르톨루시는 고객들이 단순히 디자인과 개발 서비스뿐만이 아니라 그 이상을 원하는 미래를 예상한다고 했다. "국내외적으로 고객의 규모가 점점 커짐에 따라 이들이 소프트웨어에 디자인을 접목하는 단순한 제작 그 이상을 제공할 사람을 찾는다는 사실을 깨닫고 있습니다. 나아가 고객들은 스마트함과 전략을 찾고 있습니다. 우리는 항상 이런 부분을 제공해 왔지만, 우리의 시작점은 개발이었기에 최근에서야 그 부분에 집중하기 시작했습니다."

디자인 팀이 성장해서 그들의 기술이 픽셀을 밀어내는 것 이상으로 발전하면, 더욱 전략적인 업무를 맡고 싶은 욕구도 커진다. 더욱 전략적인 업무는 더 많은 사내 계획을 의미한다. 복잡한 프로젝트를 수행하려면 전략적인 사고를 훈련받은 팀이 필요하다. 보르톨루시는 이렇게 말한다. "예전에는 뒤에서 앱을 코딩하는 일이 전부였죠. 프로젝트 규모가 커지면서 전략의 필요성도 커졌습니다. 즉, 우리 같은 에이전시가 개발 프로세스와 연계하여 더 많은 전략적 업무를 제공할 수 있어야 한다는 뜻입니다. 우리가 지난 3~4년에 걸쳐 채택한 애자일 프로세스를 활용하는 전략적 사고는 제작과 굉장히 밀접하게 관련되어 있습니다. 모든 사이클마다… 전략적 프로세스와 전략적 사고를 통해 무엇을 개발하고, 왜 개발하고, 어떻게 우선순위를 정할 것인지에 대해 생각합니다."

프로젝트 차원에서 성공적인 결과를 위해 계획을 수립하면 회사 차원에서의 계획 역량이 강화된다. 이 둘은 항상 연결되어 있다. 자신의 디자인 조직에 대한 질문에 답하지 못한다면 고객에게 전략적 가치를 전달할 수 없다. 보르톨루시는 계속해서 말했다. "이 프로세스에 대해 고객을 교육하면 더 나은 결과, 더 나은 제작, 더 나은 소프트웨어로 이어집니다. 이 분야의 많은 동료 에이전시에서도 보아온 공통된 주제라고 생각합니다. 단순히 디자인하고 개발만 하는 것이 아니라 고객의 비즈니스 요구에 따라 고객을 위한 웹사이트를 디자인하는 방법에 대한 생각과 전문 지식을 요구받고 있습니다."

하바네로 컨설팅은 20년 동안 사업을 해왔으며, CEO인 스티븐 피츠제럴드는 향후 수십 년의 사업을 계획 중이다. 애자일$^{Agile}$, 린$^{Lean}$ 등 많은 단기 계획 방법론이 인기를 얻고 있는 시점에 장기 계획은 부모님 세대에나 해당되는 이야기라고 생각할지도 모르겠다. 이는 잘못된 생각이다. 적극적으로 미래를 계획하든 아니든, 우리가 만난 모든 디자인 리더들은 장기적인 미래가 자신의 팀과 기회에 어떤 의미인지 생각하고 있었다. 먼 미래를 계획하는 것은 어려워 보일 수 있으나 그 미래는 리더들을 설레게 하는 것 같다. 피츠제럴드는 이렇게 말했다. "저에게는 매력적이고 멋진, 솔직히 말해서 정말 많은 영감을 주는 일입니다. 우리는 직원의 업무 참여도와 직장 내 건강을 매우 상세히 평가하고 있습니다. 몇 가지 시스템 문제 외에도, 우리 회사가 더욱더 발전하고 지금 당장 개선해야 하는 중요한 분야 중 하나는 비전의 명확성입니다. 우리는 다음 단계가 무엇이고 어디를 향해서 가고 있는지 명확히 하기 위해 3~4년의 여정을 걸어왔습니다.… 저는 팀원들에게 이렇게 말했습니다. '우리의 역할을 통해 도모하고자 하는 세상의 변화가 있습니다.' 모두 조직과 사람들이 번영하도록 돕는 일과 관련되어 있습니다. 다음과 같은 장기 비전을 만들어야 한다고 믿습니다. '이것이 우리의 가치이고, 시장에서의 기회이며, 세상이 돈을 투자할 곳이다…' 그리고 우리 자신을 어떻게 포지셔닝해야 할지에 대해서는 어설프지만 웨인 그레츠키<sup>Wayne Gretzky</sup>(아이스하키 감독)의 말을 인용해 보겠습니다. '시장의 측면에서 퍽<sup>puck</sup>(아이스하키에서 공처럼 치는 고무 원반)이 갈 곳으로 스케이트를 타도록 위치를 잡아야 합니다.'"

미래를 계획한다는 것은 시간이 지나도 사라지지 않을 전략을 선택하는 것을 의미한다. 유행하는 기술이나 산업에 따라 계획을 세우면 그 결과는 일시적인 성공에 그치는 경우가 많다. 장기 계획을 실현하기 위해 디자인 리더들은 항상 그들이 사업을 하는 핵심 이유를 상기한다. 핵심에 맞춰 계획하는 것이 시간을 타지 않는 전략을 보장하는 방법이다. 피츠제럴드는 다음과 같이 말했다. "비전은 존재 이유, 목적, 그리고 시간이 지남에 따라 가장 성공적으로 전개할 수 있는 방법을 이해하는 데서 비롯되어야 합니다. 다른 시장의 역학과 그 현실에 대해 생각해 보아야 합니다. 우리는 시간이 지남에 따라 우리의 목적을 가장 잘 실현할 수 있는 방법을 토대로 비전을 추진하고자 합니다. 이는 기업으로서 우리의 목적과 더 큰 변화를 만드는 데 있어 우리가 하고자 하는 역할에 대해 생각할 수 있는 다른 관점을 제공합니다. 우리의 고객과 그들의 문화에 미치는 영향과 관련이 있으며, 그들의 조직이 번영하도록 돕는 것과 관련되어 있습니다."

그레그 호이는 미래와 미래가 가져다줄 놀라운 보상에 대해 생각하며 다음과 같이 말했다. "저에게 있어, 그것은 계속해서 배우는 것입니다. 저에게 생긴 놀라운 선물 중 하나는 오너 캠프$^{Owner Camp}$*를 시작했던 겁니다. 동기부여 요인 중 하나는 앞으로 나아갈 수 있는 대체 수익원을 만드는 것이었습니다. 이 일이 저에게 엄청난 직업적 발전이 되리라고는 예상하지 못했습니다. 같은 일을 하는 사람들과 대화를 나누고, 그들에게서 배우고, 리더의 라이프사이클이 무엇인지를 배울 수 있었죠. 지금 저는 에이전시를 운영하는 어색한 10대 시절에 있는 것 같습니다. 교정기를 끼고 제가 옳은 일을 하고 있는지 여전히 알아가는 중이죠. 이 끝에서 우리는 활짝 피게 될까요, 아니면 물러나야 할까요? 이 모든 것들에 대해 생각합니다. 무엇이 계속 앞으로 나아가게 하는 힘이 되는지를 생각합니다."

---

* 오너 캠프는 디지털 오브 뷰로에서 디자인 스튜디오의 오너와 고위급 경영진들을 위해 일 년에 여러 번 개최하는 행사이다.

## 문화에 계획 맞추기

디자인 팀의 규모, 구조, 문화는 종종 계획에 상당한 영향을 미친다. 각 집단은 서로 다르며, 조직이 정직하게 지원할 수 있는 것이 무엇인지 인식하는 것은 디자인 리더의 책임이다. 다른 사람들이 하기 때문에 무언가를 계획하는 것은 잘 해봐야 순진한 처사이며, 최악의 경우 재앙이 될 수 있다. 개개인의 강점 검사처럼, 리더는 자신의 조직이 무엇을 잘하는지 질문해야 한다. 이는 약점이 무엇인지 인식한다는 뜻이기도 하다. 자체적인 프로덕트 개발을 지원하는 문화나 구조를 가진 기업의 경우, 이를 위한 계획을 지지할 수 있음을 의미한다. 제프 윌슨은 이렇게 말한다. "제가 에이전시로서 정말 하고자 하는 한 가지는 자체 제품을 개발하여 수익을 창출하는 것입니다… 이를 통해 서비스 매출을 보완하는 거죠. 이는 두려운 일입니다. 보통은 이 전략이 통하지 않는다는 끔찍한 경험담을 듣지만 우리는 굉장히 엄격하게 훈련을 받을 겁니다. 이것이 우리의 장기적인 생존을 위해 매우 중요하다고 생각합니다. 100퍼센트 고객 서비스 중심이 아닌, 다양한 수입원을 확보하는 것이 우리가 가고자 하는 방향입니다."

펀사이즈의 창립자 아르멘다리즈는 이렇게 말한다. "미래에 대한 우리의 계획은 문화를 유지하고 성장시키는 방법을 찾는 것입니다. 미래의 성공은 대개 우리의 문화에 달려있다고 생각하기 때문이죠. 우리의 비즈니스는 입소문이 나기 때문에 지금까지 마케팅이나 비즈니스 개발*에 투자해 본 적이 없습니다. 우리 사업의 많은 부분은 사람들이 우리가 매우 좋은 문화를 갖고 있다는 것을 안다는 사실에서 비롯됩니다.

---

\* 업데이트: 펀사이즈는 최근 비즈니스개발부장을 고용했다.

그리고 우리가 하는 많은 멋진 일들이 이 문화에서 나오죠. 제가 보기에, 제 계획의 대부분은 우리의 문화를 유지하고, 다듬고, 개선하는 것과 관련 있습니다."

브라이언 윌리엄스는 계획을 어떤 기술이나 분야에 연결하는 그들의 접근법에 대해 말했다. "꽤 느슨한 계획이라고 말할 수 있어요. 변화는 불가피하다고 생각합니다. 우리 업계는 끊임없이 변화하는 분야입니다. 지금 통하는 것이 2년 후에는 통하지 않을 거예요. 2년 전에도 통하지 않았고요. 이런 식이죠. 우리가 사용하는 기술이든 프로세스든, 툴은 언제나 변화하고 고객의 니즈도 변화하는 것을 계속해서 목격합니다. 스타트업과 일하는 경우도 있기에 그들의 기복을 주의해야 합니다. 일부 스타트업은 지금 뜨고 있지만 1~2년 사이에 거품이 꺼져서 사라지기도 해요. 그래서 너무 의존할 수는 없는 거죠."

하나의 시장 부문이나 트렌드에 과도하게 의존하는 것은 위험하다. 계획의 유연성은 조직 문화에 좋은 것과 시장에 좋은 것 사이에서 항상 균형을 잡는 것이다. 그레그 호이는 윌리엄스가 한 말을 뒷받침한다. "계속해서 스스로 물어야 합니다. 고객 서비스가 당신이 앞으로 나아가는 데 계속 원동력을 주는가? 특정 틈새시장에 집중하는 것이 다른 곳에 집중하는 것보다 더 힘을 실어 주는가? 계속해서 동기부여를 해주는 조직을 구성해서 틈새시장에서 지속적으로 원동력을 얻을 수 있는가? 이런 것들에 대해 생각합니다. 저는 사이트 디자인이나 비평 같은 걸 하는 사람은 아닙니다. 하지만 저는 최근에 우리 사무실에 들어온 직원들이 갖고 있지 않은 다른 분야에서의 경험을 제공해 줄 수 있습니다. 이 경험을 새로운 비즈니스 기회에 활용할 수도 있죠. 저는 항상 다음 단계가 무엇인지, 조직에 어떻게 가치를 더할 수 있는지 생각합니다. 이렇게 다른 인재들과 함께 제가 하는 일을 보완하는 거죠."

윌리엄스는 기술 트렌드 및 유행 산업과 관련된 롤러코스터 같은 흐름을 어떻게 피하는지에 대해 계속해서 설명했다. "우리는 변화에 대한 예측을 중심으로 전체적인 구조를 구축했습니다. 미래에 대한 우리의 계획은 다음과 같은 경우가 많죠. '우리는 팀의 관점에서 무엇에 관심이 있는가? 어떤 기술을 다루고 싶어 하는가? 앞으로 2년 후 또는 5년 후를 내다볼 때, 어떤 유형의 고객을 원하는가? 어떤 유형의 솔루션을 해결하고자 하는가?' 이런 것들인데 그다지 엄격한 계획은 아닙니다. 이를 달성하기 위한 정확한 계획을 세우려고 하는 게 아니거든요. 우리가 달성하고자 하는 것에 대한 명확한 비전을 갖되, 변화가 계속되리라는 사실을… 받아들입니다." 시간을 타지 않는 비전을 세우는 것이 디자인 조직에 가장 효과적이다. 디자인 리더는 유행하는 기술을 선택하는 대신 그 기술이 존재하는 근본적인 이유에 초점을 맞춘다. 예를 들어, 소셜 미디어는 트렌드가 아니다. 서로 연결되어 정보를 공유하고자 하는 인간의 욕구다. 아마도 이런 기본적인 인간의 욕구는 사라지지 않을 것이다. 현명한 디자인 리더는 이 점을 인식하고 전략적인 투자를 결정할 때 이를 활용할 계획을 세운다.

인간의 행동에 대한 기본 원리에 집중하는 것은 기술과 산업 분야에만 국한되지 않는다. 디자인 리더는 이러한 기본 원리가 직원들을 이끌고, 관리하고, 문화를 큐레이팅하는 방법과 직접적으로 관련되어 있음을 인식한다. 윌리엄스는 이렇게 말한다. "이 중 일부는 미디어에서 보고 듣는 최신 관리법입니다. 항상 그런 이야기를 듣죠. 일례로, 직원들을 빨리 해고하는 겁니다. 몰인정하다는 의미가 아닙니다. 조직에 잘못된 직원을 두는 것은 누구에게도 도움이 되지 않으니까요. 저는 '천천히 고용하고 빨리 해고하라' 방식을 좋아하지 않는다는 걸 꽤 빨리 알게 되었습니다. 빨리 해고하는 것은 우리의 구조와 문화에 있어 너무 냉혹하다고 생각합니다. 불만족스럽고 성공하지 못한 사람들을 찾아서 그들이 이 조직을 떠나 행복하고 성공할 수 있는 다른 곳으로 갈 방법을 알아내는 것은 좋은 일입니다. 그것이 중요하다고 생각합니다." 윌리엄스는 누군가를 내보내야 할 때, 그 직원을 보낼 적절한 곳을 찾는 데 많은 시간을 할애할 것이라 설명했다. 일자리를 알아봐 주면 이들이 실업이라는 금전적인 어려움을 겪을 필요 없이 고개를 떨구지 않고도 퇴사할 수 있다. 윌리엄스는 이러한 결과에 대해 계획하는 것이 기업문화를 강화하며 팀원 모두에게 좀 더 긍정적인 미래를 보장해 준다고 믿는다.

## ▌다른 것이 아닌 성공을 위한 계획

계획이 없다면 리더는 방향을 통제할 수 없는 배의 키를 잡고 있는 것이나 마찬가지다. 그보다 최악인 것은 다른 누군가의 계획이 그 배를 장악해서 끔찍한 결과에 이르는 길로 인도할 수도 있다는 것이다. 이렇게 장악 당하는 일은 미묘하게 일어나고, 발견하고 나면 이미 늦은 경우가 많다. 처음에는 고객이 핵심적이지는 않은 프로젝트를 의뢰하는 것과 같은 작은 일부터 시작한다. 디자인 기업을 '배'에 비유하자면 고객이 제안한 새로운 프로젝트에 착수했는데, 고객의 니즈를 해결하려면 조타실에서 벗어나야 하는 상황과 같다. 그러면 이제 그 디자인 기업은 자신들이 그다지 원하지 않는 프로젝트를 위해 실제로 필요하지 않은 직원들을 고용한다. 고객의 잘못이 아니다. 그들은 요청에 응할 수 있다고 말하는 유능한 디자인 파트너를 만났을 뿐이다. 머지 않아 디자인 리더는 일을 너무 많이 벌려놓은 데다가 현재 제공하는 서비스에 전망이 없는 사업을 운영하고 있음을 알게 된다. 무엇을 지지하고, 어떻게 이를 달성할 것인지에 집중한다면 이렇게 방해되는 사건들은 문제가 되지 않는다. 문제는 계획이 없을 때다. 그렇다면 성공하는 디자인 리더는 긍정적인 결과를 위해 어떻게 계획을 세울까?

첫 번째 단계는 기업의 계획을 기업이 정말 잘하는 것과 시장의 현실에 맞춰 조정하는 것이다. 자신의 문화적 강점을 알고, 시장 트렌드를 파악한 다음, 이 둘을 연결하는 것이 시작하기에 가장 좋은 방법이다. 스티븐 피츠제럴드는 그의 기업이 어떻게 딱 맞는 지점을 찾았는지 설명했다. "우리는 매우 흥미로운 업계에 종사하고 있습니다. 장기적으로는 조직의 기술, 프로세스, 문화가 지금과는 다른 방식으로 통합되어야 한다고 생각합니다. 프로덕트 디자인 업계는 프로세스를 보다 쉽게 만드는 것에 중점을 두고 기술을 사용합니다. 우리는 기술, 프로세스, 문화가 사람들과의 관계, 조직과의 관계, 커리어의 향상, 그리고 조직이 그 사람들로부터 얻는 생산성을 변화시키는 데 큰 역할을 할 수 있다는 것을 알고 있습니다."

전략 개발은 단순히 필요를 채우는 것이 아니다. 이는 솔루션을 만들기 위해 어떤 제약이 있는지 신중하게 살펴본 후, 어떤 정책과 지침을 통해 회사가 고객에게 그 솔루션을 제공할 수 있는지 판단하는 것이다. 피츠제럴드는 계속해서 말을 이었다. "단순히 급여지급 프로세스나 공급망 같은 것을 간소화하기 위해 기술을 사용하는 것이 아닙니다. 물론 현대 기술은 이렇게 사용되고 있으며 매우 중요한 부분이지만, 기술, 프로세스, 문화를 조합하여 사람들의 전반적인 경험을 변화시키고 있습니다. 우리는 조직이 구성원들과 함께하는 경험을 바꾸고, 전체적인 역학을 변화시켜 보다 번성하는 조직을 만들 수 있습니다." 피츠제럴드가 설명한 이와 같은 큰 그림 사고는 어떤 기술에 집중해야 하는지에 대한 세부적인 계획에서 벗어나 시간을 초월하는 혁신적 경험을 창조하는 수준까지 계획을 끌어올려준다.

이것은 시작에 불과하다. 다음 단계는 솔루션의 가치를 확인할 수 있도록 이 변화를 시장에 전달할 방법을 찾는 것이다. 피츠제럴드는 이렇게 말한다. "우리는 앞으로 5년 안에 어느 정도 변화를 만들어내야 합니다. 문제는, 어떻게 하면 우리의 고객과 시장이 보다 큰 문화적 변화의 측면에서 우리를 많이 생각하게 하느냐 입니다. 어떻게 하면 변혁의 주체가 될 수 있을까요?" 이러한 도전과제는 대규모 디자인 기업뿐만 아니라 사내 디자인 그룹과 소규모 컨설팅 회사에서도 고려해야 하는 중요한 과제다. 사용자경험 및 프로덕트 디자이너와 그래픽 디자이너 및 엔지니어를 함께 묶어 생각하는 경우가 많다. 솔루션을 차별화하고 유의미한 결과를 보여주는 전략을 수립하는 것이 가장 큰 도전과제다. 피츠제럴드는 이렇게 말한다. "우리 업계나 우리와 같은 조직은 전형적으로 기술 회사, 디자인 조직, 에이전시로 분류됩니다. 고정된 역할에서 벗어나 적절한 대화에 참여하고, 조직 변화에 관여하고, 그 핵심을 파고드는 것은 어렵습니다. 그렇지만 우리가 상대하는 조직에서 우리가 제공해야 하는 것이 성과를 창출하는 데 매우 중요하다는 것을 알고 있기에, 우리는 그 장애물을 극복해야 합니다."

계속해서 유의성을 잃지 않으려면 디자인 리더는 개별 기술보다는 전반적인 프로덕트와 조직적 솔루션에 더 집중해야 한다. 리더는 단순히 기술이나 디자인 중심 컨설팅 기업이 아니라 매우 구체적인 비즈니스 성과와 관련된 기업으로 알려지는 데 초점을 맞춰야 한다. 실험적이거나 문화적인 변화가 될 수 있으나 단순히 기술에 관한 것일 수는 없다. 윌리엄스는 이렇게 말했다. "예를 들면, 우리는 우리의 기술 스택<sup>tech</sup> stack(애플리케이션 등을 개발할 때 기반이 되는 기술과 프로그램)을 너무 광범위하게 잡는 실수를 한 것 같습니다. 모든 기술 스택에서 일할 수 있는 기술자가 되려고 하는 것은 결국 우리가 아무것도 잘하지 못한다는 의미라는 걸 일찌감치 깨달았습니다. 그런 식으로 하면 판매하기는 쉽지만 최고의 작업을 수행하는 방법은 아니기 때문에 분야를 좁히고 보다 전문화하는 것이 좋습니다."

## 각 점을 연결하기

계획이 조직에 어느 정도 수익을 가져다주어야 하는 것은 분명하지만, 이 과정이 어떻게 일어나는지 이해하는 것도 중요하다. 수익은 여러 가지 형태를 취하며 항상 금전적인 것은 아니다. 재무와 관련되지 않은 계획은 본질적으로 장기적인 경향이 있으며 그렇기 때문에 조직에서 현금 흐름처럼 단기적인 니즈를 생각하고 있을 때에는 다루기가 더 복잡할 수 있다. 디자인 리더가 계획과 수익 간의 연속성을 만들려면 해당 계획이 조직 내 사람들에게 어떤 의미인지에 대한 연결고리가 있어야 한다. 팀이 디자인 리더의 계획으로 발생할 수익을 볼 수 없다면, 계획한 목표를 달성하는 데 필요한 행동을 변화하려는 의욕이 떨어질 것이다. 이것이 문화와 브랜드별 계획의 수익률을 측정하기 어려운 이유이다. 금전과 무형의 결과 사이의 연관성은 설명하기 어려운 경우가 많다. 따라서 디자인 리더가 이러한 메시지를 분명하게 전달할 수 있는 커뮤니케이션 도구를 개발하는 것이 중요하다.

계획을 일관되고 효과적으로 팀에 전달하는 것은 모든 디자인 리더가 갖춰야 할 기술이다. 모두가 참여할 수 있도록 비전을 전달하는 것은 단순히 스튜디오 벽에 붙어 있는 프레젠테이션이나 동기부여 포스터만이 아니다. 메이크의 사라 테슬라는 계획을 전달하는 요소를 다음과 같이 설명한다. "계획은 두 가지의 조합이어야 합니다. 하나는 사업의 비전입니다. 이 비전은 공식적으로 계획한 것이 아닐 수도 있지만, 모두가 이 비전에 동참하는 것이 중요합니다. 두 번째는 그 기저에 있습니다. 재무적인 관점으로 계획하며, 이 계획에는 물론 좀 더 재무적인 책임이 따릅니다. 너무 무모할 수는 없는 거죠. 팀에게 '음, 돈이 바닥날 수도 있죠. 우리가 계획한 목표에 도달하면 뭔가 알게 될 겁니다'라고 말할 수는 없습니다. 안 되죠. 이렇게는 안 됩니다. 이 분야에 있어서 저도 실패한 부분이 많습니다. 항상 완벽한 것은 아니지만 너무 힘들다고 느끼지는 않을 정도로 재무 건전성을 유지합니다." 테슬라는 항상 상황이 변화한다는 점을 분명히 했다. 계획을 수립할 때도 피드백을 받거나 언제라도 조정될 수 있다는 점을 이해해야 한다. "오히려 비전을 변화시키고 발전시킬 계획을 세워야 합니다. 비전에 연연하지 않고 마음을 열어두어야 합니다. 비전이 무엇인지에 대한 틀은 제가 잡지만, 궁극적으로 저는 팀의 모든 구성원들로부터 무엇이 앞으로 나아갈 최선책인지 알려줄 단서를 찾고 있습니다."

줄스 피에리는 이렇게 말했다. "저는 미래에 살고 있습니다. 계획을 형식적인 프로세스라고 생각하지 않아요. 그보다는 연결점을 만드는 것에 가깝습니다. 그러려면 정기적으로 아이디어와 기술을 접해야 합니다… 즉, 사무실에서 나와 책을 읽고, 사람들과 대화하고, 디자이너로서 경력 초기에 배웠던 원칙을 적용하는 것을 의미합니다. 그 누구도 제가 과거, 심지어는 현재를 디자인하는 데 있어 돈을 주지는 않잖아요?" 피에리는 능숙한 디자인 리더이며, 디자인 훈련을 일상적인 사고에 사용하는 것이 분명하다. 먼저 연구하고, 그 다음에 가능한 솔루션과 연결하는 것이다. "CEO로서 저는 일을 하는 데 필요한 정보를 얻는 방법을 알아내야 했습니다. 저에게 그것은 비유적으로나 말 그대로, 길을 나서는 것을 의미했어요. 고객과 이야기하고, 경쟁사를 보고, 자회사의 역량을 살피는 것이죠. 정보를 얻고 나면 본능과 현실에 대한 반작용이 어느 정도 혼합됩니다."

인스트루먼트의 빈스 르베키아는 100명 이상 직원을 수용할 새 사무실 건축처럼, 대규모 장기 프로젝트에서 어떻게 각각의 점을 연결하는지 설명했다. 이러한 유형의 프로젝트는 재정적, 문화적 결과에 모두 영향을 미친다. "분명 우리는 재무 목표를 보고 이렇게 말합니다. '여러분, 우리는 건물을 짓고 있습니다.'" 르베키아는 창의적인 작업공간이 있으면 팀이 수행하는 작업의 질도 더 좋아지기 때문에 새로운 사무실에 투자하는 것이 필수적이라는 사실을 알고 있다. 사무실 공간, 팀 규모, 평판, 작업의 질 등이 모두 어우러져 계속 일이 들어오게 하는 기업에 대한 평판을 만든다. 르베키아는 이러한 요소들이 어떻게 얽혀있는지 강조했다. "우리는 재정적인 측면에서 일정 수준의 성공과 성과를 유지하고자 하기 때문에 회사에 계속 재투자할 수 있습니다. 그 수치에 대해 책임을 져야 하는 거죠. 이런 목표를 설정하고 나면, 그 목표를 달성하기 위해 모든 사람이 자신의 프로젝트와 팀을 관리하도록 하는 규율을 갖추게 됩니다. 우리는 그런 식으로 재정적인 부분에 집중하지 않습니다. 왜냐하면 우리가 미친 듯이 일을 잘하면 계속 미친 듯이 일이 들어올 거고, 사람들은 자연스럽게 우리에 대해 알게 되고, 우리가 작업해주기를 원할 것이라고 굳게 믿기 때문입니다. 우리는 말도 안 되는 엄청난 작업을 통해 수요를 창출합니다. 항상 수요가 있도록 공급을 관리하고 있습니다. 고용직원 규모도 의도한 대로 정해왔고 규모를 너무 부풀리지 않으려고 했습니다. 수익을 극대화하고자 했다면 분명 더 늘릴 수도 있었겠지만, 우리는 의도적으로 그 부분을 조심해왔습니다."

## 계획을 특정 수익결과에 연결하기

우리가 인터뷰한 많은 디자인 리더들은 계획 프로세스에 대한 루틴이
있다. 노련한 리더들 중 일부는 이 루틴이 일상 활동에 깊이 배어 있다.
습관이라고 할 수도 있을 것이다. 디자인 리더들은 이런 습관이나 루틴
이 계획을 실현하는 능력을 준다는 사실을 알고 있다. 브라이언 윌리엄
스는 미래에 대한 계획을 적극적으로 실행하는 데 보내는 시간을 두고
이렇게 말한다. "바쁘거나 앞으로 6개월치의 고객 업무가 잡혀 있더라
도 저는 영업 측면에서 결코 속도를 늦추지 않습니다." 윌리엄스의 일상
활동은 향후 몇 달 동안 일어날 일에 대한 그의 관점을 통해 알 수 있다.
"너무 오랜 기간 같아 보일 수도 있고, 영업할 필요를 느끼지 못할 수도
있지만, 6개월은 매우 빨리 지나가고 갑자기 파이프라인에 남아 있는
것이 아무것도 없을지도 모릅니다. 항상 영업하는 것은 중요한 일이죠."
영업에 대한 생각을 고수한다는 건 그가 긍정적인 영업 성과를 위해 늘
계획하고 있다는 의미이다. 이는 계획이 언제나 하는 연례적인 행사가
아니며, 의식과 루틴을 통해 강화되는 일상적인 습관이라는 것을 다시
한번 보여준다. 일상적으로 성찰하는 시간을 만들고, 큰 그림에 대한 목
표와 일상의 활동을 연결하는 것은 디자인 리더를 성공으로 이끄는 또
다른 요인이다.

새로운 이니셔티브를 계획하고 이를 일상 활동과 통합하는 데 시
간을 할애하는 것은 우연히 일어나는 일이 아니다. 제프 윌슨은 팀이 보

유한 아이디어를 어떻게 계획적으로 새로운 수익을 창출하는 프로덕트로 바꿀 계획인지 설명한다. "우리는 각 팀에게 그들이 지지하고 시장에 출시하고 싶은 프로덕트에 대한 아이디어를 적어도 한 가지씩 생각해보라고 요구합니다. 모든 팀이 모여 아이디어를 생각해냅니다. 몇 달에 걸쳐 함께 아이디어를 검토한 후, 각 팀이 추진할 아이디어를 확정합니다." 윌슨은 그다음 단계로 세심하게 계획을 수립한다. "아이디어가 생기면 각 팀에 3일의 시간을 줍니다. 고객업무를 3일간 쉬고, 전체 에이전시 가동을 중단합니다… 그리고 전사적으로 해커톤<sup>hackathon</sup>(팀을 이뤄 마라톤을 하듯 긴 시간 동안 시제품 단계의 결과물을 완성하는 대회)을 개최하죠." 이렇게 집중하는 시간을 가지면 팀은 방해받지 않고 일을 완수할 수 있다. 윌슨은 이 프로젝트에 시간의 20퍼센트를 할애할 것을 제안하면서 피상적인 무언가를 주는 대신, 회사 전체의 자원을 프로젝트에 바친다. 이러한 계획은 최단 시간 안에 최상의 결과를 만들어낸다.

이렇게 영향력이 큰 프로젝트를 계획하면 시간적으로 상당한 이점이 있다. 하지만 윌슨이 무엇보다 기대하는 것은 프로젝트의 총체적인 경험이다. 그의 팀은 가치 있는 무엇인가를 만들 뿐만 아니라 긍정적인 팀의 역학을 강화하고 문화적으로 서로 유대감을 형성한다. "엄청난 행사이고 정말 재있습니다. 모두가 프로젝트에 몰두하죠. 직원들은 3일 내내 밤을 샙니다. 2년을 했는데 그때마다 적어도 한 팀이 밤을 새웠어요… 마지막 3일째에는 비즈니스 프로덕트에 대한 콘셉트를 제시하는 비즈니스 피칭 시간이 있습니다. 벤처 투자자에게 투자를 권하는 방법과 유사하죠. 그들은 제품의 콘셉트를 제시하고, 제품을 시연해야 합니다. 3일 동안 달성한 것이 무엇이든 간에 말이죠. 3일 동안 해낸 것을 바탕으로 제품 콘셉트를 피칭하고 제품 데모를 해야 합니다. 그리고 우리 앞에서 라이브 데모를 하고 심사위원들 앞에서도 합니다. 우리는 외부 심사위원을 초빙해서 심사를 지원받습니다. 올해는 슈퍼프렌들리의 댄 몰과 빅 시$^{Big Sea}$의 오너 앤디 그레이엄$^{Andi Graham}$을 외부 심사위원으로 초청했습니다. 총 6명의 심사위원이 있었고, 그들은 다양한 프로젝트를 심사하고 우승자를 선정하는 데 도움을 주었습니다. 우승팀은 2달간 고객업무를 중단하고, 발표한 제품의 MVP*를 구축해서 실제로 제품을 시장에 출시합니다. 해당 제품이 향후 회사에 수익을 가져다 줄 경우, 그 팀에게 일정 비율의 수익이 돌아갑니다."

영업과 파생상품이 수익성을 향상시키는 유일한 방법은 아니다. 지식이나 서비스를 제공하는 것도 새로운 수익원을 계획하는 데 효과적일 수 있다. 몇 년 전, 우리는 견습생 프로그램을 출시했으며 이는 곧 프레시 틸드 소일에서 새로운 인재를 영입하는 원천이 되었다. 몇 학기 만에 이 프로그램은 수십만 달러의 수익을 냈다. 우리만 이런 경험을 한 것이 아니다. 다른 디자인 리더들도 업계 지식을 활용하여 교육 및 견습 프로그램을 구축하고 있다. 엔비 랩$^{Envy Labs}$의 제이슨 반루$^{Jason VanLue}$는 자사의 온라인 디자인 기술 플랫폼인 '코드 스쿨$^{Code School}$'을 백만 달러 규모의 사업으로 키워서 결국 플러랄사이트$^{Pluralsight}$에 3,600만 달러에 매각했다. 댄 몰은 이렇게 말했다. "저는 지금 가르치는 일에 매우 열성적입니다. 교육에서 가장 많은 성취감을 얻어요. 그리고 슈퍼프렌들리는 작은 회사입니다. 직원이 한 명이죠. 지금보다 직원 수를 늘릴 계획은 없지만, 현재 견습직 프로그램을 운영하고 있습니다. 디자인과 개발을 좋아하지만 이에 대해 아무것도 모르는 사람들과 9개월 동안 견습 과정을 진행합니다. 저의 목표는 9개월 안에 0을 60으로 만드는 것입니다. 모든 일이 순조롭게 풀린다면, 미래에 저는 풀타임 견습생 프로그램을 운

---

＊ 최소 기능 제품(Minimum Viable Product)

영하거나 아마도 다른 사업을 하고 있을 겁니다. 슈퍼프렌들리 에이전시는 협업체이며, 자체적인 비즈니스입니다. '슈퍼프렌들리 견습생 프로그램'이나 '슈퍼프렌들리 아카데미' 또한 그 자체로 비즈니스입니다."

이렇게 계획된 결과는 조직 문화에 가치를 더하고, 수익을 향상시키며, 커뮤니티를 전반적으로 끌어올려 주기 때문에 더블 버텀라인(기업의 재무적 가치와 사회적 가치) 또는 트리플 버텀라인(사회적, 경제적, 환경적 가치를 만족시키는 기업의 목적)을 가지고 있다.

## 보다 대담하고 현명하게

디자인 리더와의 인터뷰에서 우리는 젊은 시절의 자신에게 어떤 조언을 해주고 싶은지 물었다. 스몰박스의 CEO 젭 배너는 이렇게 말했다. "20대 때 많은 시간을 방황했습니다. 음악을 하고 중요하지 않은 일을 하면서 시간을 허비했기 때문에 최근에 그것에 대해 생각했습니다. 지금의 아내를 만나고 나서야 여러모로 상황이 달라지기 시작했죠. 젊은 시절의 저에게 아마 이렇게 말할 것 같아요. '혼돈을 즐기고 나쁜 시절은 적극적으로 잊어라. 개방성을 즐겨라.' 그리고 아마 이렇게 말하겠죠. '부끄러워 하지 마라. 겁먹지 마라. 자신을 드러내는 것을 두려워하지 마라. 좀 더 대담해져라.'"

모호한 시대에 계획을 세우기 위한 몇 가지 제안은 더 실용적이다. 펀사이즈처럼 새로운 디자인 기업이라면 금융업계 파트너가 필요할 때 기업을 뒷받침해 줄 경력이나 이력이 없을 수도 있다. 그럴 때 해줄 수 있는 가장 좋은 조언은 현금을 왕처럼 대하라는 것이다. 앤서니 아르멘다리즈는 이렇게 말한다. "우리가 가장 먼저 한 일은 아멕스$^{AmEx}$ 카드를 발급해서 대출을 받은 것입니다. 다른 디자인 기업과 이야기를 나누고 돌아와서는 이렇게 말했죠. '좋아, 대출을 받자.' 그 당시에는 너무 초창기고 첫 해 세금신고도 하지 않아서 대출을 받을 수 없었습니다. 우리가 무엇을 할 수 있을까요? 음, 우리는 항상 은행에 3~6개월 분의 현금을 가지고 있었습니다. 어떤 이유로든 어느 날 사업을 모두 날리더라도 6개월치 급여를 충당할 수 있도록 말이죠. 많은 현금을 보유하는 것을 좋아하지는 않지만, 그 덕분에 이런 일이 생겼을 때 패닉에 빠지지 않게 되었죠." 재무 지식을 갖추고 현금흐름을 유지하는 것은 단순히 실용적일 뿐만 아니라, 사업을 흑자로 유지하는 데 필수요건이다. 매달 간신히 살아남는 비즈니스가 아니라, 이처럼 독립적이고 건전한 디자인 기업의 기본적인 요소에 대한 올바른 지침을 얻을 수 있다.

현실을 회피할 수는 없다. 크고, 위험하고, 대담한 목표일지라도 목적지에 도달하려면 로드맵이 필요하다. 더 나은 미래를 계획하는 것은 실용적이 되는 것을 의미한다. 큰 목표에는 큰 계획이 필요하다. 배너는 그의 장기 목표에 대해 이렇게 말했다. "저는 사업 운영 방식을 바꿀 계획입니다. 직장이 엉망진창이라고 느껴요. 어떤 사람은 회의에서 직원의 20퍼센트가 일에 몰두하고 있다고 했는데, 저에게는 그것이 큰 기회입니다. 정말 의미 있는 브랜드 경험을 구축하고자 한다면, 그것은 직원이나 창작자의 경험에서 시작되어야 하니까요. 제가 지금 하고 있는 모든 일은 '어떻게 하면 우리뿐만 아니라 자매기업과 고객들을 위해 보다의미 있는 직원 경험을 쌓을 수 있을까?'라는 방향으로 나아가고 있습니다. 이런 계획은 아직 사고 리더십 수준에 있지는 않아서 저는 사고 리더로서 그 영역까지 나아가고자 합니다. 저는 좀 더 많은 글을 써야 해요. 올해는 책을 쓸 계획입니다. 7월에 한 달간 쉬면서 자기성찰을 하고 글을 좀 쓰려고 합니다. 지금 아이디어를 구상하고 있는데 주제가 무엇이든 마음을 열어두고 있습니다."

## 지속적인 유의성

디자인 리더가 세우는 계획의 규모에 관계없이, 그 계획은 모두 해당 시점에 시장의 요구사항과 연결되어야 한다. 가치를 제공하는 데 필요한 장비, 방법론, 기술이 끊임없이 변화함에 따라 아마 가장 큰 도전과제는 고객에게 지속적으로 유의성을 가지는 것이 아닐까. 아르멘다리즈는 이렇게 말했다. "매우 높은 수준에서 유의성을 유지하는 것이 가장 큰 도전과제라고 생각합니다. 이것은 제가 최근 콘퍼런스에서 발표한 프레젠테이션의 핵심 주제였습니다. 역사를 살펴보면, 디지털 프로덕트를 디자인하던 초창기에는 다양한 기술이 뒤죽박죽 섞여 있었습니다. 인터랙티브 저작 툴과 애니메이션 툴 덕분에 모션 그래픽도 조금 알았고, 사운드와 오디오에 대해서도 조금 알았고, 인터랙션 디자인과 시각 디자인에 대해 조금 알았고, 이 모든 툴과… 우리가 작업한 캔버스를 사용했습니다. 그러고 나서 웹이 좀 더 성장했고 iOS가 출시되면서 우리가 다루는 기술은 좀 좁아졌죠. 굉장히 좁은 범위의 기술을 개발했습니다. 기술 변화의 흐름을 살펴보면, 이제 사용자 인터페이스뿐만 아니라 시중에 나와 있는 다양한 종류의 디지털 프로덕트에서 우리가 광범위한 기술을 기민하게 꿰고 있지 않다면 금방 유의성을 잃는다는 것을 쉽게 알 수 있습니다. 변화가 너무 빨리 일어나서 지금부터 3년 후가 아니라, 어쩌면 1년 후가 될지도 모릅니다."

한두 가지 분야에 집중하는 것은 직관에 반하는 것처럼 보이지만 변화하는 환경에서 앞서나가는 유일한 방법이다. 수십 개 분야에 걸쳐 분산되어 있다고 해서 모든 사람을 만족시킬 수는 없다. 모든 사람과 관련이 있다는 것은 더이상 누구와도 관련이 없다는 것을 의미한다. "우리 숍에서는 디자인만 합니다. 그러니 제가 이렇게 말하면 좀 더 와 닿을 거예요. 우리는 더이상 평면 PSD(포토샵 문서), 와이어프레임, 프로토타입을 제공하는 것만으로는 살아남을 수 없다는 것을 일찌감치 깨달았습니다. 디자인과 기술 간의 격차를 좁힐 방법을 알아내지 못하고, 엔지니어가 그들의 환경에서 말하고 작업하는 것과 동일한 언어를 구사할 수 없다면, 우리는 유의성을 잃어버릴 겁니다. 이미 이 문제로 씨름하는 다른 많은 디자인 숍들을 보았습니다. 미래를 대비하려면 기술 분야에 대해 많은 계획을 세워야 할 것 같아요. 우리는 항상 이 분야에서 새로운 기술을 구축해야 합니다."

## 마지막 메시지

계획은 혼자 하는 일이 아니다. 디자인 리더는 도움 없이 미래에 대한 도전과제를 감당할 수 없다. 최고의 계획은 디자인 리더가 자신의 팀, 조언자, 파트너로부터 인풋을 얻을 때 생겨난다. 우리의 인터뷰는 가장 성공하는 디자인 리더가 외부의 인풋에 의존한다는 사실을 확인해주었다. 데브브릿지 그룹의 공동창립자 오리마스 아도마비치우스는 이렇게 말했다. 솔직히 파트너들 없이는 우리가 하는 일을 할 수 있을 것이라 생각하지 않습니다. 회사를 창립했을 때 우리는 5명이었습니다. 이제 8명의 파트너로 성장하여 사업을 함께 하고 있습니다. 저 혼자였거나 기존의 창립 멤버 3명만 있었다면 지금의 우리가 되지 못했을 거라고 생각합니다. 우리가 성장하면서 특정 분야에서 우리보다 훨씬 더 전문성이 있는 파트너를 영입하는 것이 매우 중요했습니다. 우리는 전에 이런 일을 해본 경험 없이 이 사업을 시작했습니다… 기술과 디자인은 알았지만 비즈니스를 구축하는 방법은 몰랐죠. 규모를 확장하고 파트너를 영입하면서 각자의 분야에서 뛰어나거나 엔지니어링 분야에서 알려진 사람들을 찾았습니다. 그런 다음 롤스로이스<sup>Rolls Royce</sup>에서 프로덕트 오너십을 맡았던 사람을 영입했죠." 아도마비치우스는 팀이 성장하면서 사업이 목표에 도달하는 데 필요한 특정 기술을 갖춘 사람들을 고용하려는 적극적인 계획을 세웠다. "팀을 구성할 때, 회사에 합류하면 조직을 근본적으로 다른 차원으로 끌어올려줄 사람들을 영입할 수 있습니다. 그런 다음 우리는 조직의 주주를 추려서 기능적 이사회를 형성했죠. 이제는 사업을 성장시키는 과정에서 관계를 맺은 다른 사람들을 영입하여 외부자문위원회를 설립하는 것도 검토하고 있습니다. 우리가 관여하고 있는 일부 벤처 기업의 파트너이거나, 우리가 정말 존경하고 친구로 생각하는 사람들이며, 미래에 잠재적으로 우리에게 가이드가 될 수 있는 사람들이죠."

**핵심 메시지** ─────────────────────────

- 훌륭한 계획에는 무엇보다 명확한 비전, 지침이 되는 원칙, 가치관, 실행단계가 필요하다.

- 계획을 세우면 비즈니스 활동에 집중할 수 있고, 방해요소를 피할 수 있다.

- 계획은 팀전이다. 파트너, 조언자, 멘토, 팀원들로부터 도움을 얻어라.

- 미래는 모호하기 때문에 계획대로 가는 일은 절대 없다. 계속해서 변화하는 미래에 적응하기 위한 유연한 계획을 세워라.

- 미래에 대한 계획은 효과적인 문화를 유지하는 방법을 찾는 것일 때가 많다.

- 큰 목표를 향해 노력하는 것은 가치 있는 일이지만, 명확한 계획이 있을 때에만 달성할 수 있다.

- 회사와 팀은 선형적으로 성장하지 않는다. 사이 사이에 빠르게 성장하는 스퍼트 구간과 느린 구간에 대해 계획하라.

- 장기 계획은 유행을 타지 않지만 기업과 팀에 가치를 환원하는 최선의 접근법이다.

# 6

# 성공한 리더들이 팀을 이끄는 법

우리가 인터뷰한 리더들은 리더십이라는 기술에 대한 각자만의 멋과 스타일을 보여주었다. 그 어느 스타일도 똑같은 것은 없었으나 성공한 리더들에게 일관적으로 나타나는 패턴이 있다. 우리는 이러한 스타일이 리더들을 그들의 비즈니스 비전과 기업문화에 어떻게 연결시켜주는지 논의한다. 시간이 지나면서 디자인 리더들은 변화하는 환경과 새로운 도전과제에 맞게 자신의 스타일을 조정한다.

## 서론

다행히도 우리는 모두 다르고, 1장에서 배웠듯이 그 다양성이 조직을 더 강하게 만든다. 서로 다른 관점이 다양하고 건전한 아이디어를 가져온다는 사실을 아무도 부인하지 않을 것이다. 하지만 그래도 질문은 남는다. 더욱 효과적인 리더십 스타일이 있을까? 우리의 인터뷰는 긍정적인 결과를 낳는 리더십 스타일을 찾는 것이 목표였다. 우리는 디자인 리더들에게 그들의 리더십 스타일에 대해 물었다. 또한 그러한 스타일이 만들어내는 결과에 대해 질문한 다음, 팀원들이 그 접근법에 동의하는지 조사했다. 이러한 관점을 비교하여 어떤 스타일이 가장 성공적인지 알아볼 수 있었다.

## 실패를 선물로

저브의 브라이언 쥬미엡스키는 이렇게 말했다. "리더십의 관점에서 저는 제가 하는 대부분의 일을 실패로 바라봅니다. 계속해서 실패만 하고 있어요. 저는 베이브 루스$^{Babe\ Ruth}$를 예로 들길 좋아해요. 베이브 루스는 뛰어난 야구선수였습니다. 수많은 홈런을 쳤지만 홈런을 친 만큼 스트라이크 아웃도 많이 당했죠. 그는 타율이 평균 300이었는데, 세계 최고의 야구선수가 되려면 대부분의 경우 많이 부족했다는 의미입니다." 직관에 반한다고 느껴질지도 모르겠지만 쥬미엡스키는 실패를 리더십 스타일로 본다. 성장 마인드로 마음을 열고 실패의 순간을 배움의 기회로 받아들임으로써 그는 경쟁에서 앞서고 있다. "리더십의 관점으로 보면, 리더는 항상 정답을 맞혀야 한다는 기대가 있습니다. 좋은 결과이든 나쁜 결과이든, 우리가 그 결과를 통해 사람들을 인도할 때 그 리더십은 옳다고 생각합니다. 매일 피드백을 기반으로 해서 조정하고 수정한 다음 그것을 다시 업무에 반영하고, 그다음 작업을 어떻게 할지 살펴 봅니다. 이것이 정말로 우리가 하는 모든 일입니다."

많은 리더들이 항상 정답이어야 한다는 욕심을 내려놓기 어려워한다. 정답에 대한 열망보다는 그들이 틀릴지도 모른다는 두려움이 주된 원인이다. 뉴욕 배럴$^{Barrel}$의 피터 강$^{Peter\ Kang}$은 이렇게 말했다. "저는 아주 어린 나이에 사업을 시작했어요. 그때 저는 23살이었고, 제 파트너는 21살이었습니다. 그래서 함께 일하는 것이나 우리의 첫 직원들과 일하는 것에 대해 많은 부분을 잘 몰랐죠. 우리는 두려웠습니다. 많은 부분을 두려움 속에서 운영했기 때문에 그렇게 표현하는 것이 제일 적당할 것 같아요." 두려움이 방해가 된다는 사실을 인정하는 것이 강에게는 개인적인 성장의 시작이었다. 모든 답을 알고 있는 척하는 것은 강과 그의 파트너가 항상 비즈니스의 모든 세부 사항을 관리해야 한다고 느끼는 상황에 빠뜨렸다. 이런 식의 마이크로매니지먼트는 지친다. 이 방법이 효과가 없다는 것을 깨닫고, 실패에 익숙해져야 한다는 사실을 받아들이자 이해의 영역으로 넘어갈 수 있었다. "처음에는 직원들에게 급여를 주고 우리를 위해 일한다고 생각했지만, 그들이 정말 일하고 있는지, 그들을 믿을 수 있을지조차 확신하지 못했습니다. 끔찍한 사고방식이었죠. 수년에 걸쳐 직원들이 성장할 가능성이 있고, 지지받고 있다고 느끼고, 세부적인 부분까지 다 간섭받지 않는 환경에 있을 때 최고의 성과가 나온다는 사실을 알게 되었습니다."

강은 계속해서 자신의 리더십 스타일이 초창기 때부터 지금까지 어떻게 변화해왔는지 설명했다. "이제는 직원들이 각자 최선을 다할 것이라고 믿기 때문에 간섭하지 않습니다. 그걸 이해하는 데 오랜 시간이 걸렸죠… 이런 환경을 만들려고 노력했기 때문에, 이제는 제가 가까이 있지 않아도 일이 잘 진행될 거라는 생각에 편안해졌어요." 다른 이들이 최고의 창의성을 발휘할 수 있도록 안전한 공간을 만들어주는 것은 강과 배럴만 생각한 부분은 아니다. 성공한 수십 개의 디자인 기업들은 이를 주요 목표로 삼고 이러한 정신을 더욱 장려하고 강화할 수 있도록 리더십 스타일을 조정한다. 그렇게 하면 리더가 사업의 모든 측면을 제어할 필요가 없어진다. 대신 신뢰하는 환경을 조성하여 팀은 잘하는 일을 계속할 수 있고, 리더는 좀 더 전략적인 문제에 집중할 수 있다. "엄청난 개인적 성취로 느껴집니다. 오랫동안 저는 항상 제가 업무에 관여하거나 통제해야 한다고 생각해 왔거든요."

토론토에 있는 데맥 미디어의 CEO 맷 버툴리[Matt Bertulli]는 모든 것을 알아야 할 것 같은 느낌 없이 어떻게 조직을 이끄는 법을 배웠는지를 회상하며 말했다. "할아버지로부터 배운 것 같습니다. 우리 가족은 온타리오 북부에서 대규모 실내장식 사업을 하고 있었고, 저도 그곳에서 자랐습니다. 베이비시터나 탁아소 같은 건 없었어요. 저는 말 그대로 사무실 뒤쪽 방에서 컸죠. 할아버지, 할머니, 부모님, 형제들이 모두 가업을 이어받아 일하는 모습을 볼 수 있었습니다. 우리는 항상 고객이 찾아오고, 낯선 사람 집에 찾아가는 굉장히 사교적인 환경에서 자랐습니다." 사업을 시작한 지 6년 차에 접어든 버툴리는 모든 비즈니스에서 맞닥뜨리는 과제인 실패에 익숙하지만, 아직도 그의 조부모와 부모가 어떻게 사업을 성공적으로 해냈는지 궁금해한다. "저는 항상 어머니께 이렇게 말합니다. '어떻게 이 일을 하셨는지 모르겠어요.'" 성장 마인드를 갖는다는 것은 실수를 할 것이며 그래도 괜찮다는 사실에 편해지는 것을 의미한다. "할머니는 아직도 별일 아니라는 듯이 이렇게 말씀하세요. '네가 도대체 뭘 하고 있는 건지 절대 모를 거다.'" 이런 즉흥적인 보물들은 우리가 생각하는 것보다 더 중요하다. 실패를 피할 수 있는 어떤 마법 같은 방법이 있다고 믿으면 리더들은 마음이 무너질 수밖에 없다. 성장을 위한 건전한 사고방식은 실패를 받아들이고 어려움을 보다 나은 곳으로 가는 길의 일부로 보는 것이다. 버툴리는 이렇게 덧붙였다. "리더십은 저에게 재미있는 단어 같아요. 저는 리더십을 그냥 일상적인 행동이라고 생각합니다만, 다른 사람들은 특정 직책이나 책임이 있어야 리더라고 생각하는 것 같습니다. 하지만 큰 차이는 없습니다."

학습 마인드는 우리가 인터뷰한 리더들에게서 공통적으로 나타났다. 디자인 리더 중 75퍼센트가 유연하고 성장 지향적이라고 답했다. 그리고 25퍼센트는 자신을 '매우 적응력이 뛰어난' 또는 '카멜레온'이라고 표현했다. 우리가 한 조사의 성격이 성장과 배움에 가장 개방적인 리더들을 끌어들였을 가능성도 있다. 만약 그렇다면, 평생 학습자를 많이 발견해서 행운이지만, 고정된 사고방식의 리더들이 실패를 마주할 때 무엇을 하는지에 대한 관점을 듣지 못한 것이 조금 아쉽다. 우리의 관점으로 볼 때 실패에 대처하지 않는다면 그는 아마도 좋은 리더가 아닐 것이다. 건전한 사고방식에 따르면 실패의 이면에 배움이 있기에 훌륭한 디자인 리더가 다른 이들의 멘토나 롤모델이 되는 것이 놀랍지 않았다. 또한 성장 마인드를 가진 리더들이 가르치는 일을 좋아한다는 사실도 놀랍지 않았다. 우리가 인터뷰한 거의 모든 디자인 리더들은 자주 글을 쓰고, 콘퍼런스에서 연설하고, 다른 디자이너들을 지도한다. 엑스플레인의 데이브 그레이는 이렇게 말했다. "저는 말하자면 일종의 교사 스타일입니다. 간섭하지 않는 선생님이죠. 직원들이 스스로 배우고 알아가는 구조를 만들고 싶습니다." 이 말은 굉장히 유용하다. 디자인 리더가 모든 실패의 순간에 함께 하며 통찰력 있는 가르침을 주기는 어렵다. 훨씬 더 효과적인 접근법은 교사가 곁에 없을 때에도 학습을 지원하는 환경을 조성하는 것이다. 이렇게 하려면 여러 가지 전략이 필요하지만, 거의 대부분 솔선수범하는 방법을 포함한다. "리더로서 저의 강점은 사람들에게 영감을 주고 격려하는 것입니다. 저는 제가 하는 일에서 모범을 보이려고 노력합니다. 사람들이 저를 보면 '그래, 나도 저렇게 되고 싶어', '저런 일을 하고 싶어', '저런 사람이 되고 싶어' 이런 말을 하도록 말이죠. 그래서 저는 가르치기만 하는 것이 아니라 행동합니다." 나는 이 접근법을 매우 좋아한다. 리더로서 발생하는 모든 문제를 해결하기 위해 직접 나서지 않는 것은 종종 어려운 일이다. 자신을 교사라고 생각하면 가르친 다음 한 걸음 뒤로 물러설 수 있다. 학생들이 교훈을 얻을 수 있도록 가끔은 실패하게 두는 것이다.

실천적인 본보기를 보이는 것 또한 어려움이 따른다. 항상 자신이 나서서 행동하고 누구에게도 위임하지 않으면 팀원이 자신의 경험을 통해 배울 수 있는 기회가 줄어들고 약간의 불신감을 느낄 수 있다. 그레이는 이렇게 말했다. "저는 다른 사람의 일에 간섭하지 않으려고 합니다. 제 일에 대해 굉장히 비판적이기 때문에 그걸 보완하려고 노력하죠. 완벽주의자 성향이 있어서 다른 사람들의 작업을 볼 때는 이런 성향을 좀 누그러트리려고 합니다. 대개는 비판할 점에 대해 말하지 않는 방식보다는 제 마음에 든 모든 것들을 말하는 방식으로 완화합니다. 이건 잊어버리기 쉬운 부분이죠. 보통 그런 것들을 저 자신에게 말해주지는 않으니까요." 실패는 친구지만 그렇다고 해서 리더가 부정적인 부분에만 집중하라는 것은 아니다. 이 모든 것에서 균형을 찾는 것이 여기서 배울 교훈이다. 디자인에는 비평이 필요하지만 전부 부정적일 필요는 없다. 실패뿐만이 아니라 긍정적인 부분을 찾고 긍정적인 교훈도 강화해야 한다.

## 연결을 통해 이끈다

현대의 조직에는 애매한 영역이 많다. 이러한 애매모호한 영역 중 하나는 리더가 자신과 팀원들 간에 연결점을 만드는 방법이다. 뱅크뷰의 스코티 오마하니는 이렇게 말한다. "저는 굉장히 편안한 사람입니다. 함께 일하는 사람들과 친구가 되는 걸 좋아하죠. 그들을 마치 제 가족처럼 생각해요. 전 우리 팀에 대해 굉장히 열성적입니다. 팀을 굉장히 아끼고, 매우 투명합니다." 직원들과 친분을 쌓는 것은 좋은 리더십 전략이 아니라고 알려져 있다. 이것이 정말 사실인지는 확실하게 말할 수 없다. 우리가 관찰한 바에 따르면 많은 디자인 리더들이 함께 일하는 동료들과 친밀한 관계를 맺고 있었다. 보편적인 특징은 아니었으나 우리가 디자인 리더의 사무실에 방문했을 때 자주 관찰된 특징이었다. 이러한 우정은 매일 함께 일하는 직원들에 대한 리더의 관심과 애정에서 생기는 것 같아 보인다. 이들은 전통적인 상사와 직원의 관계처럼 어느 정도 거리를 두는 대신, 직장 안팎으로 직원들의 삶에 진심으로 관심을 기울였다.

오마하니는 이렇게 말했다. "그들은 저에 대해 거의 모든 것을 알고 있어요." 오마하니는 팀이 그를 알아가고 개인적인 통찰력을 상호교류하는 것을 돕기 위해 전형적이지 않은 방식으로 팀에게 마음을 열었다. "이곳 뱅크뷰에서 저는 저 자신에 대한 발표를 했습니다. 저의 배경과 어떻게 이곳에 오게 되었는지, 어디에서 영감을 얻는지 그런 것들 말이죠. 이제 각 팀원들에게도 똑같이 발표를 하라고 합니다. 그들에게 자신의 배경은 어떻게 되는지, 무엇이 그들을 움직이게 하는지 이야기를 나눠달라고 요청했습니다. 다른 구성원들에게 매우 중요하고 팀에 도움이 되니까요." 이것이 독특한 사례는 아니다. '서로 알아가기' 방식의 프레젠테이션은 성공하는 팀에서 매우 흔히 볼 수 있는 일이며 거의 항상 상위 직급자부터 시작했다. 엔젠 웍스처럼 원격근무 팀이 있는 기업의 경우, 스카이프를 사용해 개인적인 이야기를 나누는 해결책을 마련했다. 직원들은 개인적으로 흥미롭고 의미 있는 주제에 대해 팀 전체를 대상으로 발표했다. 몇몇 디자인 기업은 '당신의 회사를 알라<sup>Know Your Company</sup>'와 같은 툴을 사용하여 신입사원이 자신의 배경, 관심사, 경험을 팀과 공유하게 했다. 프레시 틸드 소일에서는 '당신의 회사를 알라'와 같은 툴과 전사 회의를 함께 활용하여 관심사를 포함해 자신에 대해 나누고 싶은 것을 공유한다.

디자인 리더가 자신에 대해 개방적이고 투명하면 팀원들도 그런 경우가 많다. 다른 사람들과 동등한 레벨에 있다는 건 리더십 자리를 포기한다는 의미가 아니다. 브라이언 윌리엄스는 이렇게 설명했다. "어떤 면에서는 자신을 동료로 보아야 합니다. 저는 이 집단의 한 사람일 뿐입니다. 처음부터 모두가 친해지는 것은 아니지만 우리는 확실히 가족 친화적인 환경이에요. 가족이 아니고 사업체이기 때문에 그 차이는 중요합니다. 제 형제가 비즈니스 파트너이고 자매가 채용 담당자라 가족적인 측면도 있지만, 저는 가족사업이라는 꼬리표가 사람들에게 우리가 그다지 야심적이지 않다는 인상을 주기 때문에 좋아하지 않습니다. 우리는 '가족 경영'이 아닙니다." 윌리엄스의 구분은 정확하다. 전형적인 '가족사업'이라는 이름표 없이도 비즈니스 팀을 가족처럼 대할 수 있다.

비젯 같은 기업의 경우, 사람을 존중하는 태도로 대하고 지원이 필요할 때를 살핀다. 윌리엄스와 대화할 때 그가 비젯의 직장 식구들에게 마음을 쓰는 것이 분명해 보였다. "그것이 제 리더십 스타일이라고 생각합니다. 저는 직원들과 깊이 연결되어 있어요. 사내의 모든 사람들과 가깝게 지내고 싶습니다." 70명이 넘는 직원을 거느리고 있는, 비젯과 같이 비교적 규모가 큰 에이전시에서 윌리엄스가 직원들 모두와 일대일 면담을 하는 것이 놀라워 보일지도 모른다. 윌리엄스는 직원들에게 이러한 시간을 투자하며, 리더십 스타일과 관리 스타일을 명확하게 구분한다. "제가 아직도 모든 연례 검토나 일대일 면담을 하는 것에 대해 동료들은 비난합니다. 저는 이 시간이 회사뿐만 아니라 업계를 살피는 방식이라고 생각합니다. 이 모든 회의에서 많은 것을 배우고, 함께 일하는 사람들로부터 감명받아요. 30분 동안 앉아서 그들이 어떻게 지내는지, 무엇을 보고 있는지, 어떤 것에 흥미를 느끼는지에 대해 이야기할 수 있는 기회입니다. 관리가 아니죠. 저에게는 정말로 흥미로운 리더십 대화입니다. 전혀 부담으로 생각하지 않아요."

그 반대도 통한다. 연례 검토를 통해 팀은 윌리엄스로부터 배우고 그의 리더십 스타일을 파악할 수 있다. 그들 또한 윌리엄스에게 무엇이 효과가 있고, 그가 무엇에 더 힘을 쏟을 수 있을지 알려줄 수 있다. 360

도 피드백을 실시함으로써 윌리엄스는 자신의 리더십에 대한 피드백을 요청하고, 그 피드백을 성장하고 개선하는 데 활용한다. "현재는 피드백이 좀 과하다고 생각하지만, 그래도 좋은 피드백입니다." 윌리엄스는 이러한 대화가 회사를 위한 최선의 리더십을 만들어갈 때 필요한 통찰력을 제공해준다고 생각한다. 그는 보다 장기적인 것에 집중하는 리더십 스타일에 대해 대화를 열 수 있는 다른 방식이 있음도 인정한다. "좀 더 멀리 내다보기 위해 회의에 참석하여 다른 CEO와 조언자들을 만납니다." 다른 리더와 만나 매일 비즈니스 과제에 어떻게 대처하는지 들으며 시대에 적합하면서도 진화하는 리더십 스타일을 형성하는 데 필요한 통찰력을 얻는다.

전략적 리더십을 순이익보다 더 큰 성과와 연결하는 것은 우리가 계속해서 들었던 주제였다. 회사를 대가족으로 생각하든 성공한 사람들로 구성된 커뮤니티를 구축하는 것으로 생각하든 간에 지속되는 유산을 만들고자 하는 바람은 거의 모든 리더의 스타일 중 일부였다. 보스턴에 위치한 코어 그룹의 파트너이자 공동창립자 카렌 덴비 스미스[Karen Denby Smith]는 이렇게 말한다. "사실 저는 지지적이고 창의적인 커뮤니티를 만든 것으로 기억되고 싶습니다. 실제로 우리 작업의 질보다 훨씬 더 중요하죠. 품질보다 더 중요한 것은 개개인과 우리가 함께 일하는 사람들을 존중하는 것입니다. 코어가 정말 사람을 아끼고 인간관계를 존중하는 기업이었다는 것을 역사에 남기고 싶어요." 지난 수십 년간 비즈니스는 크게 변화했다. 기업이 직원과 고객보다 매출과 이익을 우선시하던 과거는 이제 너무나도 낯설어 보인다. 어쩌면 내가 순진한 것이고 상황이 그다지 바뀌지 않았을 수도 있다. 하지만 훌륭한 리더십의 중심에는 사람이 있다고 확실히 말할 수 있다. 사람을 존중하는 것이 훌륭한 디자인 조직을 만드는 첫 걸음이다.

## 강경한 방식과 부드러운 방식 간의 균형 맞추기

트리플 보텀라인의 문화를 조성하고자 하는 열의를 히피 철학으로 오해해서는 안 된다. 우리가 만난 리더들은 팀이 그들을 필요로 할 때 매우 쉽게 다가갈 수 있는 사람이지만, 상황이 골치 아파지면 강경해졌다. 패스트스팟의 트레이시 할보르센은 이렇게 말했다. "저는 굉장히 편안한 사람이지만, 필요할 때는 강경해집니다. 저랑 맥주 한잔 할 수 있다는 걸 다들 알고 있을 거예요. 수다도 떨 수 있죠. 하지만 리더는 필요할 때 어려운 결정을 신속하게 내릴 수 있어야 합니다. 그러지 않으면 큰 피해를 입힐 수 있으니까요." 할보르센은 '직접적으로 강경'한 것과 마이크로 매니지먼트 사이의 차이점을 설명했다. "팀에서 어려운 선택을 해야 할 때, 저는 세부적인 것까지 다 간섭하려고 하지 않아요. 모두가 많은 자유를 누리는 팀을 구축하고 싶어요. 하지만 팀이 그 문화를 존중하고, 그 문화가 그들을 지탱해 줄 때에만 훌륭한 작업을 할 수 있죠." 마지막 요점은 우리가 모든 성공하는 디자인 그룹에서 관찰한 부분을 다시 한번 확인시켜준다. 그들은 솔루션을 제공하기 위해 디자인을 수단으로 활용하는 비즈니스처럼 운영한다. 리더들은 우연히 사업에 뛰어든 디자이너가 아니다. 이들은 배려심 있고 친절하지만, 동시에 가치를 제공하고 사업의 재무건전성을 유지하는 데에도 집중하는 리더십 스타일을 갖고 있다. 리더는 양육과 강인함 사이의 줄타기를 한다. 성공하는 디자인 리더는 항상 머릿속에 이런 직관에 반하는 스타일을 가지고 있으며 포용해주어야 할 때와 질책해야 할 때가 언제인지를 알고 있다.

언제 냉혹해지고 언제 부드러워져야 할지 아는 것은 쉽지 않다. 디자인은 세세한 부분까지 신경을 써야 한다. 디자인 리더는 개방적이고, 사람을 잘 믿고, 잘 공감하는 경우가 많지만 자신의 기술에 대해서는 마찬가지로 완고하고 냉철하다. 세부적인 것에 집착하고 다른 이들이 디자인 언어를 이해하지 못하면 답답해한다. 우리가 만난 많은 디자인 리더들은 디자인의 근시안적인 장인정신과 새로운 혁신적 아이디어를 불러오는 성장 지향적인 개방성 사이에서 균형을 찾는 것 같아 보였다. 카렌 덴비 스미스는 이렇게 말했다. "우리가 하는 일의 투명성은 높습니다. 그러나 우리가 하는 일 중 또 다른 부분은 디자인의 순수 철학에 대한 매우 탄탄한 기반을 가진 사람들을 찾는 것입니다. 그래서 타이포그래피와 색채이론의 체계를 이해하지 못한다면 코어 그룹에 들어오지 못할 겁니다." 디자인에서 하드 스킬과 소프트 스킬 간의 균형을 찾는 것은 훌륭한 리더십의 도전과제다. 언제 장인정신 같은 세부 사항을 내려놓고, 디자인 비즈니스 운영이라는 큰 그림에 집중할지 아는 것이 성공하는 리더십 스타일의 중요한 특징이다.

리더들은 디자인 기업과 그곳에서 일하는 직원들 사이의 신뢰 계약을 자주 상기시켰다. 포틀랜드에 있는 인스트루먼트의 파트너이자 총괄매니저인 빈스 르베키아는 이렇게 말했다. "마음으로 이끄는 것이라 생각합니다. 조금 느끼하게 들리겠지만, 저는 그저 직원들과 소통하고 이해를 하고 싶어요. 저는 사교적인 유형의 사람입니다. 그래서 직원들과 교류하고 그들에게 신뢰감을 느낄 수 있다면, 이 거래가 성사되는 거죠. 직원들은 이곳에서 하루의 8시간을 보냅니다. 저는 그에 대한 대가를 지불해주죠. 하지만 그 이상의 것이 있습니다. 우리는 많은 것을 제공하기 때문에 신뢰 차원에서 이 거래를 유지할 수 있다면 많은 것을 되돌려받을 겁니다." 서비스와 돈을 교환해야 하는 비즈니스 환경에 있는 것이 분명한 사실이더라도, 르베키아와 같은 리더는 고용주와 직원 사이에 여전히 신뢰가 필요하다는 사실을 보여준다. "저의 리더십 스타일은 항상 균형을 유지하는 겁니다. 무표정 테스트를 통과하고 이곳의 모든 직원들과 연결감을 가진다면, 제가 옳은 일을 하고 있다는 느낌이 들 겁니다." 이는 비젯의 브라이언 윌리엄스와 패스트스팟의 트레이시 할보르센 같은 다른 리더들이 한 이야기를 떠올리게 했다. 강력한 개인적 연결은 신뢰의 관계로 이어지며 이는 비즈니스에 도움이 된다. 그리고 이는 그저 르베키아의 립서비스도 아닌 것 같아 보인다. 인스트루먼트의 CEO이자 르베키아의 비즈니스 파트너인 저스틴 루이스<sup>Justin Lewis</sup>는 이렇게 말했다. "빈스는 회사의 심장이자 영혼입니다."

리더들은 팀에 누가 있고, 무엇이 그들을 움직이게 하는지 파악하는 데 시간을 투자한다. 여기서 핵심은 모두에게 시간을 내어주는 것이다. 뱅크뷰의 스코티 오마하니는 이렇게 말한다. "가장 큰 부분은 제가 굉장히 가까이하기 쉬운 사람이라는 점입니다. 저는 팀원들과 편안하게 만남을 가지려고 합니다… 밖에 나가서 커피나 음료를 마시거나 그냥 걸어 다닙니다. 바로 옆에 호수가 있어서 호숫가를 산책하며 사람들을 알아갑니다… 그럼 그들은 저와 이야기하는 것을 편하게 느끼죠. 알다시피, 저는 저 자신을 강경파 관리자라고 생각하지 않습니다. 이래라저래라 명령하지 않죠. 그보다 저는 그런 장애물을 치워주는 사람에 가깝습니다. 직원들의 직장 생활을 도와주는 사람입니다." 다른 이들을 성공시키는 것이 자신의 주된 역할이라고 생각하는 리더는 그들이 추구하는 보상을 받는 경향이 있다. 즉, 팀이 목표를 달성하도록 돕는 것이 리더가 팀에 기여할 수 있는 가장 큰 공헌이다. 오마하니는 부드러운 스타일과 강경한 스타일 간의 균형에 대해 강조했다. "저는 다가가기 쉬운 사람이지만, 한편으로는 순응을 거부하고 강경하게 의견을 표현하기도 합니다. 제 생각을 말하죠. 궁극적으로, 저는 제가 하는 일에 있어서 매우 신중하고, 대개는 팀을 위해 그 자리에 있을 뿐입니다. 팀원들도 그렇게 말할 것 같고요."

때로는 신뢰가 먼저 오고 그다음에 구조화된 접근법이 따른다. 언록 스튜디오의 CEO 마르셀리노 알바레즈는 이렇게 말했다. "저의 리더십 스타일은 시간이 지나면서 확실히 변했습니다. 초반에는 모두가 자신이 해야 할 일을 할 것이라는 믿음이 컸습니다. 직원이 5~6명일 때는 신뢰하기 매우 쉽고 어떤 일에 직접 나서지 않아도 된다고 생각하죠." 대부분 같은 공간에 앉아있는 경우가 많기 때문에 작은 집단은 본질적으로 관리하기가 더 쉽다. 알바레즈는 이렇게 말했다. "현재 직원이 22명이고, 프리랜서나 인턴이 대여섯 명 있습니다. 거의 30명에 가깝죠. 그래서 신뢰에만 의존하는 것은… 통하지 않아요. 어떤 기술 도구를 써서 연락을 취하든 대화가 확장되지 않습니다. 그래서 저의 관리 스타일을 돌아볼 수밖에 없었고, 제가 신뢰하는 핵심 팀이 있다는 사실을 깨닫게 되었습니다. 그들은 자신의 업무에 굉장히 유능하죠. 하지만 우리가 무엇을 해야 하고, 왜 해야 하는지에 대해 자주 대화하지 않는다면 그저 저절로 마법처럼 복제되어 모두에게 전해지지 않습니다."

이는 내가 균형을 잡기 위해 배운 것이다. 사람들을 믿고 그들이 언제나 올바른 일을 할 것이라고 기대하는 것은 당연하지만, 그들이 알아서 일을 잘하리라는 보장은 없다. 기업이 성장하면 사람들이 그들에게 무엇을 기대하는지 명확히 아는 것이 점점 더 어려워진다. 회사의 각 직원에게 기대하는 것이 무엇인지 설명하는 시간을 내야 한다. 꽤 많은 시간을 투자해야 하지만, 한편으로 굉장히 눈에 띄는 결과가 나온다.

신뢰를 쌓는 것은 진정성이 있을 때에만 가능하다. 즉, 자신이 누구이며 자신에게 중요한 것이 무엇인지에 대해 투명해져야 한다는 뜻이다. 성공하는 디자인 리더는 자신의 길에 있어 어려운 선택을 해야 하는 경우가 많다. 자기 자신이 되는 것은 종종 자신의 직함보다 더 강력한 무언가를 의미한다. 다른 사람들을 이끌고 영향력을 행사하는 CEO가

될 필요는 없다. 당신의 리더십 스타일은 전형적인 리더의 모습이 아닐지도 모르지만, 진정성이 있다면 주변 사람들의 존경을 받을 것이다. 그런 존경이 신뢰를 형성한다. 버진 퍼스의 프로덕트 디자인을 이끄는 제프 쿠슈메렉은 이렇게 말한다. "저는 GE의 잭 웰치Jack Welch나 포춘 500대 기업의 CEO가 되지는 못할 겁니다. 하지만 지금 제가 무엇을 좋아하는지는 알고 있습니다. 그것은 저 자신이 되고, 작은 팀과 일하고, 하루종일 <30 Rock>과 <위대한 레보스키Big Lebowski>의 대사를 인용하는 것을 뜻하죠. 그런다고 해서 제가 이런 대기업의 이사직을 맡게 되지는 않겠지만, 저 자신에게 솔직해져야 합니다." 이러한 솔직함과 팀에 대한 개방성이 그가 업무를 완수하는 데 필요한 소프트 파워soft power(군사력, 경제력 등 물리적으로 강압하는 능력인 '하드 파워'에 대응하는 개념으로, 명령이 아닌 자발적으로 행동하고 싶게 만드는 능력을 말한다)를 제공한다.

## 장기적인 스타일

밴쿠버에 위치한 하바네로 컨설팅 그룹의 스티븐 피츠제럴드에게 리더십 스타일을 묻자 이렇게 답했다. "인내하는 스타일 입니다. 저는 사물을 장기적인 관점에서 생각하는 데 집중한다는 걸 시간이 지나면서 깨달았습니다. 우리는 라이프스타일 조직을 만들고 싶지 않았습니다." 기업들이 여러 가지 수익에 대해 생각하고 어떻게 '전세계적으로 영향을 줄지' 생각하는 시대에, 디자인 리더십에 단순히 급여나 보상 이상의 더 큰 목표가 필요한 것은 자명하다. "여기에 잘못된 건 없습니다. 라이프스타일 비즈니스를 부정적인 것이라 표현하고자 하는 것이 아닙니다.

하바네로가 중요한 역할을 할 수 있는 세상의 변화가 있다는 생각을 하는 겁니다. 더 장기적으로 나타나겠죠. 안타깝게도 저는 그 기간 동안 계속 이 역할을 할 수는 없을 겁니다."

피츠제럴드의 태도는 성공하는 서비스 디자인 리더들에게서 공통적으로 나타난다. 퇴출로 가는 길이 분명한 제조업과 달리, 서비스 기업은 장기간에 걸쳐 퇴출되는 경향이 있다. 인수나 IPO<sup>Initial Public Offering</sup>(기업의 외부 투자자들에 대한 첫 주식공매)는 서비스업에서 보기 드문 결과다. 그렇기 때문에 리더들은 선택의 폭이 좁으며, 직감적으로 고객에게 장기적인 가치를 제공하기 위한 전략에 더욱 집중하게 된다. 피츠제럴드는 이렇게 말한다. "많은 이직과 변화, 그리고 진화와 성장이 있을 겁니다. 우리는 정말 오래 지속될 조직을 구축해야 합니다. 조직의 지속 가능성에 대해 많은 생각을 했습니다. 저는 항상 사람들이 와서 여러분의 문화를 실천하고 아이디어를 나누는 건물을 만들고 있다고 생각합니다." 그는 은유를 사용하여 설명했다. 피츠제럴드는 높이가 하늘까지 닿는 굉장히 두꺼운 벽이 있는 건물을 짓는 자신의 모습을 상상한다. "직원들이 와서 아이디어를 공유하는 아름다운 공간이 될 겁니다. 종교적인 맥락은 아니지만, 아주 두텁고 깊은 기반을 만들기 위해 노력하고 있습니다. 이것이 우리가 고용과… 문화 같은 부분에 막대한 투자를 하는 이유입니다. 상황이 장기적으로 어떻게 전개되고, 우리가 어디로 가야 하는지에 대해 훨씬 더 많은 관심을 두고 있습니다. 이러한 목적의식과 세상에서 만들고자 하는 변화가 있습니다. 오랜 시간이 걸릴 것을 알고 있습니다. 그러려면 많은 인내심이 필요하다고 생각합니다."

장기적으로 사고하는 것은 어렵다. 특히 빨리 성장해야 한다는 또래집단의 압력에 민감한 젊은 리더에게는 더욱 그렇다. 크라우드 페이보릿의 카림 마루치는 이렇게 말했다. "나이가 들수록 인내하는 법을 더 배웠고, 저는 개인적으로 그것이 저에게 매우 좋은 영향을 주었다고 생각합니다. 젊을수록 더 공격적으로 나서서 고객을 확보하고 프로젝트를 따내고 싶어 하죠." 마루치는 크고 작은 여러 조직에서 일하면서 좋은 경험을 했기 때문에 인내심의 가치를 잘 알고 있다. "언제 안 된다고 말할지 배우고, 다른 기회를 찾기 위해 어떤 기회를 흘려보내도 되는지를 배웁니다. 스트레스의 다양한 지점을 어떻게 더 잘 다룰지를 배우는 겁니다." 마루치는 이러한 교훈을 어렵게 배웠다. 에이전시에서 개인적으로 43건의 인수합병을 관리한 그는 인내심이 성공의 핵심이라는 것을 잘 알고 있다. "저의 경력을 보면 즉각적으로 순수익이 나는 거래를 성사시킨 적도 있었고, 좀 더 장기적인 가치를 염두에 두고 성사시킨 거래도 있었습니다. 저는 후자를 선호합니다."

## ▌ 스타일은 다양해도 목표는 하나

우리가 인터뷰한 디자인 리더들은 모두 각양각색이었다. 그들의 배경, 경험, 기술, 성별, 문화적 다양성으로 인해 스타일의 공통점을 찾기가 어려웠다. 그럼에도 불구하고 모두 팀의 성공이라는 하나의 공통된 목표를 위해 노력하는 것처럼 보였다. 언콕 스튜디오의 마르셀리노 알바레즈는 이렇게 말했다. "저의 관리 스타일은 항상 유동적입니다. 솔직히 말하자면 지금까지 우리가 겪은 규모의 변화로부터 배우고 있습니다. 저는 일대일 정책을 바꾸었습니다. 예전에는 제가 적절하다고 느끼는 주기로 직속 보고를 받곤 했습니다. 4주에 한 번일 때도 있었고, 5~6주에 한 번일 때도 있었죠. 이제는 매주 진행합니다. 그렇게 한 달이 되자 큰 변화가 있었습니다. 도심지에 있는 또 다른 CEO 친구와 대화를 나누던 중에 그는 저에게 이렇게 말했습니다. '우리는 전부 일대일로 합니다. 모두 같은 날에 일정을 잡죠.' 예전에는 6~7일에 걸쳐 일대일 보고를 받았는데, 지금은 매주 목요일에 25분 간 일대일 시간을 가집니다. 일정상으로는 매주 하루를 다 쓰는 것 같지만, 사실 이런 회의를 하다 보면 그렇게 느껴지지는 않습니다. 같은 날 8건의 대화를 나누면 어떤 일이 있는지 알게 되고 실시간으로 대응할 수 있습니다." 팀과 긴밀하게 연결되면 즉각적으로 팀을 도울 수 있는 기회가 생긴다. 연간 확인절차나 검토를 기다리지 않아도 되기 때문에 다른 조직은 꿈에서나 그릴 수 있는 방식으로 배우고, 가르치고, 성장하는 기회가 팀에게 생긴다.

필라델피아에 있는 슈퍼프렌들리의 댄 몰과 같은 디자인 리더의 경우, 그들의 리더십 스타일은 그들이 만든 운영모델과 잘 맞는다. 슈퍼프렌들리는 헐리우드 팀 관리 모델을 활용하여 특정 프로젝트를 위한 임시 디자인 팀을 모은다. 매 프로젝트에 새로운 팀이 배정될 때마다 작업을 훌륭하게 해내려면 담력이 필요하다. 그렇기에 시간 기한이 있는 결과물을 위해 인재를 모으는 것이 감독의 몫인 것 같다. 몰은 자신의 역할과 리더십 스타일에 대해 이렇게 말한다. "제가 협력하는 프로젝트에 대해서는 제가 디렉터를 맡습니다. 이런 할리우드 모델은 제가 원하는 만큼 많은 팀을 만들 수 있다는 점에서 확장성이 굉장히 좋다고 생각합니다. 한 번에 100개 팀을 운영하지 않는 이유는 너무 많은 일을 벌리면 연출력에 영향을 주기 때문입니다. 그래서 제가 직접 관여할 수 있는 수준으로 작업하는 프로젝트 양을 제한하려고 합니다. 그래야 그 프로젝트들에 집중할 수 있습니다. 모든 슈퍼프렌들리 프로젝트의 공통점이 저라는 것을 알기 때문에 저는 이 모든 프로젝트의 품질을 유지해야 합니다. 그렇게 하지 못한다면 좋은 작업 포트폴리오를 만들 수 없습니다.

그 작업물은 판매할 수 없겠죠. 제가 그 공통분모가 되어야 하기 때문에 최대한 일관성을 유지하려고 노력합니다.”

프로젝트를 감독하려면 전술적 리더십과 전략적 리더십이 모두 필요하다. 잠자코 가만히 있으면 명확한 프로젝트 결과를 달성할 수 없다. 몰은 이렇게 말했다. “저는 제가 하고 싶은 일과 프로젝트에 대한 비전을 단도직입적으로 말하는 편입니다. 이런 것들에 대해 알리는 것을 부끄러워하지 않습니다. 하지만 고용하는 팀원에게도 자신이 하고 싶은 것과 비전, 또는 기술에 대해 제안할 수 있도록 최대한 마음을 열어두려고 합니다. 제 일은 큐레이터와 비슷합니다… 어떻게 하면 최고의 작업을 수행하는 사람들을 찾을 수 있을까? 어떻게 하면 그들이 자유롭게 일할 수 있는 충분한 공간을 만들 수 있을까? 이런 것들에 대해 생각하죠. 어떤 이들은 비즈니스 측면에 관여하기를 원하고, 어떤 이들은 포토샵 작업에 참여하고 싶어 합니다. 이 두 부류의 팀원들을 위해 제가 할 일은 그들이 일을 보다 효과적으로 수행하도록 돕는 것입니다.” 몰처럼 자신을 영화 세트장의 감독으로 보든, 르베키아처럼 팀의 정신적인 리더로 보든, 원하는 것을 팀에게 정확하게 전달하는 것이 중요하다. 리더가 명확하게 메시지를 전달하고, 그 반대로도 소통이 잘되게 돕는 것은 리더들이 보이는 분명하면서도 흔치 않은 기술이다.

## 리더는 다른 사람들로부터 최고를 끌어낸다

리더십 스타일에 있어 한 가지 공통점이 있다면, 다른 사람들이 일을 더 잘하도록 돕는 것이 모든 리더의 주요 관심사라는 것이다. 힘든 상황과 어려운 도전과제에 대처하기 위한 정신적·정서적 도구를 팀에 제공하는 것도 그 중 하나다. 이런 상황에서는 눈치를 살피고 있을 여유가 없다. 리더는 팀에 명확한 메시지를 전달해야 한다. 명백하지는 않지만, 다른 사람이 자신의 목소리를 찾도록 돕는 것이 목소리를 내는 것만큼 중요한 듯하다. 메카니카의 리비 델라나는 이렇게 말한다. "근본적인 솔직함이라는 요소가 있죠. 사람들에게 피드백을 준다는 의미는 아닙니다. 규범으로 간주되는 것을 살펴보고 '솔직함'이라는 필터를 규범에 적용하는 것을 의미합니다. 우리는 이렇게 질문합니다. '우리가 항상 일하던 방식을 계속 유지해야 하는가?' 그래서 저는 '우리가 알고 있는 사실은 이것입니다'라고 하기보다는 정말 근본적으로 솔직해져서 이렇게 묻는 거죠. '그런데 그것이 사실이라고 믿어야 할까? 그리고 어떻게 이에 대해 도전할 수 있을까?'" 조직의 일원들이 그녀의 리더십 스타일을 어떻게 묘사할지 묻자 델레나는 이렇게 말했다. "아마도 낙관적이고 공감을 잘한다고 표현할 것 같아요." 그녀는 한참 동안 말을 멈추더니 자신도 모르게 생각에 잠겨 말했다. "흥미로운 질문인 것 같네요."

타인에게서 최고를 찾아내는 능력은 이들이 익숙한 사고에서 벗어나게 하는 것을 의미한다. 다른 이들을 새로운 사고방식으로 이끄는 것은 그들을 보다 성공하게 만드는 초석이다. 이들을 안주하고 있는 곳에서 벗어나게 하는 것이 디자인 리더의 일이다. 아메리카 테스트 키친의 디지털 디자인 디렉터 존 토레스는 이렇게 말했다. "모든 아이디어는 한 가지 원천에서 나오는 것이 아니라 협업을 통해 나옵니다. 저는 아이디어를 모으고, 모든 아이디어의 근원에 귀를 기울이고, 무엇이 효과가 있는지 확인하는 데 능숙합니다." 미국에서 가장 존경받는 테스트 키친에서 다양한 디지털 디자인 재산과 자산을 감독하는 토레스는 협업이 다른 이들에게 무엇을 하라고 지시하는 것이 아니라는 것을 깨달았다. "협업은 이해하고 존중하는 방식으로 이루어져야 합니다. 팀의 아이디어를 존중해야 하죠. 저는 어떤 아이디어도 무시하지 않으려고 하고, 제가 딱히 잘하는 게 없다는 걸 스스로 상기하려고 노력합니다."

밴쿠버 메이크의 사라 테슬라는 경영 스타일에 대해 물었을 때 "태평스럽다"고 답했다. 하지만 강렬한 눈빛과 그녀가 들려준 크로스컨트리 바이크 이야기와 너무나 대조되어 믿기지 않았다. 13명의 디자이너와 개발자로 구성된 디지털 디자인 스튜디오를 이끄는 테슬라는 이렇게 말했다. "저는 마이크로매니지먼트를 하는 리더가 전혀 아닙니다. 저는 직원들에게 자신이 무엇을 하고, 어떻게 하는지 파악하는 데 필요한 시간을 줍니다. 그런 의미에서 팀의 모든 구성원이 저에게 어느 정도 조언자 같은 역할을 합니다." 테슬라는 그녀가 큰 틀을 잡는 동안 팀원들이 세부적인 일들을 이행할 수 있게 한다. "저는 저만의 관점을 제공하기 위해 만 피트 거리의 시야를 유지합니다. 그러면 뭔가 문제가 생겼을 때, 아니면 자신감이 부족하거나 아직 개발 중인 기술을 얻기 위해 노력이 필요한 사람을 볼 때, 언제 개입하고 언제 지원해주어야 할지 알 수 있습니다. 그때 제가 무엇인가 제공해줘야 한다면, 나서서 최대한 지원해줄 겁니다." 테슬라는 너무 자주 간섭하거나 세세한 부분까지 관여하지 않으려고 조심한다. 그녀는 이전에 세세한 것까지 간섭을 당했던 크리에이티브 디렉터의 이야기를 들려주었다. "그가 들어와서 아이디어를 제시하면 그의 옛 상사에게 지적을 당하곤 했죠. 항상 뒷좌석에 앉아서 어깨 너머로 운전하는 기사가 있는 것처럼 느껴졌대요. 그분은 그런 일이 일어나지 않는 환경이 신선하다고 했어요. 우리가 도달하고자 하는 결과에 대해 서로를 존중하며 대화하는 느낌이 드는 환경이었죠. 무엇인가 가치 있는 것을 제안하려 하는 거라면, 좋습니다. 하지만 우리가 함께 알아갈 기회를 갖기 전에 다른 사람의 아이디어를 짓밟을 수는 없습니다." 테슬라는 모든 디자인 비즈니스에 통용되는 통찰력 있는 아이디어로 이야기를 맺었다. "만약 홀로 사업을 시작했다면, 당신은 당신의 성격과 관련된 것들을 주변에 쌓아갈 겁니다." 개인적 스타일은 여러 방면에서 리더십 스타일에 영향을 미친다. 성공하는 리더는 자신의 개인적인 스타일 중에서 어떤 것을 지속하고 어떤 것을 변화시켜야 하는지 알고 있다.

누군가는 다른 사람들을 성공으로 이끄는 가장 좋은 방법이 성공의 롤모델이 되는 것이라 주장할지도 모른다. 몬트리올에 있는 플랭크의 창립자 워렌 윌란스키는 이렇게 말한다. "모범을 보여야 합니다. 제가 보기에는 그게 가장 중요해요. 즉, 우리 팀이 하는 모든 일을 제가 기꺼이 할 수 있다는 점을 알았으면 합니다. 제가 다른 사람보다 낫다거나 어떤 일이든 다 할 수 있다는 뜻이 아닙니다. 팀원들이 제가 그들과 함께하고, 저도 기꺼이 그 일들을 할 의지가 있다는 걸 느꼈으면 좋겠어요. 그렇게 함으로써 저에게 리더십이란 팀에서 분리되지 않는 것을 의미한다는 것을 사람들이 이해하게 될 거예요." 윌란스키는 플랭크가 언제나 매우 수평적인 조직이었으며 CEO의 역할은 본질적으로 리더의 역할을 하는 것이라고 설명했다. "우연히 제가 먼저 그 자리에 있었던 겁니다. 리더의 역할을 해야 하는 사람은 저지만, 제가 우리 팀에서 다른 구성원들이 하는 일을 능가한다거나 그들보다 우위에 있다는 의미가 아닙니다."

## 마지막 메시지

리더십 스타일은 복잡하고 다양할지도 모르나, 그 기저에 있는 공통점은 모두 같은 결과를 얻기 위해 노력한다는 것이다. 바로, 사람들을 최고의 모습으로 이끄는 것이 디자인 리더의 역할이다. 그곳에 도달하는 방법을 찾는 일은 대부분 지극히 개인적인 여정이다. 클락워크의 CEO 낸시 라이언스는 이렇게 말한다. "우리 같은 여성들에게는 상황이 좀 다를 수 있습니다. 우리는 '위세 부린다'는 말을 가장 긍정적인 방식으로 받아들여야 했습니다. 진실은 불편하지만, 저는 진실을 말하는 것을 좋아합니다. 저 자신을 리더십의 관점에서 생각해 본 적은 없지만, 진실을 말한다는 점에서 리더십이 있습니다. 저는 저를 가장 따르고 싶은 사람으로 인정해 주는 회사에서 일했습니다. 제가 일하고자 하는 곳에 기여하고 싶었습니다. 사려 깊지 못한 직장에서 일한 경험이 너무나도 많았습니다. 결국 그건 힘을 실어준다는 의미이죠." 라이언스는 여기에서 전체적인 교훈을 밝힌다. 리더십 스타일은 개인적인 특성과 경험의 복합체다. 모든 비즈니스가 다 다르기 때문에 이상적인 리더십 스타일이란 없다. "저는 팀을 정말 신뢰합니다. 저의 역할은 이들에게 힘을 실어주고 영감을 주는 것입니다. 우리 팀이 이런 정서와 잘 맞는다고 생각합니다." 라이언스의 조언은 단순한 립 서비스가 아니다. 그녀는 실제 행동으로 본을 보인다. "최근에 제 책상 위에 이런 쪽지가 놓여있었어요. '당신은 제가 더 나은 사람이 되도록 영감을 줍니다.'"

- 실패가 개인적, 직업적 성장으로 이어지는 환경을 조성하라.

- 팀에 대해 교사 스타일의 리더가 되는 것은 학생이 되기 위한 좋은 방법이 될 수 있다.

- 솔선수범하라. 직접 손에 흙을 묻혀가며 일하되, 위임하는 것도 잊지 말라.

- 아무도 세세한 것까지 간섭하는 관리자를 원하지 않는다. 권한을 주고 신뢰를 쌓는 방법을 찾아라.

- 일대일 회의는 위임해서는 안 된다. 피드백은 너무나 소중하다.

- 어떤 리더십 스타일이든, 궁극적으로 팀에 동기를 부여하고 권한은 주어야 한다.

- 소통을 잘하는 사람이 된다는 것은 좋은 의사소통을 장려한다는 것을 의미한다.

- 리더십이란 팀의 일원으로 여겨지면서도 리더로서의 지위를 유지하는 능력을 의미한다.

# 7

# 강력한 세일즈 파이프라인을 구축하는 법

모든 디자인 비즈니스에는 업무 파이프라인이 필요하다. 이 주제는 디자인 리더가 새로운 고객을 유치하고 기존 고객을 유지하는 문제를 해결해 나가는 데 가장 중요한 사항이다. 우리의 인터뷰는 크고 작은 기업들에 대한 통찰력을 주었으며 광범위한 기술과 접근법을 제공해주었다.

# 서론

세일즈, 비즈니스 개발, 신규 비즈니스 등 이 주제를 뭐라고 부르든, 모두 디자인 리더에게 동일한 결과를 가져다 준다. 즉, 돈을 버는 일이다. 프로젝트 기회에 대한 파이프라인이 없다면, 우리가 인터뷰한 디자인 그룹은 존재하지 않을 것이다. 세일즈는 영리조직의 근간이나, 건전한 세일즈는 단순한 순이익 이상의 영향을 미친다. 강력한 세일즈 파이프라인과 명확한 마케팅 메시지는 기업의 사기와 동기부여를 높여준다. 인터뷰에서 우리는 비즈니스 개발 전략에 자신감을 보인 디자인 리더가 팀과 고객의 존경도 얻는다는 것을 발견했다.

아마도 디자인 리더의 책무 중 세일즈와 마케팅이 가장 해결하기 어려운 분야라는 사실은 놀랍지 않을 것이다. 우리가 이 책을 위해 인터뷰한 많은 리더들의 경우, 세일즈와 마케팅은 수많은 밤을 지새운 결과다. 오너 캠프와 마인드 더 프로덕트<sup>Mind the Product</sup> 같은 디자인 리더를 위한 콘퍼런스에서 이 주제는 많은 사람들의 관심을 끌었다. 지속적인 결과를 내는 세일즈 및 마케팅 전략을 수립하는 것이 최우선 순위임은 분명하다. 보편적인 염려사항은 새로운 비즈니스 관계를 구축하는 기술이 항상 디자인 리더의 최고 강점은 아니라는 것이다. 많은 디자인 리더들은 디자인, 엔지니어링, 마케팅 분야의 배경을 갖고 있다. 우리가 인터뷰한 리더 중에 세일즈에 대한 정식 교육을 받은 사람은 거의 없었다. 실제로, 40퍼센트는 세일즈에 직접적으로 관여하지 않았다고 밝혔다. 리더들이 비즈니스가 성공하는 데 세일즈를 가장 중요한 요소 중 하나로 생각함에도 불구하고 이런 결과가 나타났다. 그리고 나머지 60퍼센트의 디자인 리더는 비즈니스 개발을 고위급 경영진의 일이라고 생각했다.

우리는 이 주제만으로도 책 한 권을 쓸 수 있다. 이런 형식을 제외하고도 마케팅과 세일즈에 대해 다루어야 할 것이 더 많다. 하지만 거의 모든 인터뷰에서 이 주제가 성공한 디자인 리더의 핵심역량으로 나왔기 때문에 포함하기로 결정했다. 새로운 비즈니스 기회의 개발이라는 중요한 특성을 고려할 때, 디자인 리더가 조직에 진정한 가치를 가져오려면 이러한 기술을 개발해야 한다고 생각한다. 우리가 설명하는 전략과 전술은 비즈니스 개발 문제에 보편적으로 통하는 만병통치약이 아니라, 성공한 디자인 리더들이 잠재 고객을 실제 고객으로 만들기 위해 사용한 실질적인 방법들이다.

세일즈와 마케팅은 서로 뗄 수 없는 관계다. 요즘 소비자들은 서비스, 제품 및 서비스, 제품의 마케팅을 구분하지 않는다. 이는 디자인 서비스의 구매자들도 마찬가지다. 구매자가 블로그 게시물에서 읽는 내용은 본질적으로 마케팅의 일종이며, 디자인 기업의 문제해결 방식을 보여주는 창구가 된다. 이러한 통찰력 있는 아이디어들은 세일즈 관련 대화에서 자주 언급된다. 글을 쓰든, 방송을 하든, 직접 전달하든, 리더의 사고방식은 구매자에게 기업의 업무 접근법을 대표하는 이야기로 인식

된다. 우리가 인터뷰한 성공한 디자인 기업에서 세일즈 직원의 역할은 거의 항상 창립자, CEO, 선임 디자이너 및 개발자, 수석 전략가가 담당하고 있었다. 이들이 회사의 비전, 가치, 프로세스를 대표하고, 범위와 거래의 역학을 협상한다. 마케팅이 어디에서 시작돼서 어디에서 끝나는지는 알 수 없다. 우리는 이러한 회색 지대가 앞으로 더 모호해질 것이라 생각한다. 세일즈와 마케팅도 마찬가지일 것이다. 그리고 이는 디자인 리더들에게 좋은 일이다. 궁극적으로 디자인 리더는 마케터와 영업직의 역할을 모두 할 수 있는 사람이다. 전략적 솔루션에 대해 이야기하고, 고객과의 관계를 구축하고, 프로젝트 팀으로 원활하게 전환할 수 있는 사람이다. 이러한 관계를 쌓는 일은 이사회와의 대면 협상에서뿐만 아니라 피상적인 소셜 미디어 환경에서도 발생한다. 이를 인지하고 지속적으로 세일즈와 마케팅을 위해 노력한다면 더 많은 결실을 거둘 것이다.

## 개방하기

모든 관계는 첫 만남에서 시작된다. 디지털 디자인 분야에서 이러한 첫 만남은 디지털 방식인 경우가 많다. 블로그 게시물, 유튜브 영상, 온라인 사례 연구는 새로운 잠재 고객이 디자인 기업과 처음 접촉하는 방법이 될 수 있다. 디자이너가 기사, 블로그, 팟캐스트 또는 다른 매개체를 통해 자신의 아이디어와 생각을 세상에 공유하는 것은 흔한 일이 되었다. 글쓰기, 연설, 강연은 궁극적으로 사고 리더십의 접근법이다. 물론, 특정 분야의 전문지식을 확립하는 다른 방법도 있지만, 이러한 활동이 가장 일반적이며 효과적인 경우가 많다. 새로운 비즈니스에 대한 글과 말을 추적하는 것은 때때로 힘든 일이 될 수도 있다. 우리는 이러한 사고 리더십 활동이 얼마나 도움이 되는지, 그리고 디자인 리더 조직의 세일즈 및 마케팅 퍼널에 어떤 영향을 미치는지 궁금했다. 인터뷰 결과, 아이디어 공유가 궁극적으로 고객과 협업할 가치가 있는 프로젝트나 무언가로 이어진다는 점이 분명해졌다.

저브의 CEO이자 실리콘 밸리에 본사를 둔 브라이언 쥬미엡스키는 이렇게 말했다. "친구 관계처럼 생각해 보세요. 무언가를 누군가와 공유하면 상대방도 마음을 열게 되죠." 그는 디자인 기업의 프로젝트 및 운영에 대한 사내 업무를 설명하는 긴 형식의 블로그 게시물을 자주 작성한다. "자신을 더 취약한 상태에 내놓을수록 타인들은 좋아합니다. 그런 부분을 더 보고 싶어 하죠. 그래서 기업으로서 우리가 하는 일을 보면, 근본적으로 자신을 취약하게 만들고 이렇게 말하는 것과 같습니다. '이봐요, 우리의 생각은 이렇습니다.'" 쥬미엡스키는 이것이 어렵기 때문에 대부분의 기업이 새로운 관계를 만들기 위해 기꺼이 마음을 터놓지 않을 것이라고 생각한다. 그의 기업이 직면한 크고 작은 문제들에 대해 글을 쓰면 통찰력을 공유하고, 같은 생각을 가진 기업가와 디자인 사상가 등 독자들과 연결되는 플랫폼이 마련된다. 새로운 기회에 연결하는 그의 접근법은 저브의 모든 사람이 마케터라는 인식에서부터 시작된다. "일을 통해 마케팅을 하는 겁니다. 아이디어를 공유하는 거죠. 그리고 그렇게 하면, 사람들이 찾아옵니다. 이들은 그 일부가 되기를 원하기 때문에 당신에게 끌립니다." 저브는 전통적인 마케팅 계획을 세우는 대신, 항상 의도적으로 아이디어와 통찰력을 일반 대상 고객들과 공유한다. 이는 저브만 그런 것이 아니다. 우리가 인터뷰한 몇몇 상위권 디자인 기업에서도 이런 방식으로 공유하는 모습을 목격했다. "당신이 하는 모든 일을 마케팅으로 본다면, 당신은 모든 문제에 꼭 기술이나 전략으로 대처하지 않습니다. 일에 능숙해지고, 마음을 열고, 대화를 하고, 그런 다음 피드백의 사이클을 만들어서 보다 나은 방식으로 작업에 대한 정보를 제공하고 다시 사람들에게 돌아가서 '어떻게 생각하세요?'라고 묻는 것, 그 사이클이 마케팅 활동을 만들어 내는 것입니다."

공유는 우연히 일어나는 일이 아니다. 문화의 일부여야 하며, 디자인 리더는 나머지 팀원들에게 본보기가 되어야 한다. 글쓰기, 연설, 강연은 디자인 리더가 세상에 모습을 드러내는 가장 일반적인 방식이다. 대부분의 리더들이 공개적으로 글을 쓰고 연설하는 것은 리더십에 수반되는 역할이다. 그늘 속에 앉아 있는 것은 리더나 리더와 함께 일하는 사람들을 위한 선택이 아니다.

직원들이 이런 방식으로 공유하게 하려면 리더가 대표해서 적극적으로 노력해야 한다. 쥬미엡스키는 가치 있는 것을 공유하기 위해서는 팀과 개방적인 관계를 유지해야 한다고 생각한다. "저는 항상 직원들의 책상에 가서 '뭐하고 있어요?'라고 묻습니다. 지금 어떤 작업을 하고 있나요? 다른 직원들이 그것에 대해 알 필요가 있나요? 뭔가 새로운 것을 배웠나요? 이렇게 주기적으로 질문하면 패턴이 보이기 시작하고 직원들에게 공유해야 한다고 말할 수 있습니다. 이게 중요해요." 공유의 문화를 형성하면 집단 전체가 공유를 해야 한다고 여기게 된다. 누군가가 해야 한다고 말해서 하는 것이 아니라 그냥 하는 것이다.

# 당신의 일이 마케팅이다

조직에서 무슨 일이 벌어지고 있는지 세상에 공개하는 것은 전문 지식에만 국한되지 않는다. 일부 디자인 리더는 작업 방식, 프로세스, 고객 관계에서 기대하는 사항을 공유하여 훨씬 더 높은 수준의 투명성을 보장한다. 엔젠웍스의 새로운 공동 오너이자 CEO인 벤 조던[Ben Jordan]은 이렇게 말한다. "저는 우리 회사의 영업 프로세스가 어떻게 돌아가는지에 대해 고객들에게 정말 투명하게 공개합니다. 고객 중에 긴급 프로젝트를 가져와서 누가 팀에 합류하는지 물어보는 사람이 있었습니다. 저는 아주 솔직하게 말했죠. '사실 이 프로젝트를 위해 직원을 새로 고용할 겁니다. 이 포지션을 위해 채용해야 하는데 이 길로 출발해서 우리와 함께하게 되면 자금에 대한 보장이 생기니, 우리가 기다리던 사람들을 채용할 겁니다.'" 조던은 고객들이 실제로 이 접근법을 굉장히 좋아한다고 말했다. 고객들은 엔젠이 여전히 성장하고 있으며, 성장이 고객과 프로젝트에 이점이 될 것이라고 말하는 솔직함을 좋아한다. "모든 것을 공개하기로 한 결정이 큰 도움이 된 것 같아요." 조던에 따르면, 고객은 이러한 투명성을 통해 그와 그의 팀이 무엇을 하려고 하는지 이해할 수 있으며, 그것이 자신의 생각과 일치한다는 것을 알게 되면 더 나은 관계가 형성된다.

또한 조던은 전형적인 일반 영업 피칭은 더 이상 통하지 않는다고 생각한다. 매드맨 식의 피칭은 보통 피칭하는 사람이 고객에게 왜 자신의 기업이 다른 기업보다 그 일에 더 적합한지 말하는 것이 특징이다. 이러한 피칭은 디자인 스튜디오의 역량에 중점을 두며, 때로는 향후 작업에 대한 몇 가지 잠재적인 솔루션을 포함하는 경우도 있다. 조던은 이러한 접근법이 불만이다. 그는 디자인 리더가 고객과 함께 일하고 싶은 이유를 진정으로 이해해야 한다고 생각한다. 고객과 협력하는 동기는 말로 하지 않아도 분명해 보일 것이다. "우리는 RFP<sup>Request For Proposal</sup>(제안 요청서)에 참여하지 않으려고 합니다. 왜냐하면 그 과정이 우리의 모델과 잘 맞지 않기 때문이죠." 조던은 고객과 서로를 알기도 전에 솔루션을 제시하는 것이 실패의 지름길이라고 우려했다. "우리의 경우, 그 커뮤니티에 가까이 다가가려고 합니다. 공동 캠페인보다 훨씬 더 유기적이고 격식에 얽매이지 않는 방식이죠." 조던과 같이 오랫동안 이 일을 해온 사람에게 이는 자연스러운 일이기 때문에 공식적인 계획이 필요하지 않을 수 있다. 하지만 이제 막 시작하는 사람이라면 고객과 가까워지기 위한 노력을 강화해주는 계획을 세워야 할지도 모른다.

고도로 집중적인 관계를 형성하여 흥미로운 고객을 유치하는 것은 인터뷰에서 공통적으로 등장한 주제였다. 이러한 관계 중 일부는 업계에서, 일부는 인맥에서 만들어진다. 벨리어의 CEO 데이브 발리에르는 인정하며 말했다. "솔직히 말해서, 통상적인 아웃바운드 마케팅을 활용해서 서비스 마케팅이 잘된 적이 없습니다. 그렇지만 우리가 초창기부터 정말 잘해온 것은 기존 고객과의 파트너십입니다." 발리에르 팀의 디자이너와 개발자는 우리가 회의했을 당시 120명이었으며, 그는 고객과 어떤 대화를 나누는지 설명했다. "우리는 고객과 대화하고 장기적인 관점으로 봅니다. 이는 우리에게 매우 중요합니다. 우리가 조직에 하는 투자와 고객과 파트너 관계를 맺기 위한 접근법 모두를 의미하죠. 신규 고객 온보딩에 대해 이야기할 때, 우리는 이 조직과의 향후 3년이 어떤 모습일지 미리 생각합니다. 해당 프로젝트 이외에 무엇을 하고 싶은지 질문하죠." 가치와 장기적인 목표를 논의하기 위해 대화를 시작하면, 일반 피칭과는 비교할 수 없는 방식으로 디자인 조직과 클라이언트 팀이 연결된다. 오늘날과 같은 투명한 비즈니스 환경에서 고객은 자신의 비즈니스 상대가 누구인지 알고 싶어 한다. 단순히 팀 규모나 수상 경력 같은 피상적인 정보에만 관심이 있는 것이 아니다. 고객은 기업의 전반적인 비전과 새로운 디자인 파트너의 핵심 가치를 이해하고자 한다.

모든 디자인 리더가 장기적인 관점을 갖고 있는 것은 아니지만, 우리는 이런 관점을 지지하고 권장한다. 프로젝트 기반 디자인 그룹의 경우, 장기적인 관점이 항상 영업관과 들어맞는 것은 아니다. 하지만 대부분의 디자인 조직의 경우, 팀이 눈앞에 놓인 즉각적인 작업 외에도 관계에 집중하도록 권장한다.

발리에르는 이런 관계가 장기적으로 어떤 결실을 가져오는지에 대해 계속해서 설명했다. "첫 번째 프로젝트는 고객이 우리 조직을 진정으로 이해하고, 우리가 무엇을 중요하게 여기며, 그들과 어떻게 협력할 수 있는지 파악하는 기회라고 생각합니다. 무엇보다 첫 번째 프로젝트는 더 장기적인 관계를 맺을 수 있는 토대를 마련해 줍니다. 그 결과, 우리는 수년 동안 고객과 파트너 관계를 유지할 수 있었습니다. 실제로 일부 고객들은 2000년도 5월부터 함께 작업해오기 시작했는데, 지금까지 계속 협력하고 있습니다. 지난 몇 년간 리브랜딩도 몇 번 하고 웹사이트 디자인도 여러 번 바꾸었습니다." 이렇게 지속적인 관계에서 얻을 수 있는 이점은 트렌드나 기술의 이점을 초월한다. "해당 조직의 리더가 여러 번 바뀌어도 관계는 지속되었습니다. 지난 15년 동안 벨리어와의 협업에서 언제나 가치를 발견한 거죠."

이 마지막 요점은 고객과의 관계와 조직의 성공에 핵심적이다. 발리에르는 앞서 언급한 바와 같이 마케팅과 세일즈는 별개가 아니라는 점을 강조한다. 성공적으로 장기적인 관계를 구축하려면, 조직의 정체성과 업무의 핵심이 연결된 비즈니스 개발 전략을 수립하는 것이 중요하다. 시간을 초월하는 비전과 가치를 갖고 있으면, 조직이 바뀌거나 시장이 변화해도 고객을 유지할 수 있다. 디자인 조직의 핵심 문화와 고객이 찾는 관계 사이의 이러한 연결을 통해 성공하는 리더는 특정 트렌드, 기술 또는 고객의 리더십 변화와 관련된 문제에 얽매이지 않고 지속적으로 살아남을 수 있다. 피상적인 기술이 아닌 성과와 연결된다면 마케팅과 세일즈는 시대가 변해도 살아남을 것이다.

발리에르는 이렇게 설명했다. "당장 눈앞에 놓인 프로젝트를 넘어 고객과의 파트너십을 생각할 때, 보다 장기적인 관점에서 의사 결정을 하게 됩니다. 이 프로젝트가 끝나면 어떻게 될까? 이런 질문을 던지죠. 그러면 단순히 다음 분기가 어떨지, 이 개별 프로젝트를 수익 관점에서 바라보는 것이 아니라 고객에게 최선의 이익이 무엇인지에 기반을 두고 의사 결정을 내리게 됩니다." 현명한 디자인 리더는 첫 번째 프로젝트에서 작은 양보를 선택할지도 모른다. 그것이 앞으로 더 많은 작업을 할 수 있는 발판이 된다는 것을 알고 있기 때문이다. 양보는 단순히 거래를 성사시키는 데만 집중하는 것이 아니라 고객과의 관계를 발전시키는 데 관심이 있음을 보여준다. 초기 단계에서 디자인 리더는 고객에게 자신의 조직이 현재뿐만 아니라 미래에도 함께 일하기 좋은 에이전시라는 신호를 보낸다. 우리는 프레시 틸드 소일에서 십여 년간 디자인 세일즈를 하며 실질적인 기회의 대부분은 첫 프로젝트가 아닌 그다음 단계에 있다는 사실을 깨달았다. 팀이 장수하기 위해서는 이처럼 다가오는 기회를 잡는 것이 궁극적인 목표다.

# 마케팅을 미션과 연결하기

진정성 있고 투명한 마케팅 메시지는 단순히 유행일 뿐만이 아니라 성공에 있어 필수적이다. 앞서 엔젠의 벤 조던이 말했듯이 투명성의 여부는 중요하며, 지금은 그 어느 때보다 중요한 시대다. 분명하지는 않지만, 소셜 미디어 중심의 고도로 연결된 시장에서 우리의 파트너, 팀원, 고객은 불투명한 세일즈 속임수를 모두 간파하고, 결국에는 우리의 진정한 모습을 보게 될 것이다. 숨을 곳은 없다. 개방성과 투명성을 확보하는 것은 단순한 이점이 아니라 좋은 관계로 발전하기 위한 필수조건이 되어가고 있다.

투명성은 파트너와 고객과의 관계에서 무엇을 원하는지 이해하는 것에서부터 시작한다. 기업의 존재 이유를 알면 고객과 적절한 유형의 대화를 하는 데 도움이 된다.

밴쿠버에 있는 하바네로 컨설팅 그룹의 스티븐 피츠제럴드는 이렇게 말한다. "이제 우리의 목적의식은 매우 분명해졌습니다. 우리의 목적을 이렇게 간단명료하게 말할 수 있습니다. '우리는 우리 조직의 일원들이 번성하도록 돕는 것에 매우 열정적입니다.' 굉장히 뻔한 말로 들리겠지만 우리에게는 매우 의미 있고, 시간이 지날수록 점점 더 그 의미가 커지고 있습니다." 팀의 목적이나 미션이 명확해지면 고객에게도 분명하게 전달될 가능성이 매우 높다. 피츠제럴드는 조직의 미션 또는 목적을 고객을 포함한 보다 큰 커뮤니티와 적극적으로 공유하면 새로운 비즈니스 관계를 맺을 때 종종 생기는 마찰을 줄일 수 있다고 믿는다. 디자인 스튜디오의 가치와 고객의 가치를 잘 조정하면 마찰이 줄어든다.

조정하는 것에도 어려움이 따른다. 연결점을 찾는 것과 유지하는 것은 별개의 일이다. 피츠제럴드는 디자인 리더가 저지를 수 있는 최악의 실수는 비즈니스의 핵심이 아닌 것을 원하는 고객으로 인해 기업의 목적이 궤도에서 벗어나는 것이라고 경고한다. 일단 리더가 어떻게 운영할지에 대해 효율적인 접점을 찾고 그 지점에 도달하기 위한 명확한 비전을 제시하면 탈선하지 않는 것이 매우 중요하다. 피츠제럴드는 리더들이 이 효율적인 접점에 집중하고 이를 지켜낼 것을 장려한다. 이를 통해 내부 조직이 연결되고 마케팅 메시지를 명확하게 이해시키는 추가적인 이점까지 생긴다. 효율적인 접점에 집중하는 것에 있어 가장 큰 위협은 마케팅과 세일즈 메시지의 대상이 되는 사람으로부터 온다. "여러분의 고객은 선의를 갖고 여러분을 지지하는 마음으로 이런 말을 할 겁니다. '이 일을 정말 잘하시네요. 다른 일도 도와주실 수 있나요?' 우리가 잘하고 열정을 가진 일로부터 멀어지는 것은 언제나 우리에게 도전 과제였습니다." 무엇을 잘하고, 무엇을 거절해야 하는지 아는 것은 단순히 운용상의 선택이 아니라 브랜드 포지션의 문제이다. 디자인 리더는 종종 자신의 중점분야에 속하지 않는 기회에 현혹된다. 딱히 자신의 분야가 아닌 것을 해야 하는 새로운 비즈니스의 기회는 지속적인 경고다. 프레시 틸드 소일에서 우리는 이것을 '능숙함의 함정'이라고 부른다. 당신이 무언가를 잘한다고 해서 꼭 그 일을 해야 하는 것은 아니다. 어떤 가치와 목적을 선택하느냐는 단순히 문화를 형성하고 운영을 조정하는 방법일 뿐만 아니라 마케팅 스토리가 된다.

명확한 경로를 결정하고 그 경로를 뒷받침하는 메시지와 에너지를 연결하는 것은 단순한 철학 그 이상이며 비즈니스에도 유익하다. 매우 열정적인 스티븐 피츠제럴드는 다음과 같이 말한다. "재정적인 이익, 성장, 몰입도, 비즈니스 성공의 수치화 가능한 요소를 살펴보거나 이를 제 직감과 비교할 때, 우리가 무엇에 관심이 있고, 무엇에 열정이 있으며, 무엇을 잘하는지, 효율적인 접점에 있을 때 그것은 꽤 분명해집니다."

그는 계속해서 말했다. "우리가 우리의 목적을 살아낼 때, 우리는 시장에서 날아다니죠. 우리는 우리가 원하는 속도로 성장하고 있습니다. 높은 이윤을 냅니다. 직원들이 행복해 하고, 고객들도 매우 기뻐합니다. 거의 열반의 상태인 거죠." 이렇게 열성적인 모습을 보이는 것은 피츠제럴드만이 아니다. 목적과 비즈니스 성과 간의 이러한 일치는 우리가 만난 모든 성공적인 디자인 기업에서 두드러지게 나타났다. 이러한 기업은 핵심 가치와 연결될 때, 세일즈 파이프라인이 강화되고, 직원 이직률이 낮아지며, 매출이 증가하고, 수익률이 확대됐다.

이러한 연결이 어떻게 발전해 나가는지에 대해서는 몇 가지 논란이 있다. 우리가 만난 디자인 리더들의 경우, 마케팅 방향에 대한 비전을 제공하는 것은 때로는 의도적이었고 때로는 우연히 일어났다. 모든 리더가 불변의 마케팅 계획을 가지고 있지는 않았다. 세부적인 계획이 모두의 접근법은 아닐지라도, 성공하는 리더의 공통점은 모두 매우 명확한 비전이 있었다는 것이다. 게다가 그들은 그 비전을 행동으로 옮기는 방법을 알고 있었다. 메카니카의 리비 델라나는 이렇게 말했다. "신규 비즈니스는 지속적인 도전 과제입니다. 우리의 경우, 체계화되었다기보다는 좀 더 유기적이라고 할 수 있습니다. 우리에게는 계획과 전략이 있습니다. 또한 우리가 정말로 하고 싶은 종류의 비즈니스에 대한 목표도 있습니다. 그중 절반은 우리에게 진정으로 영감을 주고 본질적으로 우리의 열정을 꿈틀거리게 하는 조직들입니다." 고객의 비전과 일치하면 함께 일하는 사람들이 단순한 작업보다 더 많은 공통점을 보이는 공존의 모습이 나타난다. 그들의 가치와 관심사는 일치한다. 델라나가 언급한 또 한 가지의 이점은 다음과 같다. "이런 연결에는 흥미로운 점이 있다고 생각합니다. 우리가 사업을 한 10년 동안… 많은 고객이 회사를 옮겨도 계속해서 우리 디자인을 찾아 주었으니까요." 델라나는 일단 고객과의 연결이 확립되면 이 연결이 사라지지 않는다고 믿는다. 델라나는 자신의 조직과 클라이언트 조직의 이익이 중첩되는 부분을 인식하는 것이 최고의 세일즈 전략이라고 생각한다. 하지만 여전히 이를 달성하기 위한 전략을 짜는 데 시간을 쏟는다. 마케팅을 운에 맡기는 것은 서비스 조직에게 너무 위험한 일이다.

연결이란 집중의 또 다른 형태일 뿐이다. 자신의 분야에 속하지 않는 고객을 대상으로 마케팅하고 함께 일하는 것은 처음에는 좋은 생각처럼 보일지 몰라도 어려운 일이다. 하바네로의 피츠제럴드는 이렇게 말한다. "우리가 그 효율적인 접점에서 벗어나는 경우가 있습니다. 좋은 아이디어, 좋은 기회 같아 보이는 일을 하고 있지만, 우리가 가치를 두는 일은 아닌 거죠. 우리가 고객에게 영향을 미칠 수 있는 분야가 아닙니다. 의미 있는 방식으로 그들의 조직을 변화시킬 수 있는 분야가 아닌 거죠." 중점 분야에서 벗어나서 작업하면 고객에게 영향력을 미칠 수 있는 역량도 줄어들 뿐만 아니라 조직을 긍정적으로 변화시키는 역량도 감소한다. "우리의 배움이 줄어들고, 혁신역량은 쇠퇴합니다." 간단하게 말하자면, 비전이나 목적에 대한 명료성이 부족하면 관심이 줄어들고, 마케팅이 미흡해지고, 고객 프로젝트가 잘못 조정되어 내부적으로 혼란스러워진다.

디자인 기업의 경우, 현금 흐름을 건전하게 유지하기 위해 새로운 작업에 착수하는 것과 팀의 사기를 올리기 위해 최선의 작업을 선택하는 것 사이에서 쉽게 균형을 이룰 수 있다. 처음에는 이 균형을 찾는 것이 쉽지 않지만, 시간이 지날수록 나아지는 것 같아 보인다. 3개 사무실에 걸쳐 약 70명의 직원을 둔 비젯의 브라이언 윌리엄스는 이렇게 말했다. "최고의 고객을 선택하거나 우리가 함께 일할 고객을 까다롭게 선정한다는 이야기가 종종 나오는데, 이는 어느 정도 사실입니다. 하지만 결국 우리는 큰 기업이고 먹여 살려야 할 식구가 많습니다. 이걸 계산하려면 많은 비용이 들죠. 우리가 좋아하는 일을 할 수 있도록 누군가 우리 조직에 기꺼이 큰 액수의 수표를 써준다는 사실을 우리는 결코 잊지 않습니다. 그래서 우리는 그 점에 대해 매우 감사하며, '이건 적절한 시기의 적절한 프로젝트가 아니야'와 같은 오만한 태도를 취하지 않으려고 노력합니다."

적합한 고객을 찾는 데 지속적으로 집중하고 금전적 필요와 목적과의 연결 간의 건전한 균형을 유지하는 것은 많은 사람들에게 도움이 된다. 주의할 점은 이런 보상이 절대 빨리 이루어지지 않는다는 것이다. 성공하는 디자인 리더의 거의 대부분은 수년간 비즈니스나 디자인 그룹을 운영해 왔다. 윌리엄스는 이렇게 말한다. "확실히 우리는 굉장히 신중하게 고객을 선정합니다. 프로젝트가 양측 모두에게 불만족스러운 상황이 되리라 생각하면 시작하지 않습니다. 높은 성공확률을 보장하고자 합니다. 이제 우리의 고객 중에 우리가 꿈꾸던 고객들이 많은 수준에 이르렀습니다. 10년 전에 우리가 이런 그룹들과 함께 일하게 될 것이라는 말을 들었다면, 아마 제정신이 아니라고 생각했을 겁니다. 15년 동안 열심히 노력해서 여기까지 온 것에 큰 보람을 느낍니다." 집중적인 노력에는 인내가 필요하다. 디자인 에이전시 업계에서 하룻밤 사이에 성공한 전례는 거의 없다.

# 최적의 성과를 위한 조직구성

가치와 비전을 적절한 유형의 고객과 연결하는 것 외에도 계획이 필요하다. 누구와 함께 일하는지에 대해 투명하고 신중하게 행동하는 것만으로는 충분하지 않다. 특히 조직이 성장하면서 고위급 직책에 있지 않는 직원들에게 세일즈와 마케팅 업무의 일부를 위임해야 할 필요성도 커진다. 이러한 책임을 위임하는 것이 언제나 선형적인 기능은 아니다. 조직의 모든 구성원은 잠재 고객 및 고객과의 접점이 있다. 전 장에서 브라이언 쥬미엡스키는 다음과 같은 말을 했다. "모두가 마케팅에 참여합니다." 즉, 세일즈 및 마케팅을 위한 명확한 전략을 소통해야 한다는 뜻이다. 디자인 리더가 관여할 수 없는 상황에서도 기회를 창출할 수 있는 계획 말이다. 데브브릿지 그룹의 회장 오리마스 아도마비치우스는 《예측 가능한 매출<sup>Predictable Revenue</sup>》*이라는 도서를 언급하며 이렇게 말했다. "저는 '예측 가능한 매출 모델'을 매우 좋아합니다. 이 책의 아이디어는 비즈니스를 인수하는 방법에 대한 다양한 채널을 구축해야 한다는 것입니다. 소개처럼 예전에 했던 작업 덕분에 들어오는 인바운드 비즈니스가 있을 겁니다. 마케팅과 콘텐츠 생성으로 관심을 끄는 아웃바운드 비즈니스도 있어야 합니다."

아도마비치우스는 6명의 공동창립자와 함께 일리노이 주 시카고에서 빠르게 성장하는 디자인 개발 기업을 운영하고 있다. 120명의 직원을 둔 이 기업의 성장은 우연이 아니다. 아도마비치우스는 대규모 팀을 지원하는 것을 운에 맡기지 않는다. 비즈니스 개발에 대한 그의 접근

---

* 《예측 가능한 매출: 세일즈포스닷컴의 1억불 가치의 모범사례로 당신의 비즈니스를 세일즈 머신으로 만들어라(Ross, Aaron and Marylou Tyler. Predictable Revenue: Turn Your Business Into a Sales Machine with the $100 Million Best Practices of Salesforce.com)》, 페블스톰(PebbleStorm), 2011.

법은 우리가 접한 방법 중에 보다 구조화된 형태였다. "모든 인바운드, 아웃바운드 채널에 대해, 들어오는 비즈니스를 처리하는 사람을 3가지 다른 계층에 두어야 합니다. 첫 번째로, 나가서 일을 가져오는 사냥꾼들이 있습니다. 이들은 비즈니스 거래를 꼭 성사시키는 것은 아니지만 나가서 관계를 구축하고 첫 논의를 시작합니다. 두 번째로, 거래 성사자들이 있습니다. 이들은 보통 일하는 방식에 있어 보다 경험이 많고 숙련된 이들입니다. 전략 요소를 훨씬 더 잘 이해하고 있죠. 그다음 마지막은 농부들입니다. 보통 거래처 회계 담당 임원들 같은 사람을 말합니다. 거래처와 일하면서 고객이 만족하고 비즈니스를 계속하도록 보장하며, 잠재적으로는 조직 내 입지를 넓히는 역할을 합니다." 비즈니스 개발 통로의 요소를 여러 계층으로 나누는 것은 이상적이지만, 모든 조직이 이를 수행할 수 있는 인력을 보유한 것은 아니다. 소규모 기업은 여러 가지 직책을 맡고 다양한 역할을 해낼 수 있는 직원이 필요하다.

프레시 틸드 소일에서의 경험을 통해 우리는 세일즈와 마케팅이 어떤 식으로든 서로 통합될 때 더 효과적이라는 것을 관찰했다. 가장 높은 차원에서 보면 이는 조직의 비전과 가치가 상급자로부터 명확하게 전달되는 것을 의미한다. 아도마비치우스는 다음과 같이 경고한다. "전략과 기업의 방향을 위해 조직의 리더가 대부분의 일을 수행해야 한다고 생각합니다. 비즈니스에서 무엇을 해야 할지 정확히 알기 위해 외부인을 고용할 수는 없다고 생각합니다. 하향식으로 접근해야 합니다. 디자인 리더의 다음 책임은 세일즈 및 마케팅 담당자가 서로 자주 소통하도록 하는 것이다. 의사소통과 행동을 조율하는 것은 집중적인 접근방식에 있어 매우 중요하다.

# 사고 리더십은 마케팅이다

아도마비치우스는 이렇게 말했다. "마케팅은 아웃바운드입니다. 저는 마케팅에 두 가지 기능이 있다고 봅니다. 한 가지 기능은 우리 자신을 어떻게 포지셔닝 하는가입니다. 여기에는 우리 회사에 대해 어떻게 이야기하고, 어떤 서비스를 제공할 것이며, 각 서비스에 대해 어떤 분야를 목표로 설정할 것인지 등이 포함됩니다. 이건 단지 브랜드 자체와 브랜드 전략을 정의하는 것입니다. 두 번째 기능은 실제로 구체적인 아웃바운드 캠페인을 수행하는 것입니다. 아웃바운드 캠페인은 무역 박람회가 될 수 있고, 이메일 캠페인이 될 수도 있습니다. 특정 서비스 분야를 대상으로 하는 블로그 토픽이 될 수도 있죠" 캠페인은 좋은 잠재적 고객으로 확인된 특정 고객을 대상으로 전략적으로 수행해야 한다. 앞서 디자인 리더들이 말한 바와 같이, 금전적 이득만을 보장하는 고객을 타깃으로 삼는 것은 소용이 없다. 이상적인 고객을 대상으로 한 마케팅 캠페인은 해당 수직적 시장에서 성공한 작업 사례와 사례 연구로 뒷받침되어야 한다. 이러한 타깃 고객과 연결되는 콘텐츠를 개발하면 그들의 주목을 끌 수 있다. 즉, 고객들과 자신의 조직에 의미 있는 것을 이야기해야 고객에게 다가갈 확률이 최고로 높아진다.

대외활동에서 중점을 찾는 것이 처음에는 어려울 수 있다. 실제로 대부분의 디자인 리더는 조직이 성장했을 때에도 중점을 잡는 데 어려움을 겪는다. 실험이 필요할지도 모르지만, 대부분의 리더는 특정 영역에서 사고 리더십 콘텐츠를 개발하는 것이 핵심이라는 데 동의한다. 매사추세츠 케임브리지에 위치한 전자상거래 전략 및 디자인 기업인 그로스 스파크의 CEO 로스 비엘러는 이렇게 말했다. "첫해는 제가 생각해낼 수 있는 모든 방향으로 무엇이든 다 해보는 시기였던 것 같습니다. 저는 모든 것을 시도해봤습니다. 네트워킹이든, 사람들에게 구걸하든, 기사를 쓰든, 광고에 돈을 쓰든, 정말 말 그대로 모든 방법을 다 시도했죠. 어떤 방법이 효과적일지 보고 싶었거든요. 수년에 걸쳐 우리에게 정말 잘 맞는 세 가지 특정 분야를 찾았다고 생각합니다. 첫 번째는 단순히 SEO<sup>Search Engine Optimization</sup>(검색엔진 최적화) 목적이 아닌, 사고 리더십의 관점에서 콘텐츠에 집중하는 것입니다." 이 유형의 콘텐츠는 디자인 리더십을 사고 리더로 설정하는 데 중점을 둔다. 제대로 실행되면, 콘텐츠는 다른 권위 있는 블로그와 자료에 게재되어 기업의 경험을 보여줄 수 있다. 비엘러는 이렇게 말했다. "그것은 우리에게 정말 큰 원동력이 되었습니다. 특히 지난 1년 반~2년 동안 그랬죠."

비엘러는 계속해서 말했다. "두 번째는 많은 교육입니다. 우리는 실제로 우리가 사용하는 플랫폼인 쇼피파이<sup>Shopify</sup>와 같은 파트너들과 많은 워크숍을 진행합니다. 지속적인 교육기관인 제너럴 어셈블리<sup>General Assembly</sup>와 같은 교육 플랫폼으로도 많은 일을 합니다. 심지어 뱁슨<sup>Babson</sup>과 같은 전통적인 대학에서도 강의를 하죠." 비엘러는 이러한 교육이 순수하게 잠재 고객을 창출한다는 측면에서는 그다지 도움되지 않았지만, 그의 팀이 언젠가 고객 또는 직원으로 함께 일하게 될지도 모르는 사람들을 만날 수 있는 기회라는 측면에서 도움이 된다고 확신한다. "우리는 그들과 대화를 나누고, 우리의 무료 워크숍 중 하나에 참여할 기회를 제공합니다. 이렇게 하면 그들은 우리와 우리의 스타일을 더 잘 알게 되고, 그 과정에서 무언가를 배웁니다. 이는 실제로 잠재적인 거래라는 면에서 전환을 유도하는 데 큰 도움이 되었습니다."

베일러는 이렇게 설명했다. "마지막 분야는 커뮤니티입니다. 우리는 일련의 행사를 통해 두 개의 커뮤니티에 집중합니다. 한 행사는 에이전시 비즈니스 관리<sup>Managing an Agency Business</sup>이고, 다른 하나는 전자상거래 비즈니스 관리<sup>Managing an E-Commerce Business</sup>입니다. 둘 다 같은 모델을 기반으로 합니다. 1년에 서너 번 정도 우리는 이 단체들을 위한 행사를 열고 있습니다." 베일러와 그의 팀은 에이전시 오너 또는 전자상거래 기업가로 구성된 전문가 패널을 모집해서 각자의 분야에서 그들이 경험한 것과 배운 것에 대해 이야기를 나눈다. 베일러에 따르면, 보통 50~75명 정도의 사람들이 이 행사에 참석한다. "우리는 행사를 통해 이곳 보스턴에서 에이전시 오너와 전자상거래 기업가들을 위한 커뮤니티를 조성할 것입니다. 그것은 우리의 존재감을 나타내는 동시에 흥미로운 사람들을 또다른 흥미로운 사람들에게 소개할 수 있는 좋은 기회이기도 합니다."

커뮤니티와 연계된 행사와 활동은 디자인 업계에서 흔히 볼 수 있다. 많은 디자인 리더들은 중점을 둘 분야나 기술을 선택할 때 커뮤니티에 참여하기로 결정한다.

팔란티어의 티파니 패리스는 이렇게 말했다. "우리는 사용자 지정 CMS<sup>Content Management System</sup>(콘텐츠 관리 시스템. 웹사이트를 구성하고 있는 다양한 콘텐츠를 효율적으로 관리할 수 있도록 도와주는 시스템을 말한다)를 구축하려는 노력을 중단하고 대신 드루팔 커뮤니티에 CMS를 도입하기로 결정했습니다. 처음에는 의심이 있었지만 오픈소스를 채택하기로 한 결정이 우리를 이 결정으로 이끌었습니다." 처음에 패리스와 그녀의 공동 파트너는 어떤 기술을 지원할지 고민했지만, 드루팔 커뮤니티의 힘을 깨닫고 나니 결정은 쉬웠다. "일 년 동안 우리는 오픈소스 아닌 것은 하지 않겠다고 다짐했습니다. 오픈소스 커뮤니티에 참여하여 우리의 경험, 에너지, 열정, 열성을 모두 쏟아 부은 것이 바로 우리 파이프라인의 원동력이었습니다."

오리마스 아도마비치우스가 언급했듯이, 잠재 고객을 위해 여러 채널을 구축하고 하나의 채널에만 너무 많이 의존하지 않는 것은 언제나 좋은 생각이다. 여러 해 동안 팔란티어의 인바운드 파이프라인은 단순한 코드 관련 기여이든 캠프나 콘퍼런스에 대한 기여이든, 이러한 커뮤니티의 기여에 힘입어 성장했다. 패리스는 이렇게 말했다. "우리는 주로 소극적인 세일즈 파이프라인을 통해 성장할 수 있어서 운이 좋았습니다. 이제 성장을 했기에 좀 더 성숙한 세일즈 프로세스를 개발해야 하는 시점에 도달했습니다. 그래서 아웃바운드 관련 노력도 어느 정도 시작하고 있는데, 우리에게는 아주 새로운 일이죠." 비즈니스에서 고정된 것은 없다. 오늘 통하는 것이 내일은 통하지 않을지도 모른다. 잠재 고객을 위한 여러 채널을 개발하는 것은 신중한 일일 뿐 아니라 성공을 위한 필수조건이다.

## 잠재 고객을 거래성사로 전환하기

대외활동 노력은 전반적으로 잠재 고객을 만드는 퍼널을 만들지만, 이는 아직 비즈니스가 아니다. 가장 단순한 형태인 잠재 고객은 프로젝트에 대해 고객과 대화하는 기회일 뿐이다. 우리는 잠재 고객이 생기면 최고의 디자인 리더들은 무엇을 할지 궁금했다. 비엘러는 이렇게 말했다. "저는 모든 것을 관리합니다. 제 규칙은 적어도 짧은 대화를 나누기에 너무 중요하거나 덜 중요한 사람은 없다는 것입니다. 그래서 우리는 항상 통화 일정을 잡습니다. 효율성을 위해 바로 회의를 시작하지는 않지만, 그들이 달성하고자 하는 것을 검토하기 위한 첫 번째 통화를 하는 거죠. 우리는 우리가 하는 일에 굉장히 집중하기 때문에 첫 대화에서 머뭇거리지 않고 개략적으로 예스인지 노인지에 대한 본론으로 바로 넘어갑니다. 우리는 그들이 필요로 하는 것을 정확하게 수행할 수도 있고, 그러지 못할 수도 있습니다. 만약 수행하지 못할 경우, MAB* 커뮤니티에서 제가 알고 신뢰하는 사람들에게 적어도 1~3명 정도 소개해줘서 그들을 돕는 것이 습관이 되었습니다. 이것이 우리에게 큰 도움이 되었다고 생각합니다. 우리가 거래를 성사시키기 위해 노력하는 것만큼이나 잠재적인 고객이 솔루션을 찾도록 돕는 데 주력합니다."

직접적인 영업에 대한 베일러의 접근방식은 독특한 사례가 아니다. 우리는 상위권 디자인 리더가 고객과의 초기 접촉부터 온보딩에 이르기까지 세일즈에 두 팔 걷고 나서는 것을 관찰했다. 디자인 리더가 최전선에서 영업의 역할을 맡는 것은 굉장히 중요하다. 직무 설명에 언급되어 있든 그렇지 않든, 디자인 기업의 최고경영자는 최고의 세일즈맨이기도 하다. 해피 코그 사장 조 리날디[Joe Rinaldi]는 이렇게 말했다. "세일즈는 여전히 저에게 굉장히 큰 주안점입니다. 앞으로도 그럴 것이고, 크게 바뀔 것 같지는 않습니다. 정말입니다. 세일즈는 팀스포츠와 같다고 생각합니다. 한 사람만의 책임이 아닙니다. 팀 전체가 세일즈에 전념하고 신경 쓰도록 의도적으로 관여하는 부분들이 많습니다. 더 많은 조율을 통해 직원들이 기여하고, 하는 일이 겹치지 않게 하며, 목소리를 높이지 않고 서로의 이야기를 경청하게 하는 겁니다." 리날디가 이렇게 포괄적인 접근법을 사용하고 솔선수범하는 것은 모든 직급의 직원들이 즐겁고 적극적으로 세일즈 과정에 기여하는 회사를 만드는 데 핵심이 되어왔다.

잠재 고객 또는 고객의 관점에서 볼 때, 디자인 리더가 새로운 비즈니스 대화에 참여하는 것은 의미 있는 일이다. 고객이 수십만 달러와 팀의 자원을 프로젝트에 투자할 예정이라면, 테이블에 앉아 디자인 리더와 이 문제에 대해 논의하는 것이 도움이 된다. 벤 조던은 이렇게 말했

---

* 에이전시 비즈니스 경영(Managing an Agency Business), 일 년에 디지털 에이전시 오너들이 여러 번 만나 에이전시의 고위 직급자들에게 영향을 주는 이슈에 대해 논의하는 커뮤니티

다. "기업의 오너가 그 기업에서 최고의 세일즈맨이라고 생각합니다. 시간이 지나면서 그것이 차이를 만드는 것을 여러 번 보았습니다. 오너의 열정에 따라 세일즈에 미치는 영향력이 달라집니다. 제가 이 기업의 회장이자 오너가 된 것은 행운입니다. 저의 비전을 우리 모두가 실천하고 직원들도 그 열정을 느낄 수 있으니까요. 실제로 문제를 해결하는 데 신경을 쓰는지, 세일즈 할당량을 채우는 것을 중요시하는지 직원들은 알 수 있을 겁니다."

가장 고위급의 직급자가 세일즈에 참여한다고 해서 그들이 세일즈에 대해 100퍼센트 책임을 지는 것은 아니다. 디자인 리더는 대화에 참여하지만, 거래를 성사시키기 위해 영업 사원, 프로젝트 매니저, 각 분야의 전문가로 구성된 팀의 지원을 받는다. 그 누구도 혼자 참여하지는 않으나 고위급 리더가 협상 테이블에 있으면 상당한 무게가 더해진다. 해피 코그의 리날디는 이렇게 말했다. "제가 중요한 역할을 하지 않는 지경에 이르고 싶지 않습니다. 해피 코그에 새로운 사장이 부임하고 그 사람이 책임자가 되지 않는 한 말이죠. 프로젝트에 대해 이야기하러 온 고객이 조직의 중간관리자와 이야기하는 것과 팀 대표로 오너나 리더가 이야기하는 것은 느낌이 다릅니다. 개인적으로 자사와 네임밸류가 거의 비슷한 사람을 상대할 때, 제가 조직에서 동등한 직책이거나 그에 상응하는 역할을 하지 않는다면, 그 사람에 비해 영향력이 훨씬 떨어진다고 느낄 겁니다. 솔직히 말해서, 이런 경향은 절대 사라지지 않을 거라고 생각해요."

## 최고경영자가 최고영업관리자

디자인 기업의 성공한 리더들은 세일즈가 비즈니스의 생명줄이라는 것을 알기 때문에 세일즈에서 자신의 역할에 진지하게 임한다. 훌륭한 포트폴리오와 유능한 인재들로 구성된 강력한 팀을 갖추는 것만으로는 더 이상 충분하지 않다. 고객과 직접 대면하여 문제에 대한 솔루션을 논의해야 한다. 조던은 이렇게 말했다. "기업에서 이 단계가 되면 계약서 작성이나 회의 스케줄 같은 관리 업무를 지원하는 팀과 함께, 제가 세일즈 팀을 이끕니다. 하지만 피칭을 하는 사람은 접니다. 우리가 고객과 잘 지내고 있는지 확인하고 싶기 때문에 약속을 잡는 사람도 저입니다.

85명의 직원을 둔 디자인 에이전시, 352주식회사의 CEO인 제프 윌슨은 이렇게 말했다. "저는 우리 에이전시에서 세일즈와 마케팅에 매우 집중하고 있습니다. 세일즈와 마케팅은 실제로 우리가 성장하는 데 큰 도움이 된 요소 중 하나입니다. 특히 저는 디자이너와 개발자로서는 형편없습니다. 1990년대 말 우리가 처음 사업을 시작했을 때, 저는 HTML과 포토샵 작업을 할 수는 있었지만, 품질이 그다지 좋지 않아서 곧 저보다 훨씬 뛰어난 사람들을 고용하기 시작했습니다." 디자인 리더가 기술자로 시작하는 일은 드문 일이 아니다. 그들은 디자인과 개발로 시작하지만 필요에 따라 리더 역할에 적응한다. 여기에는 판매 및 마케팅 리더십도 포함된다.

윌슨은 디자인 리더가 필요로 하는 성숙함에 대해 언급했다. "저는 기존의 역할에서 벗어나 비즈니스 측면에 집중하는 것이 매우 쉬웠습니다. 사실 저는 디자인과 개발 커리어에 실패했기 때문에 에이전시의 성장에 매우 집중할 수밖에 없었고, 결론적으로 에이전시의 성장에 도움이 되었다고 생각합니다." 아마도 윌슨은 디자이너나 개발자로 계속 일하는 것보다 세일즈와 마케팅에 집중하는 것이 비즈니스에 더 중요하다는 것을 알고 있었기 때문에 이에 이끌린 듯하다. 어떤 관점으로 보든, 디자인과 개발은 디자인 산업의 원자재이다. 전략적인 힘은 리더가 새로운 기회를 만들고 기업의 평판을 높이는 활동에 전념할 때 나온다. "많은 소규모 에이전시는 창립자가 크리에이티브 분야의 배경 출신이거나 기술자 배경을 가지고 있는 경우가 종종 있는데, 그 사람들은 그런 작업을 매우 좋아합니다. 이건 전혀 문제될 것이 없습니다. 훌륭하지만 보통 이런 에이전시는 오너가 작업에 계속해서 관여하기를 원하기 때문에 그 에이전시들은 규모 면에서 좀 더 부티크적인 형태를 가질 것입니다. 이들은 디자인이나 개발을 계속하기를 원합니다. 다시 말하지만, 이것은 문제가 아닙니다. 저는 에이전시가 성장하려면 오너가 적어도 상당 부분 일상적인 작업에서 물러나 비즈니스 개발과 같은 업무에 집중해야 한다고 생각합니다."

리드 필터링의 상당 부분이 조직의 최고위급 담당자를 거치는 경우, 이 작업을 확장하는 것이 문제가 될 수 있다. 디자인 리더가 비즈니스 개발을 책임지고 있다면, 기업이 성장하고 그들이 해야 할 일이 더 많아지면 어떻게 될까? "물론, 규모가 큰 조직이라면 분명 한 사람이 세일즈 팀이 될 순 없을 겁니다. 저는 기업의 리더이자 헤드비전담당자로서 제가 모든 세일즈 사이클에 관여해야 고객이 우리가 만들고 있는 것에 대한 열정을 볼 수 있다고 굳게 믿고 있습니다."

관여한다는 것은 모든 일을 다 한다는 뜻이 아니다. 확장에 대한 답은 모든 것을 시도하는 것이 아니라 프로세스가 어떤 모습인지 이해하고, 프로세스를 더 효율적으로 만드는 것이다. 베일러는 이렇게 말했다. "무엇이든 규모를 확장할 때, 저는 보통 그 문제에 더 많은 인력을 투입하는 대신, 더 많은 프로세스를 만드는 기회가 어디에 있는지 알아내려고 노력합니다. 그래서 '음, 영업 사원이 더 필요해요'라고 말하는 대신, 이런 질문을 하는 겁니다. '좋아, 세일즈 프로세스를 어떻게 개선하면 좀 더 효율적으로 일할 수 있을까?' 왜냐하면 이 업계에 정통하고, 우리가 하는 일을 이해하며, 우리가 일을 어떻게 하는지 알고, 우리가 하는 방식으로 영업할 수 있는 또 다른 사람을 찾는 것은 매우 어려우니까요." 베일러와 같은 기업들은 세일즈 업무를 담당하는 직원 수를 늘리는 대신 성과를 확장하는 방법을 찾아냄으로써 대규모 세일즈 팀 없이도 지속적으로 성장해왔다.

성과를 확장한다는 것은 거래를 성사시키기 위해 비즈니스에서 필요한 대화 유형을 실제로 살펴보는 것을 의미한다. 이를 위해서는 대화 중에 일반적으로 나오는 질문을 알고 적절한 답변을 준비해야 한다. 처음 대화에서 적절한 기대사항을 잘 충족시켜줄 방법을 찾으면 시간이 절약된다. 적합하지 않은 프로젝트는 곧바로 식별되기 때문에 더 많은 시간을 투자할지 아니면 중단할지 결정할 수 있다. 불협화음을 최대한 빨리 차단하고, 자신의 기업이든 아니든, 고객이 적절한 파트너를 찾도록 돕는 데 집중하는 것이다. 베일러는 이렇게 말했다. "세일즈 프로세스에서 타이밍, 예산, 기술 등 병목 현상이 발생할 부분이 있다는 것을 알게 되면 즉시 문제를 제기하려고 합니다. 그래야 2~3주 뒤 우리가 마침내 모여서 세부 사항을 논의할 때 놀라는 일이 없습니다."

# 비즈니스 거절을 통한 세일즈 개선

필터링 프로세스의 일부는 작업을 거절하거나 잠재 고객이 더 적합한 파트너를 찾도록 돕는 것을 의미한다. 우리는 디자인 리더들로부터 그들이 결코 좋은 짝이 될 수 없다고 확신하는 잠재 고객을 어떻게 돕는지에 대해 여러 번 들었다. 그들은 잠재 고객을 다른 에이전시에 소개하거나 잠재 고객이 프로젝트에서 보다 나은 선택을 하도록 도와주는 통찰력 있는 아이디어를 제공했다.

"솔직히 말하면 사람들이 몇 달 후, 심지어는 몇 년 후에 돌아와서 이렇게 말하는 경우도 있었습니다. '그분을 소개해 주셔서 감사합니다. 정말 훌륭한 사람들이었어요. 이제 새로운 일을 하는데, 당신과 다시 이야기하고 싶군요.'" 잠재 고객과 그들이 성공하도록 돕는 데 진정으로 관심을 기울이면 좋은 관계가 형성된다. 꼭 사회과학자가 아니어도, 사람들을 도우면 그들이 당신을 애정 어린 마음으로 기억하리라는 것을 알 수 있다. "사람들이 그들의 프로젝트에 가장 적합한 사람을 찾도록 돕는 데 집중했습니다. 꼭 우리가 아니더라도 말이죠. 그랬더니 정말 많은 것이 돌아왔습니다."

이렇게 베푸는 마음은 기존 프로젝트에도 적용된다. 미래의 최고 고객은 현재 함께 일하고 있는 고객이기도 하다. 세일즈맨이었던 나의 아버지는 이렇게 말했다. "매달 양동이를 처음부터 다시 채우는 것보다 한 번에 가득 채우는 것이 훨씬 더 쉽다." 현재 고객에게 투자하면 파이프라인에도 투자하게 된다. 엑스플레인의 데이브 그레이는 이렇게 말했다. "고객을 잘 응대하세요. 그래야 돌아오고 충성고객이 됩니다. 그리고 그들에게 조직 내에서 관계를 구축할 수 있게 도와달라고 요청하세요. 성장의 대부분은 우리가 무언가 성공적으로 일을 해 준 사람으로부터 옵니다··· 입소문이 나거나 다른 누군가에게 소개되죠." 그레이는 그의 비즈니스를 비교적 안정적인 성장 궤도에 올린 것은 고객에게 훌륭하게 일을 해주고 지속적인 피드백을 받은 것이라고 생각한다. 그는 일을 부탁하는 것을 두려워하지 않는다. "사람들에게 단도직입적으로 이렇게 요청합니다. '우리의 서비스에 만족하셨다면, 고객님의 조직에 있는 분들께 우리를 소개해 주시면 정말 감사하겠습니다.'"

그레이는 한 가지 주의사항을 덧붙였다. "한 고객에게만 의존하는 회사를 원하지 않으실 겁니다. 그 고객이 떠나면 비즈니스의 절반을 잃게 되니까요. 그래서 우리의 또 다른 정책은 한 고객이 비즈니스 지분의 20퍼센트 이상을 차지하지 않게 하는 것입니다." 그는 경험을 통해 이것이 굉장히 빠지기 쉬운 함정이라는 것을 알게 되었다. 우리는 인터뷰를 통해 스튜디오들이 한두 개의 고객 프로젝트에 막대한 투자를 하는 실수를 범하는 경우를 여러 번 관찰했다. 이러한 의존은 일관된 세일즈 파이프라인을 개발할 준비가 되어 있지 않은 기업에서 발생할 수 있다. 주어진 작업에 너무 집중해서 프로젝트가 끝나면 어떻게 될지 잊어버리는 것이다. 장기적인 세일즈 파이프라인에 투자하면서도 맞지 않는 비즈니스는 거절하는 것이 직관에는 반하는 것처럼 보일지는 모르나, 성공하는 세일즈 사이클에서 가장 많이 발견되는 전략이다.

## 영업사원, 영업수당, 인센티브

우리가 인터뷰한 디자인 리더의 60퍼센트는 자사의 새로운 비즈니스 사이클에 깊이 관여했으나, 일부는 전담 영업사원에 의존하기도 했다.

영업사원은 전통적인 비즈니스 개발 경로를 만드는 사람부터 잠재 고객을 만나 구매 프로세스를 안내하는 전략가에 이르기까지 그 형태가 다양했다. 연공서열 측면에서도 큰 차이가 있었으나, 성공한 디자인 리더 중 영업사원을 지원하지 않고 내버려 두는 사람은 거의 없었다. 프레시틸드 소일에서는 고위급 정규직 영업사원을 최대한 빨리 고용하는 것에 전념했다. 현재 세일즈 팀장은 네 번째로 우리 회사에 입사한 직원이었다. 그 당시 소규모 디자인 에이전시였기에 놀라운 일이었을지도 모른다. 하지만 오늘날에도 변함없는 우리의 논리는 고위급 전담 영업사원이 없다면 현금흐름을 위한 강력한 기반을 구축해주는 세일즈의 일관성을 확보할 수 없다는 것이다. 현금은 모든 비즈니스의 생명줄이다. 외부 자금에 의존할 수 없는 디자인 스튜디오 같은 서비스 기업에게 그 중요성은 아무리 강조해도 지나치지 않다.

영업사원에게 동기를 부여해주는 훌륭한 문헌은 이미 많기 때문에 우리가 다른 곳에서 언급된 내용을 반복할 필요는 없다고 생각한다. 우리가 인터뷰한 디자인 리더들은 영업사원을 장려하는 방법에 대해 굉장히 다양한 관점을 가지고 있다. 개인 또는 팀이 더 열심히 일할 수 있도록 적절한 당근을 제공하는 일반적인 접근법은 실제로 존재하지 않는다. 경험이 풍부한 디자인 리더들의 공통점은 수당 기반 인센티브를 별로 선호하지 않는다는 점이었다. 스몰박스의 젭 배너는 이렇게 말했다. "서비스 비즈니스로서 우리는 새로운 비즈니스로 빠르게 확장할 수 없습니다. 앞으로 점차 쌓아 나아가야 하죠. 수당을 받는 영업사원에게는 실망스러울 수 있습니다. 다음 분기에 판매해야 하는데 청구서가 발행될 때까지 수당을 받지 못하니까요." 신규 프로젝트에 연결되는 고용 사이클을 비롯해 너무 먼 미래에 보상이 있는 경우 영업사원과 리더 모두에게 답답한 일이 될 수 있다.

조직에도 수당은 마찬가지로 문제가 된다. 만약 영업사원이 수당으로만 동기를 부여받는다면, 그들의 목표는 기업의 목표와 일치하지 않을 것이다. 기업의 목표는 특정 유형의 프로젝트를 가져오는 것이지만, 영업사원이 다른 유형의 프로젝트가 잠재적으로 수당을 올려줄 거라고 생각한다면 세일즈 전략이 불일치할 것이다. 다른 측면에서 보면, 추진하라고 지시받은 프로젝트에서 영업사원이 보상을 기대하지 못한다면 그는 성공적으로 일할 수가 없다. 배너는 계속해서 말했다. "우리는 세일즈 팀이 찾은 모든 비즈니스를 다 끌어오도록 동기를 부여하고 싶지는 않습니다. 훌륭한 작업을 수행하려면 훌륭한 고객이 필요합니다. 우리는 고객과 기회에 대해 점점 더 신중하게 선택하면서 전반적으로 좋은 성과를 얻었습니다. 수당을 받는 세일즈 팀은 적합성이 아닌 돈에 초점을 맞추는 경우가 많습니다. 적합성에 집중해야 합니다." 이 장 초반에서 논의했듯이, 기업과 고객 간의 조정은 필수적이다. 스튜디오 팀을 공동의 목적에 맞춰 조정하는 것은 크게 눈에 띄지 않는다. 이 업계에 수십 년을 몸담아오며, 디자인 리더가 영업사원에게 하는 이야기와 제공하는 인센티브가 다른 결과를 장려하고 있는 것을 목도해왔다. 일부 기업에서 성과급이 통한다고 해서 디자인 조직에서도 반드시 통한다는 의미는 아니다. 영업사원을 고용하고 인센티브를 주는 것은 최종적인 성과가 아니라 기업의 목적 차원에서 이루어져야 한다.

단연코, 최고의 영업사원은 비즈니스에 가장 많은 투자를 한 사람들이다. 오너, 창립자, 조직의 리더인 경우가 많지만 예외도 있다. 훌륭한 영업사원은 일반적으로 돈보다 더 많은 것들에 의해 동기를 부여받는다. 그들은 종종 사람들의 사고방식을 전환하는 것을 즐겁게 여긴다. 보상과 인정도 간과할 수 없으나, 진정한 영업사원은 거래의 스릴과 잠재 고객과 함께 일하는 즐거움을 좋아하는 사람이다. 어떤 면에서 그들은 자신의 기술을 마스터하고자 하는 각 분야의 전문가들과 비슷하다. 판매업의 장인이 되고자 하는 열망이 진정한 영업사원을 만든다. 오해는 하지 않기를 바란다. 돈과 인정은 성공에 영향을 주지만, 그저 마지막에 따라오는 보상이라 할 수 있다. 팀의 성공에 기여하고 고객과의 관계에서 중요한 부분으로 여겨지는 것이 이상적인 영업사원을 이끄는 원동력이다. 배너는 이렇게 말했다. "다른 사람들이 그들의 노력을 통해 이익을 얻는 걸 보는 것은 개인적인 보상만큼이나 의미 있을 수 있다."

## 세일즈 및 마케팅 파이프라인

만약 우리의 인터뷰를 지나칠 수 있다면, 리더는 다음 프로젝트가 어디에서 올지 생각하는 데 많은 시간을 할애할 것이다. 비즈니스 개발이나 마케팅에 한 가지 방법만 있는 것은 아니지만, 리더들은 모두 여러 가지 채널을 개발하여 파이프라인을 기회로 가득 채운다. 건전한 파이프라인을 개발하려면 여러 채널을 확보해야 한다. 일부 초기 단계 리더의 경우, 전통적인 세일즈 채널 방법 중 상당수가 더 이상 효과가 없거나 수익에 미치는 영향이 제한적이라는 사실을 알게 되면 놀랄 것이다. 성공한 디자인 리더들이 항상 세일즈와 마케팅 활동 간의 연결고리를 만든다는 것은 그다지 놀라운 일이 아니다.

352주식회사의 제프 윌슨은 이렇게 말했다. "고객과 초기 대화를 나누고 프레젠테이션 같은 업무를 담당하는 세일즈 팀원이 몇 명 있습니다. 하지만 중요한 기회가 생기면 그들은 저를 데려가거나, 리더십 팀의 다른 고위 직급자를 데려갑니다. 우리는 기회가 왔을 때 이를 키우기 위해 많은 시간을 쏟습니다." 보다 큰 마케팅 세일즈 목표와 연결하는 것은 비즈니스 수명 주기에 있어 중요하다. 윌슨은 소개에만 의존하는 것을 믿지 않는다. "역사적으로 보면 대부분의 잠재 고객은 인바운드 마케팅을 통해 들어왔습니다. 시간이 지나면서 입소문을 타거나 소개로 에이전시를 알게 되는 경우가 상당수를 차지하지만, 사실 지난 몇 년간 우리의 자체적인 검색 엔진을 통해서도 꽤 성공을 거두었습니다. 자연 검색<sup>Organic Search</sup>(광고료를 지불하지 않고 노출되는 검색 영역으로 주로 자동완성검색어나 연관검색어 등을 통해 이루어짐) 엔진 순위와 유료 검색 광고<sup>Paid Search</sup>의 측면에서도 마찬가지입니다. 검색 광고는 이익률<sup>ROI</sup> 측면에서는 어려움이 있을 수 있으나 우리에게는 성공적인 것으로 판명이 났고, 자연 검색은 일반적으로 우리에게 도움이 되었습니다. 하지만 낮은 품질의 기회를 많이 생산할 수 있으므로 세일즈 프로세스에서 자격심사를 잘하고 낮은 품질의 기회를 걸러내는 작업을 해야 합니다. 그런 선별작업을 한다면 진짜 보석을 찾을 수 있습니다. 우리의 가장 큰 거래 중 일부는 실제로 검색 엔진을 통해 자연스럽게 우리를 찾아왔습니다." 성공한 디자인 기업에서 이러한 필터링 과정은 절대 무작위로 이루어지지 않는다. 일단 잠재 고객이 들어오면 추진할 만한 가치가 있는지 판단하기 위해 평가를 거쳐야 한다.

　보스턴에 있는 디지털 마케팅 회사인 액셀러레이션 파트너즈 <sup>Acceleration Partners</sup>의 CEO 로버트 글레이저<sup>Robert Glazer</sup>는 이렇게 말했다. "전통적인 세일즈 사고는 세일즈 퍼널의 상단을 최대한 많은 잠재 고객으로 채우는 데 중점을 둡니다. 악의는 없지만, 마케터들은 그물을 넓게 던지고 잠재 고객을 서서히 침투시키면 궁극적으로 완전한 자격을 갖춘 고객을 추출할 수 있다고 주장하는 경우가 많습니다. 하지만 그렇지 않거든요." 더 많은 잠재 고객을 확보하는 것은 좋은 것처럼 보이지만, 대부분 디자인 리더들이 제한된 시간과 자원에 집중하는 것을 방해한다. 이 책을 위해 인터뷰한 가장 성공한 리더들은 보다 집중적인 세일즈 방식에 의존했다. 고도로 집중된 활동과 다양한 채널을 개발하는 것 사이에서 균형을 찾는 일은 처음에는 혼란스럽고 직관에 반하는 것처럼 보일 수 있다. 우리는 대화를 나누며 이러한 접근법에 대해 보다 자세한 설명을 듣고자 했다. 몇 년 전 이 주제에 대해 우리가 작성했던 최초의 기사를 공동 집필한 글레이저는 계속해서 말했다. "해결책은 있습니다. 문제는 인내심과 유연성이 필요하다는 것입니다. 빠른 지름길은 없습니다. 이는 적합하지 않은 고객을 거절하는 것이 적합한 고객을 얻는 것만큼이나 비즈니스에 도움이 된다는 사실을 이해하는 것에서 출발합니다."

우리가 만난 리더들은 각기 다른 설명을 했지만, 많은 이들이 이 프로세스를 '집중 도구'라고 칭했다. 우리는 이 전략을 '렌즈'라고 부른다. 이 전략을 올바르게 실행하면 수익성 높은 비즈니스를 추진하고 지속하는 강력한 전략이 된다. 이름에서 알 수 있듯이, 렌즈는 세일즈와 마케팅에 모든 노력을 집중하는 방법이다. 가장 성공적인 조직은 여러 고객을 쫓지 않는다. 그들은 오직 하나의 대상, 즉 가장 적은 피해를 주면서 가장 많은 이윤을 가져다주는 고객에게만 집중한다. 그들은 바늘구멍을 통과할 정도로 고객에 대한 정의를 좁힘으로써 집중이 분산되는 것을 막는다.

## 독자적인 세일즈 렌즈 만들기

경우에 따라 이 프로세스를 기업의 관점에서 설명할 수 있지만, 우리는 디자인 리더들이 고객을 중심으로 이 문제에 접근하는 것을 선호한다는 사실을 관찰했다. 이는 아마도 이들이 이미 고객 중심적이기 때문일 수도 있지만, 문제의 핵심에 다가가기 더 쉽기 때문이기도 하다. 핵심은 '누구와 함께 일하고 싶고 어떤 부분에서 가치를 제공할 수 있는가?'이다. 비즈니스에 적합한 렌즈를 구축하는 것은 이상적인 고객이 누구인지 미리 분석하는 것에서 시작한다. 만약 당신이 신생 기업이고 기존 고객이 없다면, 이상적인 고객의 프로필을 만들고 실제 데이터가 생기면 수정할 준비를 해야 한다. 예를 들어, 다음과 같이 자문해보라.

- 우리의 이상적인 고객은 시장의 새로운 진입자인가, 아니면 자리를 잡은 사업체인가? 어떤 고객을 선호하는가?

- 누가 의사결정을 하는가? 창립자 또는 CEO와 직접 상대하기를 원하는가? 아니면 큰 브랜드와 협업하며 라인 매니저나 중간 직급의 의사결정자를 상대하는 것이 좋은가?

- 고객이 당신의 분야에 얼마나 많은 경험을 가지고 있는가? 신규 고객과 이미 그 분야에서 오래된 고객 중 어느 쪽이 더 편한가?

- 어떤 의사소통 방식을 선호하는가? 당신은 온화한 고객을 좋아하는 조용한 내향적인 사람인가, 아니면 말을 빠르게 하는 외향적인 사람을 선호하는가? 이메일과 전화 중 무엇이 더 나은가?

돌아가서 귀사가 맺은 최고의 계약을 살펴보고, 성공한 프로젝트 및 고객의 공통점이 무엇이었는지 파악하라. 그리고 잘 풀리지 않았던 프로젝트의 경우 어떤 일이 있었는지 분석하라. 이 데이터를 활용해서 세일즈 렌즈의 초점을 더 잘 잡아야 한다. 또한 어떤 경제적 요인들이 수익성을 유지해주는지 확실히 알아야 한다. 당신의 지불 조건을 명확하게 전달하고, 흥정하지 않고 이러한 계약조건을 존중하고 동의하는 고객을 찾아라.

## 세일즈 렌즈 활용하기

다음은 우리가 어떤 고객이나 프로젝트를 맡을지 결정하기 위해 사용한 렌즈에 대한 개략적인 예시이다. 고객 품질, 세일즈 프로세스, 기타 고려 사항의 세 부분으로 나뉜다

### 바람직한 고객 및 프로젝트의 품질

1. 고객은 다른 서비스 기업과 성공적으로 협업했거나 디자인 전문가와의 파트너 관계를 중요하게 생각한다.

2. 고객은 자신이 모르는 것이 무엇인지 안다. 다시 말하면, 그들은 디자이너의 지식과 경험을 존중한다.

3. 고객은 입증된 디자인 방법론과 프로세스에 동의한다.

4. 고객이 접근법에 대해 강력한 의견을 가지고 있다면, 관계 초기에 이

에 대해 논의한다.

5. 고객의 의사소통 방식은 디자인 기업과 동일하거나 유사하다.

6. 결과물은 우리가 통제할 수 없는 사람들과 연결되어 있지 않다.


또한 당사의 주요 운영 노력이 필요한 경우, 프로젝트는 고객의 경영진 측에게 많은 권한을 위임받아야 하며, 구현하는 팀은 당사가 수행하는 작업을 이해하고 이를 따라올 수 있어야 한다.


## 이상적인 세일즈 프로세스

1. 고객은 우리의 시간을 소중히 여기며 제안 과정에서 이를 보여준다.

2. 세일즈는 공정하고 신속하게 진행된다. 끊임없이 왔다 갔다 한다면 큰 경고 신호이다.

3. 고객은 적시에 계약을 체결하고 적시에 예금을 납부한다. 이는 향후 지불 문제에 있어 많은 것을 보여주는 지표다.

4. 프로젝트는 재정적인 기준에 부합한다.


## 기타 고려 사항

1. 재의뢰를 하는 고객은 신규 고객보다 훨씬 더 가치 있다.

2. 신뢰할 수 있는 사람이나 과거 고객의 소개는 보통 더 좋은 고객을 끌어들인다.

효과를 유지하려면 시간이 지남에 따라 세일즈 렌즈를 조정해야 한다. 새로운 정보를 접하거나 끔찍한 고객과의 관계에서 회복한 다음, 무엇이 잘못되었는지 파악하고 렌즈를 조정하라. 반대로, 완벽하게 진행된 프로젝트라면 이를 되돌아보고 그 프로젝트의 특성도 추가하라. 특이치(최고의 잠재 고객 및 최악의 잠재 고객)는 보통 식별하기가 쉽다는 것을 명심하라. 실제로 차이를 만드는 것은 중간 레벨의 경계에 있는 기업의 장단점을 식별하는 방법을 배울 수 있느냐에 달려있다. 직감적으로 어떤 일이 잘 풀리지 않을 것 같다고 느끼는 경우가 많지만, 렌즈의 경계에 익숙해지기 전까지는 보통 추진하려는 경향이 있다. 우리의 가장 큰 후회는 경고 신호를 간과하거나, 무시하거나, 일을 거절하기 싫어서 우리의 렌즈에서 벗어난 한두 가지 특성을 안고 가기로 결정했던 계약에서 비롯되었다. 그러한 계약의 대부분은 후회가 남고 수익성이 없었다.

당신의 렌즈 바깥에 있는 잠재 고객과 프로젝트를 거절한다면 비즈니스는 더욱더 성공할 것이다. 제약업계에서 가장 이윤을 많이 내는 기업은 잘 알려진 거대기업이 아니라, 시장에 진입하지 못하는 잠재 고객을 대상으로 가장 적은 자원을 사용하여 최고의 수익률을 내는 기업이다. 좀 더 간단하게 말하자면, 실패할 것 같은 대상을 신속하게 버리는 이들이다. 어려운 고객과 낮은 질의 프로젝트는 이윤이 남는 작업을 상쇄해버리고 에너지를 낭비하게 만든다. 렌즈를 활용하면 당신이 가장 잘하는 일에 더 많은 시간을 할애할 수 있다.

# 실제로 렌즈 활용하기

자사인 프레시 틸드 소일 외에도 세일즈와 마케팅에 정제되고 집중된 접근법을 사용하는 다른 업계 리더들이 있다. 시장의 범위를 줄이고 특정 목표시장을 선정하면 더 나은 결과를 낳는 역설적인 효과가 있다. 누구를 겨냥해야 할지 알면 전쟁에서 반은 이긴 것이다. 오리마스 아도마비치우스Aurimas Adomavicius는 이렇게 말했다. "특정 캠페인의 측면에서 보면 더 전략적입니다. 예를 들어, 우리는 재무 서비스에서 성과가 좋기 때문에 그 분야를 우리의 수직 시장으로 식별합니다. 우리에게는 사례연구에 대해 이야기할 만한 예시가 있습니다." 아도마비치우스는 타깃 고객에게 매력적인 수직적으로 집중된 특정 콘텐츠를 생성하는 마케팅 접근법을 권장한다. 이 콘텐츠는 참여를 유도하고, 더 많은 작업으로 이어지는 대화를 만든다. 이렇게 단일 시장에 집중하면 프로젝트가 비슷한 프로젝트를 생성하고, 그 분야에서 기업의 평판을 강화해주는 선순환 구조를 만든다.

아래는 설문과 인터뷰에서 받은 피드백을 바탕으로 이러한 필터가 어떻게 작동하는지를 보여주는 모델이다. 몇 가지 유사한 접근법을 관찰했으나, 이 구조는 세일즈 필터링에 대한 가장 객관적인 접근법을 나타낸다. 이 예시에서는 적정한 수준의 정보 제공을 보장하기 위해 답변에 가중치를 부여했다. 모든 정보가 동등하게 취급되지는 않는다. 예를 들어, 잠재 고객이 들어온 이유를 아는 것은 잠재 고객이 어디에서 왔는지 아는 것만큼이나 중요하다. 아래에 설명된 모델에서 점수가 높을수록 잠재적인 결과가 더 좋다.

## 잠재 고객의 출처

1. 잠재 고객 또는 기회가 어디에서 왔는가? 마케팅 노력 +2, 개인 또는 전문 네트워크 +1, 웹 양식 0, 전화 +1, 컨퍼런스 또는 행사 +1, 웹 검색 0

2. 마케팅 노력의 결과로 잠재 고객을 얻은 경우, 그 잠재 고객은 자신이 어떤 반응을 보였는지 기억할 수 있었는가? 예 +1, 아니오 0


## 도메인과 이해

1. 잠재 고객이 우리가 이해하고 있거나 빠르게 이해할 수 있는 업계에 있는가? 예 +1, 아니오 -1

2. 잠재 고객이 웹 프로덕트를 디자인하거나 구축한 경험이 있는가? 예 +2, 아니오 -2

3. 잠재 고객이 우리와 같은 디자인 기업과 협업한 경험이 있는가? 예 +1, 아니오 -1

4. 3번 질문에 대한 답이 '예'라면 그 기업과의 경험은 어떠했는가? 매우 좋음 +2, 중립적 0, +1, 나쁨 -1, 매우 나쁨 -2

5. 잠재 고객이 스타트업이라면, 그 팀은 유의미한 비즈니스를 운영해 본 경험이 있는가? 예 +1, 아니오 -2

## 예산 책정

1. 잠재 고객이 해당 프로젝트에 대한 예산이 있거나 할당된 자금이 있는가? 예 +1, 아니오 -2

2. 스타트업이라면 이미 자금을 확보했는가? 예 +2, 아니오 -2

3. 스타트업이라면 작업에 대한 대가로 지분을 제공했는가? 예 -2, 아니오 0

4. 잠재 고객이 예산에 대한 세부 사항을 공유하려고 하는가? 예 +1, 아니오 -1

5. 4번 문항에 대한 답변이 '아니오'라면 그 이유가 당신이 예산에 대해 알게 되면 그 예산을 다 사용할 것이라고 생각해서인가? 예 -2, 아니오 0

6. 범위를 결정하기 위해 심층 분석이나 전략 단계를 거치려고 하는가? 예 +2, 아니오 -2


## 고객팀과 자원

1. 잠재 고객이 비즈니스 목표에 대해 명확한 비전을 가지고 있는가? 예 +1, 아니오 -1

2. 잠재 고객의 기업에서 이 프로젝트를 관리할 전담 인력을 보유하고 있는가? 예 +1, 아니오 -1

3. 프로젝트 관리자들이 디자이너 또는 프로덕트 디자인 기업과 관련된 경험이 있는가? 예 +1, 아니오 -1

## 도전과제와 창의성

1. 이 프로젝트는 우리가 일하기에 도전적이고 재미있는 프로젝트인가?
   예 +2, 아니오 -2

2. 이 프로젝트는 사내에서 판매하기 어려운가? 예 -1, 아니오 +1

3. 이 프로젝트 작업을 통해 부가 가치를 얻을 수 있는가? 예 +2, 아니오
   -2


보다시피 모든 질문에 동일한 가중치가 부여되는 것은 아니다. 예를 들어, 디자이너나 디자인 기업과 협업해본 경험이 없는 기업은 문제가 될 가능성이 가장 높다는 사실을 발견했다. 프로세스에 대한 이해 부족, 가치에 대한 혼동, 디자인 기업이 단순히 공급업체일 뿐 파트너는 아니라는 인식 등은 디자인 서비스를 처음 구입하는 고객과 작업할 때 관찰되는 문제이다.

우리의 경험과 수준 높은 디자인 기업에서 관찰한 바에 따르면, 세일즈와 마케팅은 불가분의 관계에 있지만 구체적인 역할은 나누어져야 한다. 일관된 기회를 찾고 있으며, 세일즈 파이프라인에서 장기적인 가시성을 원하는 기업의 경우, 정규직 마케팅 담당자(또는 팀)는 그만한 투자 가치가 있다. 보다 규모가 큰 디자인 스튜디오에서는 2명 이상의 정규직 직원으로 구성된 마케팅 팀을 두는 것이 좋다. 한 사람은 웹사이트 콘텐츠, 행사 기획, 사은품에 집중하고, 다른 사람은 디자이너 및 개발자와 협력하여 출판할 콘텐츠를 만들고, 회의 주최자와 관계를 쌓고, 행사를 위한 연사를 찾는 데 주력한다.

모든 기업은 고유한 특징을 지니기 때문에 세일즈 팀 구성 방식은 프로젝트의 규모와 세일즈 사이클에 따라 달라진다. 규모가 크거나 경

험이 많은 디자인 기업의 목표는 팀에게 가장 높은 보상을 안겨주는 큰 프로젝트를 따는 것이다. 소규모 기업의 경우 창립자나 오너가 전체적인 세일즈 사이클을 관리하는 것으로 충분할 수 있다. 대부분의 소규모 디자인 기업은 소개를 통해 잠재 고객을 찾는다. 즉, 주요 영업사원이 인바운드 활동은 하지만 아웃바운드 활동은 하지 않는다는 뜻이다. 신규 비즈니스 전담팀이 있는 기업도 전통적인 방식으로 적극적인 세일즈를 하지 않아도 될지도 모른다. 그들의 주요 업무는 인바운드 잠재 고객에 대한 후속 조치를 취하고, 잠재 고객 또는 기존 고객과 향후 프로젝트를 논의하고, 최선의 방법을 결정하는 것이다. 이렇게 하면 디자이너와 개발자가 매일 새로운 비즈니스 대화에 끌려가지 않고 프로젝트에 집중할 수 있다. 또한 그들은 팀이 초기 회의에서 논의한 내용을 실제로 이행할 수 있도록 프로젝트 매니저와 긴밀히 협력한다. 그 결과, 회사에 가장 적합하게 필터링되고 수집된 높은 수준의 요구사항이 된다. 이들은 전반적으로 잘 맞는 대상을 찾는 동시에 팀원들에게도 제일 적합한 대상을 찾는다.

수백 명의 디자인 리더들과 대화를 나누면서 알게 된 한 가지 분명한 사실은 세일즈를 위한 묘책은 없다는 것이다. 보다 높은 수준의 고객이 디자인 파트너에게 기대하는 인식과 신뢰에 부응하려면 콘텐츠 제작에 많은 시간을 투자해야 한다. 디자인 비즈니스에서 세일즈는 궁극적으로 모두의 책임인 전략적인 역할이다. 당신이 일선에서 일하든 청구서를 보내는 사람이든 관계없이, 고객과 상호작용하게 된다. 모든 고객 접점은 상황을 개선하거나 망칠 수 있는 기회다. 특정 신규 비즈니스 업무에 있어, 이상적인 '세일즈맨'은 업무와 프로세스에 열성적인 비즈니스 파트너 또는 오너이다. 파트너가 신규 비즈니스 프로세스에 참여할 수 없는 경우, 잠재 고객과 전략적인 대화를 나눌 수 있는 도메인 전문가를 두는 것이 차선책이다.

## 마지막 메시지

세일즈와 마케팅은 뒤얽힌 춤과 같다. 디지털 세상에서 세일즈와 마케팅의 경계는 점점 더 모호해지고 있다. 상황을 더욱더 어렵게 만드는 것은 비즈니스 개발 목표를 달성하려면 정교하게 조정된 하드 스킬과 수많은 소프트 스킬이 필요하다는 사실이다. 좋은 소식은 거의 모든 디자인 리더가 이러한 기술을 가르치고 향상시킬 수 있다는 점이다. 핵심적인 기술은 책에서 배울 수 없는 것들이다. 성공한 많은 디자인 리더가 보여준 열정과 공감이 바로 그렇다. 수십 명의 리더를 만난 건 그 자체로 교육이었다. 정식으로 세일즈 교육을 받지 않은 리더들도 고객의 문제를 해결하고자 하는 설렘과 열망을 활용하여 기회를 가져왔다.

벤 조던은 이렇게 말했다. "저는 오너가 항상 최고의 세일즈맨이 될 거라고 생각합니다. 열정을 갖고 있을 뿐만 아니라 의사결정을 내리는 능력도 있으니까요. 비즈니스에 열성적이고 나아가 잠재 고객의 문제를 해결하는 데 열성적인 사람이 있다면, 세일즈를 잘할 것입니다." 조던의 의견은 우리가 디자인 업계에서 직접 경험한 것과 성공한 디자인 리더에게서 들은 내용과 일치한다. 비즈니스에 대한 열정과 세일즈 성과 사이에는 깊은 연관성이 있다. 조던은 이렇게 말했다. "많은 영업 사원이 하는 말이지만, 자신이 믿지 않는 물건을 팔아서는 안 된다는 사실을 아는 것이 중요하다고 생각합니다. 자신이 무엇을 판매하는지 신경 쓰지 않는 사람보다 세일즈 파이프라인이 빈약한 사람은 없습니다."

- 영업과 마케팅은 별개의 활동으로 볼 수 없다. 모든 단계에서 연결된다.

- 성공한 리더들은 자신을 팀의 주요 마케팅 및 세일즈 담당자라고 생각한다.

- 프로세스, 기술, 도전과제, 통찰력에 대한 투명성은 이제 일종의 규범으로 간주된다. 더 이상의 블랙박스식 방법론과 프로세스는 없다.

- 비즈니스에 대한 열정과 열의만 있다면, 누구나 세일즈 능력을 개발할 수 있다.

- 세일즈를 제대로 수행한다는 것은 결국 상호 호혜적인 관계와 일련의 성과에 대해 많은 대화를 나누는 것이다.

- 소개와 입소문에 의존하는 것만으로는 충분치 않다. 구조화된 잠재 고객 생성 프로세스가 건전한 파이프라인의 동력이다.

- 기업의 중점과 강점에 집중하는 세일즈 렌즈를 개발하면 적절한 기회에 세일즈 활동에 전념할 수 있으며, 막다른 협상을 피할 수 있다.

- 세일즈에는 끝이 없다. 상황이 좋을 때도 파이프라인에 밀어 넣는 것이 필요하다.

- 그렇지만 끝없는 변동성에 대비하라. 지속적인 노력에도 불구하고 결과는 매달, 매 시즌마다 달라진다는 것을 인지해야 한다.

# 8

# 저지르기 쉬운
# 실수를 피하는 법

실수는 피할 수 없다. 안타깝게도 그렇다고 해서 실수를 통해 항상 무엇
인가를 배우는 것은 아니다. 우리는 훌륭한 디자인 리더들이 했던 실수
와 그들이 실수를 극복하기 위해 무엇을 했는지에 대해 파헤쳐본다. 이
이야기를 통해 실수는 피해야 할 것이 아니라 오히려 실수의 결과로 성
장하고 개선할 수 있는 메커니즘을 갖추는 것이 훌륭한 디자인 리더가
되는 길이라는 것을 알게 될 것이다.

# 서론

최고의 교훈은 우리가 저지른 실수를 통해 얻을 수 있다. 디자인 리더는 이를 매일 경험한다. 작은 교훈도 있고, 엄청난 교훈도 있다. 많은 이들은 자신이 한 모든 실수와 그로 인해 얻은 교훈을 기억조차 못한다. 기억하고 싶지 않은 실수도 있지만 우리는 모두 그런 실수를 한다. 해피 코그의 그레그 호이는 이렇게 말했다. "그레그 스토리와 저는 오너 캠프에서 실수에 대한 워크숍을 했습니다. 그래서 우리는 실수에 대해 알고 있습니다. 워크숍은 반나절 동안 진행되었지만 우리는 아마 3~4일이라도 있었을 겁니다." 과거에는 실수를 공유하거나 논의하지 않았지만, 오늘날 실수는 블로그와 많은 디자인 콘퍼런스의 주제이다. 메인 무대가 아닌 바 주변에서만 논의되기는 하지만 말이다. 다행스럽게도 업계에서 이제는 디자인 리더들이 자신의 실패와 실수에 대해 기꺼이 공유하려고 한다. 극도의 투명성이 새로운 표준이 되었다. 그래서 이 책을 쓰는 것도 가능했다. 현재의 기술과 경제 시장에서 성공하는 디자인 그룹을 운영하는 것의 어려움에 대해 공개하는 리더들 덕분에 우리는 모두 어떻게 하면 더 잘할 수 있을지 배운다. 우리는 리더들에게 어떤 교훈이 가장 기억에 남는지 물었다

## ▍비즈니스는 디자인 프로젝트다

인터뷰에서 관찰했듯이, 어느 산업이든 공통된 주제는 오너와 리더가 기술자였는데 우연히 비즈니스를 운영하게 되는 경우가 많다는 것이다. 기술의 장인이 된다고 해서 비즈니스의 장인이 되는 건 아니다. 이는 디자이너에게도 마찬가지이다. 우리가 대화를 나눈 많은 리더들의 가장 큰 돌파구 중 하나는 비즈니스를 창의적인 도전과제로 보는 법을 배운 것이다. 돌파구는 수년간의 힘든 노력과 많은 시행착오 끝에 얻는 경우가 많다. 디자인 리더에게는 사업을 운영하는 기술을 배우는 것이 디자인 기술을 배우는 것보다 더 중요하다.

플랭크의 창립자 워렌 윌란스키는 이렇게 말했다. "우리가 이 비즈니스를 시작한 지 15년이 되었습니다. 5년째 되었을 때 이것을 해내는데 5년이 걸린다는 걸 알게 되었죠. 우리가 회사를 시작했을 때 창립자가 한 명 더 있었습니다. 4년차에 회사를 떠났죠. 그녀가 회사를 떠나는 과정에서, 그때까지 우리가 사업을 마치 골칫덩어리처럼 운영하고 있었다는 것이 분명해졌습니다. 의사결정을 번복하고 우리 둘 다 실제로 오너로서 회사에서 제대로 소유하고 있는 것이 아무것도 없었습니다." 리더십 구조가 바뀌자 윌란스키는 어떻게 비즈니스를 운영해야 할지 고민할 수밖에 없었다. "우리 둘 다 커뮤니케이션 전공이었고 그냥 작은 회

사를 운영해야겠다고 생각했죠. 다른 사람 밑에서 일하고 싶지는 않았고 그냥 다 알아서 잘될 거라고 생각했어요. 그러다가 공동 창립자가 떠나고 나서 그 골칫덩어리를 제가 맡게 되었는데 그때 깨닫게 된 겁니다. 이게 정말 회사인가? 내가 정말 회사처럼 운영해봐야 하는 걸까? 그 시점이 되어서야 제가 회사의 진정한 오너가 되었다고 느낀 겁니다." 지금까지 회사에 대해서 진지하게 생각해 본 적이 없었다는 사실을 깨닫게 된 것이 플랭크의 전환점이었다. 그다음 돌파구는 윌란스키가 디자이너로서의 그의 기술과 리더로서 문제를 해결하는 방법을 연결했을 때 찾아왔다. "제가 그때까지 회사를 운영하는 것을 꺼려했던 이유는 그 일 자체를 창의적인 노력으로 보지 않았기 때문입니다. 그 시점에 저는 문득 비즈니스를 운영하는 과정이 그 자체로 창의적인 프로젝트라는 것을 깨달았습니다. 제가 작업하고 있던 건 사무실에서 한 프로젝트가 아니었습니다. 저는 이제 회사 자체를 창의적인 프로젝트로서 작업하고 있습니다."

윌란스키의 실수는 사업 경영을 자신의 재능이 아닌 것으로 생각한 것이었다. 어쨌든 그는 디자이너이자 커뮤니케이션 전공자였기 때문이다. 그가 비즈니스에 대해 무엇을 알았겠는가? "머릿속에서 그렇게 생각하기 시작하자 제가 실제로 회사를 운영하고 그것에 익숙해질 수 있다는 사실이 분명해졌습니다. 즉 제가 자체적으로 재무, 행정, 사업 개발, 마케팅에 대한 선택을 할 수 있다는 뜻이었습니다." 비즈니스 리더십은 해결되기를 기다리는 디자인 문제이다. 솔루션을 만드는 것은 디자인의 역할이며, 비즈니스는 흔히 해결되기를 기다리는 일련의 문제일 뿐이다. 디자인 리더의 54퍼센트는 올바른 지침을 따르면 디자이너가 비즈니스 리더가 될 수 있다고 믿는다. 인터뷰 대상자의 36퍼센트는 디자이너가 훌륭한 리더라고 생각한다.

비즈니스 리더십은 디자인 문제일지도 모르나, 우리가 인터뷰한 디자인 리더들이 회사를 시작하기로 결정했을 때, 그들은 더 많은 자유를 원했기 때문에 그러한 결정을 내렸다고 하는 경우가 많았다. 다른 사람을 위해 일할 때는 가질 수 없는 통제력을 원하는 것이다. 때로는 타인의 사업에서 실수를 목격하는 것이 리더가 자신의 회사를 창업하고자 하는 원동력이 된다. 호트 코드웍스의 오너 마티 호트는 비즈니스를 시작하기 전에 했던 대화들을 다시 떠올리며 말했다. "많은 경우, 팀에서 사람들이 실수하는 것을 인식하고 이런 생각을 하는 거죠. '왜 우리는 이런 식으로 일하는 걸까?' 아니면 '왜 다른 방법으로 하지 않는 거지?' '이건 나에게 당연해 보이는데, 다른 사람에게도 당연할까?' 이런 생각을 거듭하고 나면 이렇게 됩니다. '좋아. 난 이걸 할 수 있어. 우리가 직접 할 수 있다고 확신해. 어떻게 될지 두고 보자고. 하지만 난 잘할 수 있어.' 하고 싶다는 동기와 분명히 잘 해낼 수 있다는 느낌이 저를 앞으로 몰고 갔죠. 저는 위험을 감수하는 사람입니다. 그렇기 때문에 실패하거나 프로젝트에서 기대한 만큼의 성과를 거두지 못하는 것이 두렵지 않습니다."

패스트스팟을 시작한 것은 트레이시 할보르센에게 일종의 디자인 프로젝트 같은 것이었다. 그녀가 다른 기업에서 일하면서 본 실수들은 새로운 솔루션을 만드는 데 영감을 주었다. "약간은 실수였고, 약간은 의도적이었습니다. 저는 어떤 일에 대해 침묵하는 것이 어려워서 우연히 리더의 자리까지 오른 거라고 생각합니다. 왜냐하면 저는 기꺼이 위험을 감당하고자 하는 사람이니까요. 이렇게 위험을 감수하고자 하는 의지 때문에 제가 일하면서 본 방식보다 더 잘하고 싶다는 결정을 내리게 된 것 같아요. 특히 디자인 에이전시를 이끄는 일에 있어서 말이죠. 저는 끔찍한 회사에서 좋은 경험을 많이 했습니다. 훌륭한 사람들과 함께 일했지만, 상사도, 운영 프로세스도, 문화도 끔찍했죠. 그래서 저는 생각했습니다. '좋아, 여기에서는 내가 뭔가 더 나은 것을 만들 거야.' 그래서 시작하게 된 겁니다." 호트와 할보르센이 설명한 이러한 할 수 있다는 태도는 비즈니스를 디자인 문제로 보는 접근법과 잘 어우러진다. 자유에 대한 열망으로 디자인 스튜디오를 시작할지도 모르지만, 계속해서 리더를 몰입하게 하는 것은 디자인적인 사고로 문제를 해결하는 것이다.

좋은 디자인을 상징하는 것에 있어 공감보다 더 나은 것이 무엇이 있을까? 좋은 디자인 모델은 거의 항상 이야기의 모든 측면을 이해하는 것에서 시작한다. 디자인 방법론으로서의 공감은 리더십을 위해 꼭 필요하다. 사라 테슬라는 '공감하는 리더십'이라고 말한다. "성공한 사람들은 대부분 강경한 태도를 보이는 경향이 있는데, 원래 리더는 그래야 한다고 생각하실지도 모르겠어요. 가끔은 딱 자르듯 냉철해야 하고 냉정한 피드백도 줘야 하죠. 그렇게 하는 데는 이유가 있지만, 공감하는 방식은 이를 넘어서 또 다른 유형의 존경을 받게 해줍니다." 테슬라는 자신이 읽어왔던 전통적인 리더 모델처럼 너무 냉철해지려고 했던 자신의 실수를 인정했다. "저는 초창기에 엄격한 리더가 되는 것을 실험했고 이렇게 생각했어요. '그래, 이 부분에 대해서는 냉정해질 거야.' 저는 팀원에게 강경하게 반응했는데, 즉시 이런 말을 하는 듯한 표정이 돌아왔죠. '도대체 무슨 말을 하는 거야?' 마치 이러는 것 같았어요. '네가 뭔데?' 냉철한 접근법이 실패의 길이라는 것을 꽤 빨리 알게 되었습니다. 다시는 그러지 않을 거예요." 실수에 공감으로 접근하면 신뢰를 얻고 더 깊고 폭넓은 교훈을 얻는 통찰력이 생긴다.

# 어느 정도는 내려놓아라

창의력을 발휘할 수 있는 공간을 제공하는 것은 디자인 리더의 최우선 순위 중 하나이다. 전통적인 디자인 경로를 통해 등장한 리더의 경우, 종종 다른 이들에게 창작의 업무를 넘기고 위임하는 것을 어려워한다. 지금은 해산된 티한앤드랙스의 공동창립자 존 랙스는 이렇게 말했다. "그 당시에는 창의력을 발휘하는 방법에 대한 많은 이야기가 있었습니다. 그중 일부는 브레인스토밍하는 방법에 대한 것이었죠. 저는 창의력을 마치 프로세스처럼 생각했고 창의력을 관리할 수 있는 일련의 단계가 있다고 생각했습니다." 작업을 수행할 프로세스를 찾는 것은 디자인 리더들이 해야 할 일이지만 너무 엄격한 프로세스는 종종 역효과를 불러온다. "그 당시 제가 이해하지 못했던 것은 그런 종류의 일들이 있기는 하지만 리더로서 정말 알아야 할 것은 체계 또는 창의력이 발현될 수 있는 공간을 만드는 것이 리더의 일이라는 것이었습니다. 자신의 뜻을 주입시키는 것이 아니고요."

창작 과정에서 손을 떼는 것은 신뢰의 문화를 만드는 것을 의미한다. "저는 제 뜻을 너무 강요하려고 했고 결국 제가 창작 관련 회의에 들어가서 그 방의 모든 산소를 다 흡입해버리는 꼴이 되었습니다. 제 목소리만 내고 프로세스를 장악해버렸죠. 저는 이런 식으로 말했어요. '아니요, 우리는 지금 이걸 해야 합니다. 이게 지금 가야 할 단계입니다. 이 일을 합시다. 이 활동을 합시다.'" 랙스는 이 경험을 통해 리더의 일은 창의력을 위한 시스템이 아니라 창의력이 발현되는 공간을 만들어 주는 것이라는 점을 배웠다고 했다. "제가 개인적으로 배운 것과 스튜디오에서 효과가 있는 것은 매우 구체적인 가치를 갖는 것에서 시작하는 것입니다. 여러분이 무엇을 가치 있게 생각하는지 이해하고 그것을 소중히 여기는 문화를 만들어야 합니다. 그렇게 하면 그 세계 안에서 창의력과 아이디어가 싹틉니다." 너무 많은 프로세스를 만드는 것에 대한 대안은 많은 리더가 제공하고자 하는 보다 가벼운 접근을 포함한다. 조직의 뒤로 물러나 팀이 스스로 세부 사항을 파악할 수 있는 시간을 주면 창의력이 생기는 이점이 있다. "처음에 생각했던 방식보다 훨씬 더 부드러운 접근입니다. 저는 창의력을 관리하는 것으로 생각했는데 결국 그건 말도 안 되는 방식이라는 것을 알게 된 거죠."

사라 테슬라는 이렇게 말했다. "저의 가장 큰 실수는 누군가를 놓아줘야 하는 것을 알면서도 놓아주지 않은 겁니다. 비즈니스 오너가 배워야 할 한 가지가 있다면 그냥 그렇게 해줘야 한다는 겁니다. 왜냐하면 놓아 주어야 할 사람을 놓아주지 않는 것은 최악의 일이니까요. 비즈니스를 시작하고 이제 막 모든 것이 어떻게 돌아가는지 알아가고 있는데 뭔가 잘 맞지 않는 사람이 있거나 팀을 실망시키는 사람이 있다면 깊게 관여해야 한다는 생각이 들죠." 테슬라는 많은 디자인 리더들이 문제 상황을 과도하게 관리해야 한다고 생각해서 느끼는 불안감에 대해 이야기했다. 팀에서 알아서 해결할 것이라는 신뢰를 쌓는 데는 시간이 좀 걸릴지도 모른다. 하지만 테슬라는 이것이 배울 가치가 있는 기술이라고 말한다. "그 기술을 갖추지 않으면 계속 문제가 될 겁니다."

## 성장 관리하기

성장은 모든 성공한 기업의 자연스러운 경로이다. 거의 모든 경우 어떤 유형의 성장은 바람직하지만 성장을 위한 성장이 되기 시작하면 실수가 발생한다. 엑스플레인의 데이브 그레이는 과거의 빠르고 뼈아팠던 성장을 떠올리며 이렇게 말했다. "1990년대 후반에 저는 수요와 가능성 때문에 회사를 빠르게 성장시켰습니다." 성장은 가치를 성공적으로 제공하고, 그 가치에 대해 늘어나는 수요를 충족시킨 결과다. 서비스 비즈니스에서 성장이란 보통 더 많은 직원을 충원하는 것이다. 직원이 늘어나면 더 복잡해지고 지켜야 할 책임도 늘어난다. 이 때문에 지속적인 성장을 위해 직원을 늘리는 것은 양날의 검이다. 성장이 유일한 전략이라면, 단기적으로든 장기적으로든 그 성장을 뒷받침할 수 있는 기반이 부족하다는 뜻이다.

그레그 호이는 과거를 회상하며 말했다. "우리가 걸어온 길에도 실수가 있었습니다. 우리가 내린 직원 충원 결정 중 일부는 아마 좀 야심이 지나쳤을 겁니다. 특히 우리가 예상한 필요를 채우기 위해 한 번에 채용한 직원 수를 생각하면 그렇습니다." 호이의 이야기는 모든 디자인 스튜디오에서 익숙한 이야기다. 새로운 프로젝트가 있으면 누가 그 작업을 맡을지 고려해야 한다. 해당 프로젝트에 적합한 규모의 팀을 꾸리는 것은 모든 스튜디오 오너와 경영진이 계속해서 생각하는 고민거리다. 그러나 이는 쉽게 해결되지 않는 '닭이 먼저냐 달걀이 먼저냐'의 문제다. "이 업계에서는 파이프라인이 수시로 달라집니다. 그래서 어떤 주의 파이프라인을 지원하기 위해 인력을 충원하면 2주 뒤면 파이프라인이 바뀌는 것을 보게 됩니다. 주사위 던지기나 마찬가지죠. 우리는 이전에 그런 상황을 마주했기 때문에 그 실수로 교훈을 얻었습니다." 다가올 업무를 예상해서 팀을 확장한 호이는 그 일이 승인되지 않아 일부 직원을 내보내야 했던 달갑지 않은 일을 해야 했다.

호이는 이렇게 말했다. "전체적인 고객 심사 과정에서 우리는 교훈을 얻었습니다. 향후 1~2년을 견디게 해줄 것이라는 생각에 현금줄 어카

운트를 따라가는 경우가 있습니다. 그 과정에서 나타날 수 있는 경고 신호에 대해 제대로 생각하지 않는 거죠. 월급은 받겠지만 아마도 가장 뼈아픈 돈이 될 겁니다. 우리는 몇 년 동안 그런 관계를 유지해 왔습니다. 아마도 그 어카운트를 잡겠다는 우리의 야심이 너무 지나쳤거나 그 시간 동안 우리의 삶에 어떤 영향을 미칠지 생각하지 않고 진행했기 때문일 겁니다. 이것은 많은 교훈 중 일부에 불과합니다… 저는 매일 사람에 대해 배웁니다. 사업을 위해 학교에 다녔지만, 심리학과 사람들을 움직이는 것이 무엇인지 이해하기 위해 학교에 간 것은 아니었죠. 이 길을 걸어오면서 이에 대해 많은 것을 배웠지만 저는 계속해서 사람들에게 실수를 저지릅니다. 그 실수를 통해 배우고 앞으로 같은 실수를 반복하지 않으려고 노력하죠."

성장통은 지속되고 절대 사라지지는 않는다. 벤 조던은 최근 엔젠웍스의 조직 개편에 대해 말했다. "형성 초기에는 우리가 되고 싶은 사람을 정의하는 몇 달이었고 그 이야기를 공유하게 한 다음 연구를 하고, 우리가 그 수준에 얼마나 가까이 와 있는지를 보고 듣는 시간이었습니다. 엔젠 웍스의 리더직을 맡고 부분적인 소유권을 인수한 조던은 미래에 대한 기대와 회사의 오래된 관계 사이에 균형을 찾고자 했다. 이를 성공적으로 하려면 의사결정에 집중할 수 있는 렌즈를 개발해야 했다. "우리는 과거에 존재했고 잘 되었던 것 중에 다시 가져올 만한 가치가 있는 것이 무엇인지 살펴봐야 했습니다. 이를 위해 많은 이야기를 듣고 질문해야 했습니다. 저는 가만히 뒤에 서서 회사에서 지금 무슨 일이 일어나고 있는지 지켜보는 데 시간을 할애했습니다. 이런 연구를 통해 과거에 있었던 일과 직원들이 미래에 기대하는 것을 비교할 수 있었습니다. 우리는 프레임워크<sup>framework</sup>를 만들려고 했던 것 같습니다." 그 프레임워크가 개발되자 조던은 미래의 엔젠에 무엇이 적합할지, 어떤 것이 비전에 맞지 않을지 식별할 수 있었다. 이렇게 얻은 통찰력의 일부는 어려운 의사결정이 필요했고 팀에 변화를 가져왔다. "우리는 일부 직원들과 다른 길을 가야 했습니다. 우리가 갖고 있는 프레임워크가 그 과정을 좀 더 쉽게 해주었습니다. 예전에 리더 역할을 맡았을 때에는 그냥 뛰어들어 이게 우리가 가야 할 방향이라고 말했지만, 그에 대한 근거는 없었습니다. 직원들은 우리가 이 일을 어떻게 할 건지, 왜 해야 하는지 알고 싶어 합니다. 이건 기대사항을 정하는 게임과 같습니다. 그래서 저의 커리어 생활에 있어 처음으로 서두르지 않았습니다. 그리고 저는 그 방법이 효과를 보고 있다고 생각합니다. 직원들이 진정으로 회사가 무엇을 하고 있는지 이해하는 것 같습니다."

새롭게 만들어진 회사 비전의 명확성 덕분에 팀은 외부에 회사를 어떻게 나타낼 것인지 이해하고 회사의 성장에 관심을 기울일 수 있었다. "이들은 기업의 홍보대사가 되고 있습니다. 그들은 지인들에게 이렇게 이야기합니다. '여기서 일해봐.' 이제 우리는 직원들이 이 새로운 비전을 물려받고 그들 스스로도 이 새로운 비전을 받아들이는 단계로 접어들었습니다. 불과 3~4개월 전에 형성한 것들에 대해 직원들이 새로운 고객과 잠재적인 신입사원들에게 이야기하는 것을 들으면 매우 신이 납니다." 조던은 기업의 성장을 관리하는 것은 지속적인 과업이라는 점을 인정한다. "아직 갈 길이 멀다고 생각합니다. 변화하지 않으면 죽는 겁니다. 이제 우리가 프레임워크와 일치한다는 사실에 정말 만족스럽습니다. 직원들은 이제 이것이 무엇인지 알고 있습니다. 직원들에게 오늘날의 엔젤 웍스가 무엇인지, 우리가 무엇인지 묻는다면, 제가 동의할 수 있는 방식으로 대답할 수 있고, 저는 그것이 아주 중요하다고 생각합니다."

## 고객과 협업하기

코드웍스의 마티 호트는 지난 수년 간 고객 관련 실수를 할 만큼 많이 했다고 말한다. "저는 학교에서 경영학을 전공하지 않았습니다. 사업을 운영하면서 해야 할 일과 하지 말아야 할 일에 대해 배웠죠. 대부분은 실제로 소프트웨어를 디자인하고 구축하는 것과는 아무런 관련이 없었습니다. 관계를 관리하고, 미리 계획을 세우고, 상황이 제대로 처리되는지 확인하는 것이 전부입니다" 호트의 가장 큰 관심사는 팀이다. 팀의 규모는 작지만 그들을 지원해주고 일할 수 있는 공간을 제공해 주어야 한다고 생각한다. "제 직원들이 지원을 받고 일을 하고, 우리가 올바른 방향으로 나아가고, 즐거운 프로젝트를 하기를 원합니다. 그런 측면도 있지만 때로는 우리의 최대 관심사를 마음에 두지 않는 고객을 상대하는 경우도 있습니다. 고객을 너무 신뢰한 것이 아마 저의 가장 큰 실패 원인이었다고 생각합니다. 그래도 꽤 잘 관리해왔지만 정직하지 못한 사람들에게 크게 데이고 그런 일들로 거의 법정에 가야 할 뻔했습니다. 그냥 현명하게 대처하자, 이렇게 됩니다. 누군가와 계약을 체결할 때, 계약이 본인에게 무엇을 해주고, 무엇을 해주지 않는지에 대해 확실히 이해해야 합니다. 문제가 발생하면 그 문제가 곪아 터지게 놔두는 것이 아니라 어떻게 적극적으로 소통하고 선제적으로 관리하는지가 중요합니다. 그 과정에서 양측 모두 피해를 입었습니다. 이제는 충분한 교훈을 얻어서 그런 일은 피하고 있는 것 같습니다. 저는 깨닫고 있습니다. 조기에 경고 신호를 찾아서 더 이상 악화되지 않도록 합니다. 더 심해지면 팀에 영향이 가니까요. 저는 차라리 그들을 격리시켜서 그들이 고객과 일하는 데 있어 덜 유쾌한 측면은 겪지 않게 합니다. 업무에 지장이 가지 않도록 보호하는 거죠."

씽크 브라운스톤의 칼 화이트는 회상하며 이렇게 말했다. "한 가지 특별하게 기억에 남는 교훈은 전문 서비스 기업이었던 고객과의 경험입니다. 우리는 오랫동안 좋은 성과를 거두다가 하락세를 맞았습니다." 그의 팀은 전문 서비스 프로젝트를 수행해야 했으나, 시장이 침체되면서 가까운 미래에 현금흐름이 어떻게 될지 불분명해졌다. 시장이 빠듯했고 팀이 프로젝트를 제시간에 끝내지 못하면 심각한 정리해고를 해야 하는 상황이었다. 그럼에도 불구하고 화이트의 고객은 그의 비용에 대해 신경 쓰지 않았고 크리에이티브 팀의 규모를 축소해야 할 수도 있는 가능성에 대한 이유를 이해하지 못했다. 화이트는 이렇게 말했다. "예정된 작업이 있었기 때문에 규모를 크게 줄일 수는 없다는 걸 알고 있었습니다. 더 많은 작업을 마감하기 위해 노력하고 있었기 때문에 이 문제를 해결하려면 밤 늦게까지 일해야 했습니다." 그는 잘못된 정보로 고객의 기대사항을 관리해왔다는 사실을 깨닫고 돌파구를 찾았다. 그는 고객이 이해할 수 있는 언어로 소통해야 했다. "고객의 리더십을 이해하지 못했기 때문에 실패했던 겁니다. 고객은 공인회계사였습니다. 숫자를 가지고 일하는 사람들이었죠. 그들이 이해할 수 있는 방식으로 소통해야 한다는 것을 깨달았습니다. 소통은 스프레드시트를 통해 이루어졌으며, 일부 스프레드시트를 도표로 시각화하기도 했습니다" 적절한 매체로 올바른 의사소통을 하자 화이트가 원했던 영향력을 행사할 수 있었다. "정말 말 그대로 그다음 날 아침, 모든 것이 변화했습니다. 우리는 아무도 해고할 필요가 없었습니다. 제가 그들의 언어를 할 수 있게 되기 전까지, 언제든 대체될 수 있는 톱니바퀴에 불과했습니다. 그들에게 그저 또 다른 자원일 뿐이었고 잘릴 수도 있는 존재였죠." 커뮤니케이션 능력은 디자인 리더들 사이에서 성장을 위한 주요한 분야로 언급된다. 업계 베테랑조차도 거의 매일 이러한 기술을 향상시켜야 한다.

디자인 리더로서 자신의 경계가 어디인지에 대한 깨달음은 어렵게 얻어야 하는 경우가 있다. 에이전시를 운영하는 디자인 리더의 경우, 고객과 에이전시의 관계는 본질적으로 관리가 어려울 수 있다. 앞서 마티 호트가 언급했듯이, 디자인 리더의 임무는 단순히 프로덕트를 디자인하는 것만이 아니다. 대부분은 사람과 기대사항을 관리하는 것이다. 그레그 스토리에게 그가 초창기 풋내기 디자이너 시절에 했던 실수에 대해 질문하자 그는 이렇게 말했다. "다들 하는 그런 실수들이었죠. 트럭수송협회 로고를 만들었던 기억이 납니다. 그들은 뉴스레터를 다시 디자인해달라고 요청했어요. 웹이 나오기 전이었기 때문에 분기별 뉴스레터를 다시 디자인하고 로고를 만들어주었습니다. 제가 그 일을 했고 그들은 그 뉴스레터를 매우 마음에 들어 했죠. 그러고 나서 이렇게 말했어요. '로고가 마음에 드네요. 가격이 어떻게 되나요?' 제가 300달러라고 했더니 이렇게 말하더군요. '와우, 뉴스레터는 하겠는데 로고는 못 하겠네요.' 그래서 저는 '알겠습니다. 대신 이 로고는 이제 제 자산입니다.'라고 분명히 말했습니다." 스토리는 그 고객이 확실한 노선을 취하고 모든 디자인 작업을 보호해주는 지적재산권 계약을 존중할 것이라 가정했다. "저는 그들에게 이 로고가 항상 저의 재산이고 이에 대한 권리를 보유한다고 말했습니다. '대가를 지불하기 전까지는 사용할 수 없다'는 기준에 따른 것이었죠. 두어 달 뒤, 저는 뉴스레터가 로고와 같이 나온 것을 발견했습니다. 저 혼자 이들을 쫓아가서 '당신은 저에게 300달러를 빚졌습니다'라고 말하는 데에는 용기가 필요했죠. 많은 전화와 서신이 오고 가야 했지만 돈은 받았습니다."

의사소통, 특히 잘못된 의사소통은 아마 모든 디자인 프로젝트에서 가장 큰 문제를 발생시키는 원인일 것이다. 수백만 달러의 프로젝트를 수행하는 디자인 에이전시이든, 프리랜서의 첫 번째 업무이든, 모두가 이해하고 있는 내용이 같은지 확인하는 것은 대부분의 문제에 있어 핵심인 경우가 많다. 스토리는 그의 디자인 스튜디오 에어백<sup>Airbag</sup>을 운영하는 것에 대해 말했다. "많은 것이 의사소통의 문제와 관련되어 있다고 할 수 있습니다. 초창기를 돌이켜보면 많은 문제가 단순한 의사소통의 문제였습니다. 특히 웹 디자인을 하면서 제가 배운 것 중 하나는 업무 일정이 뒤처지고 시간이 더 필요하면 고객에게 연락해서 즉시 알려야 한다는 것입니다." 잠재적인 의사소통 문제를 미리 알아내는 것이 리더들이 성공을 유지하는 방법이다. 디자인 리더가 된다는 것은 디자인 작업 이외의 가치를 찾는 것을 의미한다. 픽셀 작업만으로는 문제를 해결할 수 없다. "포토샵에 빠져 있지 않는 것이 큰 교훈이었습니다. 그렇게 하면 절대 일이 돌아가지 않습니다. 에어백의 초창기 시절 1~ 2년은 사람들을 화나게만 하다가 결국 고객까지 잃었습니다. 그 모든 아픔과 스트레스, 긴장감을 겪고 나서야 디자인 세계에서는 디자인보다 의사소통이 더 중요하다는 사실을 깨닫게 되었습니다."

스몰박스의 젭 배너는 이렇게 말했다. "비즈니스 오너의 차원에서 제가 초창기에 했던 가장 큰 실수는 고객을 팀보다 우선시하고 고객이 근본적으로 팀을 파괴하도록 둔 것입니다. 특히 우리의 업무와 직원을 보호해야 했던 프로젝트가 두어 개 있었습니다. 하지만 저는 그러지 못하고 고객이 우리를 좌지우지하게 했고 그로 인해 팀과의 신뢰가 손상되었죠. 저의 임무는 우리 회사에서 일하는 직원들에게 좋은 환경을 만들어주는 것이라고 생각합니다. 그렇게 할 때 직원들은 우리가 서비스를 제공하는 이들을 위해 훌륭한 작업을 할 것이고 그 대가로 고객들은 비용을 지불하죠. 리더가 고객을 섬기고 직원들은 개가 되는 경우가 많은데, 저 역시 그랬습니다. 제가 저지른 실수 때문에 생긴 정말 좋은 학습 경험이었죠. 이제는 그런 실수를 거의 하지 않습니다. 일을 잘 못할 때가 없다는 뜻은 아닙니다. 그건 다른 문제니까요. 우리는 한 팀으로서 '더 잘할 수 있습니다.'라고 말합니다. 하지만 고객이 옳지 않은 상황에서 그들을 만족시키기 위해 우리 팀을 곤경에 빠뜨린 것은 제가 교훈을 얻은 실수였습니다." 고객은 외부 고객이든 내부 고객이든 이런 역학에 대해 알지 못하는 경우가 많다. 고객은 요청을 하고 디자인 리더는 고객이 언제나 옳다는 사고방식으로 응대한다. 디자인 리더가 명심해야 할 것은 고객은 디자인 전문가가 아니라는 점이다. 고객의 요청은 좋은 의도일 수도 있지만, 그들이 항상 정통한 것은 아니다. 이것을 안다면 리더가 프로젝트 성과에 좋지 않은 요청을 따르는 일은 피할 수 있을 것이다.

## 보다 나은 실수하기

좋은 의사소통의 일부는 의사결정이다. 결정을 내린 다음 이를 팀에게 전달할 수 있는 자신감을 갖는 것이 바로 리더십이다. 많은 리더의 경우 이러한 결정은 비전이 분명해야 비로소 명확해진다. 펀사이즈의 앤서니 아멘다리즈는 성공을 보장하기 위해 내려야 하는 결정에 대해 말한다. "우리가 마주하는 큰 어려움 중 하나는 우리가 부부사업을 한다는 것입니다. 우리는 실수를 하지 않기 위해 정말 열심히 노력합니다. 우리의 결혼이 달려있고, 팀이 달려있기 때문이죠. 우리는 이를 위해 모든 것을 걸었습니다. 실패하면 안 되죠. 처음에는 이런 생각이 사실 우리에게 해가 되었다고 생각합니다. 결정을 내리는 데 너무 오래 걸렸기 때문이죠." 의사결정이 느린 것이 리더십의 역할을 전혀 더 편하게 해주지 않는다는 것을 깨닫게 된 아멘다리즈 부부는 이 기회를 활용하여 그들이 일하고자 하는 방식의 틀을 만들어 의사결정이 좀 더 쉽도록 했다. 일하고자 하는 방식에 대해 명확한 비전이 생기자 그 비전에 무엇이 적합한지, 무엇이 적합하지 않은지 알아야 하는 구조가 생겼다. "시간이 지나며 비즈니스에 대해 정말 열심히 생각하는 것이 우리가 정확히 무엇을 원하는지 알아내는 데 도움을 주었습니다. 우리가 어떤 공간에서 일을 하고자 하는지, 정확하게 누구와 일을 하고자 하는지, 어떤 종류의 고객과 어떤 비즈니스를 가져와야 실제로 우리가 즐기면서 일을 하게 될지를 말이죠."

실수를 배움의 토대로 활용하는 것은 펀사이즈 성공의 주춧돌이다. 아멘다리즈는 이렇게 말했다. "우리는 지속적으로 실수를 한다고 생각합니다. 하지만 굉장히 빨리 적응하고 변화하는 환경이 조성되었죠. 이런 실패로부터 배우는 것은 사실 흥미로운 종류의 실패입니다. 특히 일찍 실패할수록 그렇죠. 우리가 비즈니스를 시작한 지 1년 하고 하고 8개월밖에 되지 않았는데 그 과정에서 가장 힘든 지점을 많이 지나온 것 같습니다." 실수를 피하는 것은 거의 불가능해 보이지만 큰 실수를 일찍이 해버리는 것은 목표로 삼을 만한 하나의 전략일지도 모른다. 이는 다른 이들로부터 배우는 것이 될 수도 있다. 멘토, 조언자, 이사, 파트너는 통찰력을 위한 이상적인 원천이다. 젊은 디자이너들이 멘토를 찾는 건 아무리 빨리 한다고 해도 빠르지 않다.

엔비 랩의 제이슨 반루는 실수를 하는 것에 대해 질문을 받자 경고하며 말했다. "한 가지 큰 부분은 젊은 사람들이 업계로 들어가 일을 시작할 때와 관련이 있다고 생각합니다. 문제는 바로 다음과 같습니다. 우리 업계에서 좋은 것 중 하나는 기업가정신, 개성, 무엇인가를 만들고자 하는 열망, 창작하고자 하는 열망입니다. 적어도 저 같은 경우에는 업계에서 일을 시작할 때 스스로 독립하고 진출해서 제 영역을 찾고자 하는 열망이 강했습니다. 사실 저는 이 업계로 들어오려고 하는 누구에게도 이 방법을 권장하고 싶지 않습니다. 저는 정말 탄탄한 기업, 에이전시, 또는 집단에 들어가서 그 아래에서 일하면서 수습직으로 있거나 그곳의 직원들로부터 배우는 사람이었다면 정말 좋았겠다는 생각을 합니다."

반루는 디자인 리더로서 필요한 디자인 외의 지식 없이 스스로 시작하는 것에 대해 경고한다. "저는 정말 무엇을 해야 할지 몰랐습니다. 계약서를 작성하는 방법이나 고객을 다루는 방법도요. 아직까지도 일을 겪으며 많은 것들을 알아내려고 하고 있죠. 그렇게 큰 부분이 하나 있고요. 업계에 새로 들어왔다면, 꼭 젊지는 않더라도 조금 더 나이가 들고 업계에 진출한다면 정말 멘토가 되어줄 수 있는 사람을 찾으세요. 혼자 스스로 독립하기 전에 어떤 일들이 있는지 볼 수 있고 그 경험을 좀 얻어갈 수 있는 누군가를 찾으세요."

디자인 팀이나 비즈니스를 이끄는 것은 이전에 그 길을 걸었던 다른 사람들로부터 지침을 얻는 것을 의미한다. 반루가 강조하듯이 팀을 담당하는 사람이라면 계약서 작성법을 아는 것이 디자인을 아는 것보다 더 중요할지도 모른다. 테슬라도 강조하며 말했다. "비즈니스의 실제 내부적인 업무를 배우세요. 돈과 관련해서는 시간을 들여 어떤 도구가 있는지 제대로 이해하세요. 비즈니스를 열고 일을 마치는 것에만 사로잡혀서 초창기에 에이전시를 구축하는 데 기반이 되는 도구들이 무엇이 있는지 이해하는 데 시간을 제대로 쏟지 못했습니다. 그리고 시작하는 단계에서 이를 갖추었다면 한 단계 앞서 있는 것입니다. 엄청난 도움이 될 겁니다." 이 마지막 포인트가 이 책의 핵심이다. 디자인 리더가 되는 것은 세일즈 리더, 재무 리더, 인사 리더, 또 다른 많은 유형의 리더가 된다는 의미이기도 하다. 디자인 리더십은 다차원적이다. 작은 에이전시의 창립자이든, 국제적인 대기업의 디자인 담당이든, 절대 디자인 영역에만 기술이 제한될 수는 없다.

# 마지막 메시지

실수를 하는 것은 인간적이다. 피할 수 없으며, 우리가 들은 바로는 실수를 배움의 경험으로 받아들이는 것이 분명히 더 낫다. 이러한 장애물을 받아들이고 심지어 중요하게 여기는 것은 결코 쉽지 않지만, 앞으로 나아가기 위한 최선의 방법이다. 디자인 리더가 다른 이들과 다른 점은 실수가 발생하리라는 것을 충분히 인식하고 삶에 대처하는 능력이다. 여기에도 근본적인 교훈이 있다. 실패와 실망을 마주할 것을 알면서 리더가 되는 용기를 가지는 것은 특별한 자질이다. 더 도전적인 길을 택하는 것은 두려운 일이지만, 더 좋은 보상이 따를 것이다. 젭 배너는 이렇게 말한다. "창피해하지 말고, 부끄러워하지 마세요. 자신을 드러내는 것을 두려워하지 마세요. 좀 더 대담해지세요."

나 역시 꽤 많은 실수를 했지만 가장 큰 실수는 결국 최고의 교훈이 되었다. 나에게 이러한 교훈은 거의 항상 사람들의 기대사항을 처리하는 일이었다. 핵심은 과도한 약속을 하지 않는 것이다. 커리어 초창기에 나는 너무 많은 사람을 만족시키고 싶어 했다. 그래서 나의 팀과 고객에게 지키지 못할 약속을 했고, 한꺼번에 너무 많은 일을 벌이다가 많은 사람을 실망시켰다. 최악인 부분은 이런 식으로 행동하면 결국 지친다는 것이다. 나의 경우에는 며칠을 앓아누워야 했다. 서비스업에 종사하는 경우에도 현실적인 목표를 설정하는 것이 가장 좋다.

- 프로젝트에서 문제의 근본적인 원인은 커뮤니케이션 때문인 경우가 많다. 모두가 같은 것을 이해하고 있을 때 실수가 방지된다.

- 공감하고 고객의 비즈니스 언어로 말하는 법을 배워라. 디자인 전문 용어만 사용하지 말아라.

- 비즈니스도 창의적인 작업이다. 비즈니스를 디자인 프로젝트처럼 접근하면 실수가 방지되고, 비즈니스 교육을 받지 않은 디자인 리더들도 좀 더 흥미롭다고 느낄 수 있다.

- 의사 결정권이 명확하지 않으면 실수가 발생할 수 있다. 책임은 어딘 가에서 멈춰야 한다.

- 내려 놓고 위임하면 디자인 리더에게 더 많은 자유와 더 큰 문제를 다룰 수 있는 시간이 생긴다.

- 팀과의 신뢰 구축은 성공을 위한 최선의 지름길이다.

- 성장을 위한 성장을 도모하지 말아라. 더 커지기 위한 목적만으로 규모를 확장하는 것은 합리적인 전략이 아니다.

- 모든 사람이 프로젝트에 대한 기대를 명확히 할 수 있도록 계약서를 만들고 문서화해서 실수를 방지하라.

- 계약서는 일이 잘못 되었을 때 사용할 수 있는 훌륭한 대비책이기도 하다.

# 감사의 글

이 책은 댄 알라드의 끊임없는 노력 없이는 탄생하지 못했을 것이다. 북미를 오가며 디자인 리더들을 인터뷰할 때, 댄은 카메라 및 음향 담당이자 모든 장비를 총괄하는 셰르파Sherpa(히말라야의 짐꾼 겸 등반 안내인) 역할을 해주었다. 또한 내가 연구하고 이 책을 집필하는 동안 자리를 잘 지켜준 프레시 틸드 소일 팀 모두에게 감사드린다. 뷰로 오브 디지털의 창립자이자 멋진 오너 캠프를 주최하는 그레그 호이와 칼 스미스에게도 감사를 표한다. 이들과 다른 캠프 참가자들을 만난 것은 이 책에서 인터뷰한 몇몇 디자인 리더를 만나는 전환점이 되었다. 마지막으로 닉 롬바르디Nick Lombardi, 안젤라 루피노Angela Rufino, 그리고 출판사 관계자분들께 감사의 인사를 전하고 싶다. 이들의 세심한 관심과 헌신 덕분에 더욱 즐겁게 책을 쓸 수 있었다.

# 스타트업 디자인 팀은 이렇게 일합니다

프로덕트 디자인을 위한 리더십

**발행일** | 2023년 5월 29일

**발행처** | 유엑스리뷰

**발행인** | 현호영

**지은이** | 리처드 밴필드

**옮긴이** | 김주희

**편  집** | 이아람

**디자인** | 장은영

**주  소** | 서울특별시 마포구 백범로 35, 서강대학교 곤자가홀 1층

**팩  스** | 070.8224.4322

**이메일** | uxreviewkorea@gmail.com

**ISBN**    979-11-92143-93-4

- 본 도서 내용의 전부 또는 일부를 강의, 저술, 기타 상업적 목적으로 이용하려는 경우에는 반드시 출판사의 서면 허가가 필요합니다.
- 유엑스리뷰에 투고를 희망하실 경우 아래 메일을 이용해 주십시오.
  ✉ uxreviewkorea@gmail.com